北京市共建项目：信息技术创新实践基地

# 信息分析方法与实践

XINXI FENXI FANGFA YU SHIJIAN

杨良斌／编著

东北师范大学出版社
NORTHEAST NORMAL UNIVERSITY PRESS
长春

**图书在版编目（CIP）数据**

信息分析方法与实践 / 杨良斌编著 . —长春：东北师范大学出版社，2016.11

ISBN 978 - 7 - 5681 - 2487 - 4

Ⅰ.①信… Ⅱ.①杨… Ⅲ.①信息—分析 Ⅳ.①G202

中国版本图书馆 CIP 数据核字（2016）第 273830 号

□策划编辑：王春彦　　　　　□封面设计：中联学林

□责任编辑：刘子齐　　　　　□内文设计：中联学林

□责任校对：赵　滨　　　　　□责任印制：张允豪

东北师范大学出版社出版发行

长春市净月开发区金宝街 118 号（邮政编码：130117）

销售热线：0431—84568122

传真：0431—84568122

网址：http：//www. nenup. com

电子函件：sdcbs@ mail. jl. cn

北京天正元印务有限公司印装

2017 年 1 月第 1 版　2017 年 1 月第 1 版第 1 次印刷

幅面尺寸：170mm×240mm　印张：20.5　字数：358 千

定价：78.00 元

# 序　言

信息分析是指以社会用户的特定需求为依托,以定性和定量研究方法为手段,通过对社会信息的收集、整理、鉴别、评价、分析、综合等系列化的加工过程,形成新的、增值的信息产品,最终为不同层次的科学决策服务的一项具有科研性质的智能活动。

信息分析是在现代信息分析与咨询活动飞速发展的背景下,于20世纪50年代由情报科学中派生出来的一门新兴学科。近二三十年来,在信息的广泛传播过程中,信息分析得到了迅猛发展,已经有很多优秀的书籍详细地阐述了信息分析的基本原理、步骤、工作程序、划分方法等,如查先进的《信息分析》和《信息分析与预测》,朱庆华的《信息分析基础、方法及应用》,卢小宾、郭亚军的《信息分析理论与实践》,王延飞的《信息分析与决策》等。这些都是优秀的著作,本书很多章节内容都参考了这些著作。但是,本书意在"方法与实践",主要通过分析方法、进行实证实践来帮助读者理解信息分析,这样就避免了大量篇幅阐述"理论"。

本书把德尔菲法、头脑风暴法、层次分析法、回归分析法、时间序列分析法、科学计量学方法、信息可视化方法、数据挖掘方法、社会网络分析法、竞争情报分析法和大数据分析法等方法都归结于信息分析方法,对每种方法进行了详细论述,以期得到读者的认同。因笔者学术能力和学术成果十分有限,不能为读者贡献足够多的科学计量学知识和成果,笔者深感愧疚和遗憾,只能期待在今后的学术科研生涯中,能有更多更好的科研成果回报读者。

特别感谢国际关系学院信息技术创新实践基地(北京市共建项目)提供的出版资金。特别感谢同行们和读者们对本书提出的一系列宝贵意见与建议。特别感谢国际关系学院教务处、科研处和信息科技学院领导及同事对本书出版提供的大量帮助和支持。

此外,感谢选修《社会网络分析》课程的国际关系学院信息科技学院本科生的帮助和支持。感谢硕士研究生史莹莹对本书的整理。感谢东北师范大学出版社对本书的出版。

限于作者水平和时间有限,疏漏不足之处在所难免,恳请各位专家读者批评指正。

杨良斌

于国际关系学院

2016 年 6 月 24 日

# 目 录
CONTENTS

# 第 1 章

# 信息分析方法论

## 1.1 信息分析的定义与特点

### 1.1.1 定义

信息分析(Information Analysis)是根据特定问题的需要,对大量相关信息进行深层次的思维加工和分析研究,形成有助于问题解决的新信息的信息劳动过程。其一般以社会用户的特定需求为依托,以定性和定量研究方法为手段,通过对社会信息的收集、整理、鉴别、评价、分析、综合等系列化的加工过程,形成新的、增值的信息产品,是一种深层次或高层次的信息服务,同时也是一项具有研究性质的智能活动。

信息分析最早于二战后从情报科学中派生而出,但却与情报分析有略微不同。通常来说,情报分析是有清晰指向性的,任务明确,情报源相对固定且稳定,主要任务是对已获取的材料进行甄别和判断后,主观判断,客观甄别,辅以其他手段证伪或证实后形成结论,为各种决策提供有力参考;而信息分析和数据分析大同小异,任务性质、研究方法上都日渐趋同,都是在海量且纷繁杂乱、并无明确相关性的材料中,进行已确定,不确定的、无目的或有目的的任务。通过智能、非智能算法工具,对样本进行统计分析,寻找奇异数据,从中发现、归纳、证实某种未知或已知的具有现实意义的征兆、过程、结果。简而言之,情报分析中,主观判断占优势,对分析者的相关经验要求较高,而信息分析则以实证为主,即演绎与归纳的区别。

### 1.1.2 工作流程

对于信息分析而言,其工作流程是至关重要的。信息分析的流程主要包括规划定向(选题及设计框架)、信息搜集、信息整理与鉴别、信息分析与提炼、产品形成、信息传递几个步骤,接下来将对各个步骤进行具体介绍。

(1)规划定向。规划定向即选择信息课题,明确研究对象、研究目的与研究内容。在明确课题后,对整个分析过程进行预测、规划,完成开题报告、研究框架、工作计划等内容的设计。

(2)信息搜集。根据课题性质选取合适的信息源并从中获取信息。信息源的类型有很多种,通常分为文献信息源与非文献信息源两种。针对文献信息源,通常使用系统检索法、追溯检索法以及浏览检索法等方法;而针对非文献信息源,通常使用问卷调查法、社会调查法、网络调查法等方法。

(3)信息整理与鉴别。信息整理主要是对于已经收集到的信息的形式及内容进行整理,而信息鉴别则是对包括信息的可靠性、新颖性、适用性等信息价值进行鉴别。简言之,整理的过程就是信息的组织过程,目的是使信息从无序变为有序,成为便于利用的形式;而鉴别或者评价的过程是对整理出来的原始信息进行价值评判的过程,目的是筛选出有用的信息,淘汰掉无用或不良的信息。整理与鉴别过程通常交替进行,随着一个过程的深入,另一个过程也进入到更深的层次。其共同作用的结果是使所搜集到的信息成为有序且有用的信息。

(4)信息分析与提炼。信息分析与提炼的结果要与选题的针对性相呼应,应能回答该项研究所要解决的主要问题。一方面要借助思维的分析活动,把研究对象的整体分解成各个能反映整体特征的部分,从中舍弃偶然的、非本质的东西,抽取必然的、本质的东西,并对其分别进行深入细致的考察;另一方面要运用综合的方法,超越时空的限制,将分解出来的无序的、零散的各个部分的本质认识进行重新组合,研究之间的关系,并将蕴含于其中的各种隐含信息和关联关系揭示出来,达到重现整体、推断未知或预测未来的目的。

(5)产品形成。信息分析所形成的产品通常包含消息类产品、数据类产品及研究报告类产品三种,且各具特点。如消息类产品应简洁、新颖、迅速,并具有推荐性质;数据类产品常以手册、要览、年鉴或数据库的形式呈现;研究报告类产品要求做到有述有评,需要同时具有叙述性、综合性、浓缩性和具体性的特点。

(6)信息传递。传递信息具有信源、信宿、信道、信息内容、信息符号及信息保障条件六个要素。传递反馈的方式则通常有传播学模式与情报学模式两种。

### 1.1.3 特点

信息分析发展至今,已具有如下的基本特征:是建立在用户需求的基础上并最终服务于用户的;是对各种相关信息的深度加工,是一项具有科研性质的智慧活动;需要借助一定的方法与手段,经历一系列相对程序化的环节;其最终成果应具有一定的预测性和前瞻性,对用户的科学决策具有支持或指导作用。

与其工作流程及基本特征相对应,信息分析具有优化性、精确性、系统性、科学性、全面性、预测性等特点。

(1)精确性。信息分析的精确性或者说是针对性存在于分析过程的每一个步骤,包括做出具有针对性的选题,精确地搜集信息并优化,根据调研目的做出定向的提炼等等。不仅仅是信息分析,任何科学活动的精确性都是必不可少的。

(2)系统性。从上文可以看出,信息分析的过程带有很强的框架性,从选题至反馈,仿若在一个大机器中对需求、信息进行全面加工。

(3)全面性。信息分析的重要特征就是在分析开始前尽可能地挖掘各种信息资源,在分析开始后尽可能地获得所有可能结果,并提出建议、规划。简言之,即分析计划得到全面安排和落实,并保证全面完成。

(4)科学性。信息分析的科学性是指其在分析过程中遵循客观事实,富有科学依据,使得课题、结果具有理论依据。

(5)预测性。预测性是信息分析所具有的十分重要的性质。爱因斯坦曾说过,"从新的角度去看待旧的问题,标志着科学的真正进步。"信息预测正是如此,就是通过对已知信息进行分析以获取未知或未来的信息,进而完成判断、决策的过程。简言之,就是从已知推未知,从现在推未来,推陈出新,使得信息分析更加深入。

### 1.1.4 功能

从上述信息分析的整个工作流程来看,信息分析具有整理、评价、预测和反馈四项基本功能。具体来说,整理功能体现在对信息进行收集、组织,使之由无序变为有序;评价功能体现在对信息价值进行评定,以达去粗(取精)、去伪(存真)、辨新、权重、评价、荐优之目的;预测功能体现在通过对已知信息内容的分析获取未知或未来信息;反馈功能体现在根据实际效果对评价和预测结论进行审议、修改和补充。信息分析的基本功能决定了其在国民经济和社会发展中将发挥重要作用。

## 1.2　信息分析的方法

### 1.2.1　信息分析方法的研究现状

（1）信息分析发展概况

信息分析的基本组织形式是 20 世纪 40 年代以来出现的情报分析中心、咨询服务公司和情报研究所。20 世纪 80 年代，随着世界范围科技、经济、社会一体化发展的趋势，信息分析已经有了十分显著的进步，并开始从科技领域向其他领域发展渗透。而进入 21 世纪，随着信息技术迅猛发展，大数据时代宣告来临，海量信息的搜集和处理开始依托先进的手段和研究方法。如今，信息分析已从理论转向应用，各种智能化信息收集和分析工具（如 SPSS、CiteSpace、Aureka）的研发和应用，信息分析预测专用数据库的研制与开发，使信息的收集、存储、处理、加工、传递方式发生了革命性的变化。

我国的传统信息分析研究体系起步于 20 世纪 50 年代，走的是文献工作和研究工作相结合的道路。这项工作在改革开放以前曾一度是科技信息机构的龙头，受到过领导的重视，所提供的各种研究报告比较引人注目，取得了较大成绩。但自改革开放以来，国内科技研究开发工作蓬勃兴起，各类软科学研究和咨询机构不断建立，各种现代信息技术迅速发展，尤其是国际信息互联网络的出现并广泛应用，信息的快速传递与企业的兼并与合作，使市场竞争日趋激烈，对传统的信息分析工作造成了很大的冲击，使其日趋暗淡。进入 21 世纪，国内科技体制改革进一步深化，人们对信息分析的未来发展又一次关注起来。在信息分析人员对相关研究工作创新与发展的不懈努力下，我国在信息分析实践中取得了一定的成绩，并逐渐对信息分析产业重新重视起来。

（2）信息分析方法的研究现状

① 著者分析

著者人数众多，基数庞大，我国已经拥有一支能够进行信息分析的专业人员队伍。但有 89.5% 的著者只发表过一篇文章，说明我国的信息分析研究分布比较分散，众多的从事信息分析的人员研究还不够深入，还没有形成一个高质量的、集中的信息分析著者群。现阶段的信息分析急需一批核心专家来带动整个学科的发展。

②　方法研究分析

信息分析要对大量信息进行搜集和整序,消除其中的不确定性因素,使信息增值,是一项实用性很强的科学。信息分析方法是在实践中不断积累和发展而形成的。它不是一成不变的,而是与研究对象和研究领域的发展变化相一致,随着研究领域的拓展而不断丰富和充实,方法在其发展中呈现它自身的规律性。对信息分析方法的合理正确使用是信息分析成果质量和效益的重要保证。

作为定性分析方法的比较类比法和作为广义量化分析方法的引文分析法最受到信息分析人员的青睐。比较法是对照各个现象,以便解释它们的共同点和相异点的一种思维方法。通过比较揭示对象之间的异同是人类认识客观事物最原始、最基本的方法。类比法就是根据两个(类)事物之间在部分属性上的相似,而推出它们在其他属性上也可能相似的一种思维方法和推理形式,借以获得对新事物的理解和认识。比较类比法具有较好的适应性和较广的使用范围,既可以单独使用,也可以与其他方法配合使用。对于不易或不能用定量数据表达而只需做出定性分析的事物,比较类比法是一种必不可缺的方法。引文分析法则是偏重客观的分析工具,也是情报分析的一种重要的多用途的方法,主要用于学术评估、科学结构和发展模式分析、科学发展的动态预测等方面。由于进行量化的分析,所以客观性较强,说服力较大,能够客观而深入地解释出科学活动中的多种结构关系。英国著名情报学家布鲁克斯认为,引文分析法提供了科学中的"认识地图"。引文分析法首先在图书情报学中被应用,因此成为情报学信息分析领域被广泛采用的方法。近些年兴起并引起信息分析人员广泛关注的系统分析法、灰色系统法和层次分析法开始被大量运用于信息分析,而发展还不完善成熟的投入产出法、回归分析法、时间序列法、因子分析法和德尔菲法,则只被少量专业人员借鉴、掌握和运用,还未对这些方法引起足够的重视。

定性分析是在逻辑分析、判断推理的基础上发展起来的,它能从事实信息中抽象出信息事实的质的规律性,其方法原理来自社会科学,主要理论是认识论及逻辑思维科学的有关理论。定性分析方法应用广泛,依靠人们的主观分析判断来确定未来的估计值。

定量分析方法根据数据信息和事实信息的数量指标,运用数学模型来分析研究信息问题的数量规律性。定量分析方法所占的比重在近些年有所下降,说明了信息分析人员开始纠正过于迷信定量分析方法的倾向,认识到定量分析方法虽然是必需的,但是不能解决所有问题。这意味着科学中的人文主义开始回归。

广义量化方法用组合与变换术将已有的科学理论和技术进行科学组合,去解决定性与定量分析方法的统一量化和两者之间相互转化的问题。通过变换与组合可以克服某一些预测方法的缺点,并充分利用某一些方法的优点,借以达到整体的优化。广义量化方法在信息分析方法中占了最大的比重,说明信息分析人员开始对信息分析方法的运用进行了反思,开始从定性奔向定量,又在更高层次上出现了定量到定性的回归。

(3)信息分析方法的发展趋势

① 广义量化方法的发展

美国学者 Jon Steel 对即将到来的数字时代广义量化方法进行了解释和说明,他认为,优秀的信息分析主体应该"运用常识思考,在调查中发挥创造性,理性的分析和水平性思考的'解释'相结合,比较'客观性'而言更加重视'主观性',综合各种信息创造积极因素,将变化、不确定性、风险性转化为强有力的建设性作用"。在这里,"理性的分析与水平性思考的'解释'相结合"意为将专业性强、带否定性的检验特征与综合性强、指向性明确的特征相结合。"比较'客观性'而言更加重视'主观性'"意为避免定量分析中取平均值、按偏差最小原则来进行信息分析,使结论没有方向性,而采用主观"洞察力"为主轴的"判断取舍"来明确信息分析的方向。

但这并不意味着,我们在进行信息分析时要抛开定量分析方法,这并不是简单地对定量方法的否定,而是认识到定量作为必需的、辅助的重要方法手段,其作用是有一定限度的。在定量分析的基础上更依靠主观的判断取舍来把握信息分析的方向,强调对变化、不确定性和风险的重视和对调查方法的创造性应用。我们不能光靠数学模型和计算机来分析和说明问题,预测未来发展趋势必须回到人本主义的立场。因此,信息分析方法的运用趋势是从定性上升到定量,再在更高层次上出现定量到定性的回归。

② 情报学领域的信息分析方法和其他学科方法的融合

贝弗里奇曾经说过,"移植是科学发展的一种主要方法,大多数的发现都可应用于所在领域以外的领域,而应用于新的领域时,往往有助于促进进一步的发现,重大的科学成果往往来自移植。"因此,方法的吸收和移植是信息分析方法研究的重要方面。情报学领域的信息分析本身就缺乏自身特有的方法,吸收和借鉴其他学科的分析方法就显得尤其重要。信息分析的投入产出法、系统分析法、时间序列法、主成分分析法等均是从相关学科引入的。但信息分析人员在引入这些方法时并不是生搬硬套,而是将这些方法与信息分析的具体相结合形成自己的特色,并对这些方法进行完善和创新,最后达到理论上的成熟。在信息时代,由于用户主体需求的多元化和多层次性,更要求对信息分析的传统方法进行改进,结合信息分析目标的特点,吸收其他领域研究方法的有效部分。不同学科间的研究方法的相互融合,推动了信息分析方法向多元化方向发展。

情报学的信息分析方法和其他学科的研究方法相融合的另一个方面就是,将信息分析方法体系的特殊方法向其他领域移植。特殊方法是某一具体学科领域所采用的,可以是本学科自身形成的,也可以是本学科为了解决自身问题而借鉴其他学科方法改造形成的,如图书情报学特有的文献计量方法也广泛地被其他学科所采用,来揭示该学科发展的时序结构、学科交流的网络结构和学科间的相关结构等。

③ 信息分析的理论研究框架的确立

信息分析活动在我国已经开展了多年,并处于不断发展之中,获得了良好的成效。信息分析方法是在实践中不断积累和发展的方法体系,并随着研究对象和研究领域的发展而发展。随着研究领域的拓展和深入,方法在其发展中也呈现出一定的规律性,加强方法论的研究就显得尤为重要。但是,目前还没有一套普遍公认的、系统规范的方法和理论原理。情报学家包昌火曾在其《信息研究方法论》一书中率先提出了情报研究学的概念,极大地推动了情报研究的方法和理论建设。然而在信息化浪潮的冲击下,信息时代如何在继承传统信息分析方法的基础上,深化和推进信息分析方法的理论研究和方法研究,建立信息化时代信息分析理论框架将成为今后信息分析研究的热点。

④ 信息分析研究的计算机化

自从 20 世纪 80 年代以来,计算机开始在信息部门得到大量的运用,而将计算机作为辅助信息分析工具则开始兴起不久,大部分信息分析研究部门将计算机主要运用于文字和数据的处理上。已经开展的各种信息分析的数据库有论文和引文统计数据库、dBASE、FoxBASE 等为基础的事实数据库,还建立了由文本库、数值库、事实库和方法库组成的决策服务系统,这些系统的发展不仅为信息分析提供了新型的分析工具和手段,也为信息用户提供了新型的服务,扩大了信息分析的影响。

信息分析研究的计算机化将会涉及三个方面:办公自动化、数据库和信息服务系统。办公自动化主要用于研究分析日常工作,数据库以办公自动化为依托,将收集到的信息为基本数据,构成文献型和事实型数据库,供进一步分析研究。而信息服务系统的基本形式与管理信息系统和决策支持系统相似,有数据库、模型库、程序库三个部分,发展到一定条件下再加上知识库和专家系统。

近年来,由于数学方法和计算机技术相结合,产生了一些解决综合性、多目标、非线性、动态系统分析的方法,情报分析研究方法的功能在增强。信息分析的系统化和信息化,将是信息分析发展的必由之路。

综上所述,信息分析研究方法是随着信息分析研究实践的深入而发展的。科技和经济的快速发展决定了信息分析必须借助先进的方法和手段。信息研究的核心技术是定性分析与定量分析的有机结合,既在分析中坚持数据的客观性,又充分发挥人的抽象思维能力,通过分析、判断、推理认识事物的客观本质,进而认识其发展趋势,满足市场对决策和预测的需要。同时,面对知识经济时代的到来,知识和信息都在迅速更新,横断学科、边缘学科不断兴起,促使各个学科之间相互借鉴和交叉渗透。信息分析人员不仅要灵活运用原有的方法,也要从其他领域吸收和移植优秀方法,与信息分析自身的特点相结合,从而推动方法体系的多元化发展。计算机的应用和网络数据库的普遍使用,使计算机化的信息分析取得了较大的发展。近年来,信息分析研究方法的功能在不断增强,并为我们展现了一个美好的前景。

### 1.2.2　信息分析方法的框架

信息分析方法一般可以分为定性分析方法和定量分析方法两种。定性分析方法一般不涉及变量关系,主要依靠人类的逻辑思维功能来分析问题;而定量分析方法肯定要涉及变量关系,主要是依据数学函数形式来进行计算求解。定性分析方法包括比较法、推理法、分析法与综合法等;定量分析方法包括回归分析法、时间序列法等。值得注意的是,由于信息分析问题的复杂性,很多问题的解决既涉及定性分析,也涉及定量分析,因此,定性分析和定量分析方法相结合的运用越来越普遍。其基本结构如图 1 - 1 所示。

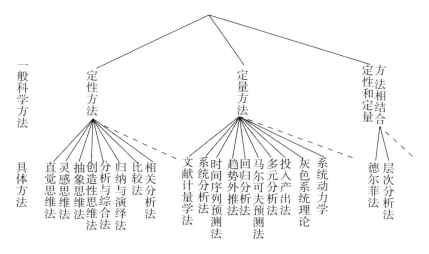

**图1-1 信息分析方法体系结构**

信息分析是在搜集、占有信息的基础上,对信息进行整理、筛选、组织、存储、加工,从而发现新知识的过程,是一门实用性很强的学科。信息分析作为一个专门的领域深入研究很大程度上依赖其方法的发展。对方法的合理选取和应用是体现信息分析水平和效率以及信息分析质量和效益的重要因素。随着社会的发展,科学技术的不断进步,分析对象的复杂化、网络化,分析技术水平上的提高,信息分析方法也在发生相应的变化。定性分析方法与定量分析方法支撑起了信息分析的主要框架,如图1-2所示,在统计的多种方法中,定性方法与定量方法旗鼓相当。

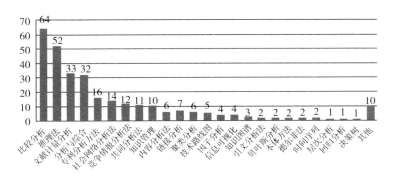

**图1-2 信息分析方法**

（1）定性分析方法

定性分析方法也被称为"非数量分析法"，主要依靠预测人员的丰富实践经验以及主观的判断和分析能力，推断出事物的性质和发展趋势的分析方法，属于预测分析的一种基本方法。这类方法主要适用于一些没有或不具备完整的历史资料和数据的事项。根据图 1 - 2 所示，能够了解到比较分析、推理、分析与综合等定性分析法仍是信息分析专业人员和学者们较为普遍使用的方法。

具体而言，比较分析法是指通过两个或两个以上研究对象进行对照，确定它们之间的共同点和差异点的一种逻辑思维方式。分析与综合法是认识个别与一般、现象与本质的最基本的逻辑思维方法，是对感性材料进行抽象思维的基本方法。而推理法是建立在人们已有知识结构的基础上，由一个或几个已知的判断推出一个未知判断的过程。分析与综合、比较分析、推理等方法密切联系，互相渗透，他们密切结合，在科研活动中起着重要的作用，也是信息分析人员常用的科学方法，它们是其他方法的基础。

（2）定量分析方法

定量分析方法是对社会现象的数量特征、数量关系与数量变化进行分析的方法。在定量分析方法中，文献计量学方法相对较成熟，应用范围广泛。随着信息技术的发展，由文献计量发展而来的网络计量方法也在逐渐应用，链接分析法则是网络计量的重要组成部分。链接分析法是通过对网页间链接数量、类型，链接集中与分散和共链等现象进行分析，用于 Web 信息评价和 Web 挖掘。

就定量分析的具体方法而言，文金书和石永党研究表明：① 定标比超是竞争情报分析的典型方法之一；② 专利分析法异军突起，成为图书情报界的热点之一；③ 学者将其他学科或者领域的方法引入竞争情报的方法体系中，以求发挥更大更好的作用。因子分析的基本目的就是用少数几个因子去描述许多指标或因素之间的联系，即将相关比较密切的几个变量归在同一类中，每一类变量就成为一个因子，以较少的几个因子反映原资料的大部分信息，若在市场信息分析中运用此类技术，卖方能够方便地找出影响买方购买、满意度的因素和影响程度等，并为市场细分做前期分析。而社会网络分析法（Social Network Analysis，简称 SNA）是研究组织中诸如信任、友谊、情报、沟通和工作流程等关系的网络，是解释组织内部的决策、沟通、人事变动和组织冲突等问题的一种方法。随着信息分析范畴和功能的扩展，因子分析法、大数据分析法、社会网络分析法、竞争情报分析法、专利分析法等定量分析方法在信息分析领域发挥着越来越重要的作用。

（3）定性、定量的局限性及广义量化分析方法

现阶段研究表明，定量分析有其天生的不可克服的缺点，并将影响信息分析的最终结果。定量分析方法是在获取目标样本过去或现在信息的基础上进行研究的，它关注的是目标样本过去和现在的状态，根据过去和现在的信息利用数学模型对未来进行预测，但是却无法对目标样本的未来和瞬时变化状态进行跟踪和分析。而在如今的信息时代，信息瞬间万变，定量分析方法却对这种实时变化的状态无能为力。定量分析方法通常是在承认偏差的条件下，测定目标样本的平均值，再以差值最小化原则获得分析结果。

相比定量分析，定性分析方法的研究问题虽然很明确，但是往往很不具体，虽然严密但是不够精确，其结论往往是一种定性的描述而非定量的说明，使得定性分析方法不能够完全适应技术经济或工程项目等需要定量化研究的课题。

优秀的信息分析人员在使用定性分析后，会在充分认识偏差的基础上进行定量分析，这种定性定量统一量化结合的方法被称作广义量化分析。当今社会，信息爆炸式增长，海量数据亟待处理，单纯地使用定性分析方法或定量分析方法对信息进行处理、提取，通常会使过程缺乏针对性，结果不够全面化。因此，将定量分析与定性分析方法相结合就变得极为迫切了。相应的具体方法如层次分析法、德尔菲法等将会在后文中着重介绍。

（4）其他划分

信息分析是情报学科中衍生而出的新兴学科，若从情报研究方法的角度进行探索，我们能将信息分析按大类分为哲学方法、中介方法、一般方法以及特殊方法。

① 哲学方法包含辩证方法与唯物主义方法。辩证法希望能够用发展的观点看待事物，并在普遍联系中把握事物，矛盾分析法是辩证方法的一个分支；唯物主义方法强调主观与客观相统一，即尽量从客观实际出发，做到实事求是。

② 中介方法包含数学方法、信息论方法、控制论方法及系统方法四种。数学方法中包括模糊数学法、残差辨识法、最优化方法、平衡联系预测法、时间序列分析法、回归分析法及决策树法等多种。数学方法是一种通过数学语言表述事物状态、关系与过程，并加以推导、验算、分析的方法；信息论方法以层次分析法、多目标决策法为主，风险、计划评审技术与DARE是其主要的技术与模型；控制论方法与系统方法主要应用双矩阵模型，有技术评价方法、相关分析法及影响分析法等，能够通过信息处理的能动过程，解决控制与被控制的矛盾，使系统运行处于最佳状态，借以实现事先对系统所规定的目标。

③ 一般方法包含德尔菲法、趋势外推法、灵感思维法、综合法、推理法、分析法及对比法,它们都将在下文中被详细介绍。

④ 特殊方法主要包含情景分析法、引文分析法及文献计量学法。其中情景分析法是一种直观的定性预测方法,能够在假定某种现象或某种趋势将持续到未来的前提下,对预测对象可能出现的情况或引起的后果做出预测;引文分析法则是利用各种数学及统计学的方法进行比较、归纳、抽象、概括等的逻辑方法,对科学期刊、论文、著者等分析对象的引用和被引用现象进行分析,以揭示其数量特征和内在规律;文献计量学法能够定量地分析一切知识载体的交叉科学,它是集数学、统计学、文献学为一体,注重量化的综合性知识体系。

## 1.3 信息分析的基本方法

从上文中可以了解到,在信息分析出现伊始,科学技术还不够发达,分析水平较低,信息分析主要依靠分析人员的丰富实践经验以及主观的判断和分析能力进行,在这段时间内出现了一系列基础的信息分析方法,这些方法为之后信息分析方法的发展奠定了扎实的基础。接下来,本节将具体介绍比较、分析综合、推理这三类信息分析的基本方法。

### 1.3.1 比较分析法

比较分析法是指通过两个或两个以上研究对象进行对照,确定它们之间的共同点和差异点的一种逻辑思维方式。具体而言,能够将其分为加权评分对比法、描述对比法、图示对比法及数字对比法几种,本文将对各类方法进行详细描述。

(1)加权评分对比法

加权平均对比法是一种定性与定量相结合的研究方法,即将对比的对象的各个定量指标或定性指标逐个转换成相对等级分数,并按其相对重要性加权转换成加权等级分数,然后按加权等级的总分排列各个对比对象的优劣顺序,以达到对比的目的。在这一方法中,引进相对重要性指标即加权这一概念。它是根据各指标在评价时的地位即重要性不同,而人为赋予其一个代表重要性的百分数,以区分各指标的主次和轻重程度。

如谷歌(Google)使用的网络排名算法 PageRank 就是基于这类加权方法,其原理即通过网络超链接确定一个页面等级,把从 A 页面到 B 页面的链接解释为 A

页面给 B 页面投票,谷歌根据投票来源(甚至来源的来源,即链接到 A 页面的页面)和投票目标的等级来决定新的等级,从而达到排序的目的。

（2）其他对比法

相对于加权评分对比法,描述对比、图示对比及数字对比法要简单得多。他们都是通过对比不同的描述、图表、数字来得到不同的结果,从而达到目的。例如,图示对比法就是通过比较两个或多个图片、表格得到结果,揭示差异,从而得到分析结果,它往往会与其他对比法,如数字对比法交叉使用。

### 1.3.2　分析与综合法

分析与综合法是对立统一的辩证关系,它们既相互矛盾又相互联系,并在一定条件下相互转化。在信息分析与预测中,分析与综合总是结合在一起使用的。没有分析的综合,或者没有综合的分析,都很难保证信息分析与预测产品的高质量。本书将分析与综合法具体分为以下几种方法:

（1）相关分析法

事物的某些特征并不是单独存在的,而是和其他事件必然有相关的联系,而追寻这种相关性的研究就叫相关分析,主要解释为通过一种或多种已知事物来判断未知事物。比如,我们生活中的很多基本常识都是根据相关分析得到的,最简单的例子就是"天阴了要下雨"。

实践中进行相关分析要依次解决以下问题:① 确定现象之间有无相关关系以及相关关系的类型。对不熟悉的现象,则需收集变量之间大量的对应资料,用绘制相关图的方法做初步判断。从变量之间相互关系的方向看,变量之间有时存在着同增同减的同方向变动,是正相关关系,有时变量之间存在着一增一减的反方向变动,是负相关关系。从变量之间相关的表现形式看,有直线关系和曲线相关。从相关关系涉及的变量的个数看,有一元相关或简单相关关系和多元相关或复相关关系。② 判定现象之间相关关系的密切程度,通常是计算相关系数 $R$ 及绝对值在 0.8 以上表明高度相关,必要时应对 $R$ 进行显著性检验。③ 拟合回归方程,如果现象间相关关系密切,就根据其关系的类型建立数学模型,用相应的数学表达式——回归方程来反映这种数量关系,这就是回归分析。④ 判断回归分析的可靠性,要用数理统计的方法对回归方程进行检验。只有通过检验的回归方程才能用于预测和控制。⑤ 根据回归方程进行内插外推预测和控制。

（2）关联树法

所谓关联树,就是为某一目的分出各类问题,并清理出各类问题的对等关系、从属关系及交叉关系。为此,必须有一个脚本,所谓脚本,就是进行关联树作业,包括最后进行定量评价时作为基础的一切情报,每个项目字句的解释和定义,以及作业准则等的一个综合脚本。它由研究小组经反复讨论研究,务必使大家疑问最小,尽量满意。关联树法在咨询研究中也是一种比较常用的方法。关联树法的好处有很多,主要分为以下三种:评估技术目标的可行性,决定最佳研究计划与其选择的基础,建立研发专案的绩效目标。

（3）表象与本质分析法

表象与本质分析旨在揭示事物内外之间的联系。利用这种分析方法,我们可以对事物做出一个完整的、透彻的分析。因为,有时表面所展示的并不是完全准确真实的,只有两者结合才能完全确定。比如,当年日本探测中国大庆油田的具体位置时,表面上通过油罐车和工人穿着的服饰等表象判断基本位置,随后根据油罐车上的厚土等判断出土层所在地,从而得出精确位置。

（4）因果分析法

因果分析法可以帮我们找到事物之间的基本联系,认识到事物发展的规律和方向。在因果分析中,通常要遵循以下原则:第一,居先原则,即原因和结果在时间上先后相随,原因在先;第二,共变原则,即原因的变化对应于结果的变化;第三,接触原则,即作为原因和结果的两种现象在时间上必须相互接触,或者由一系列中介事物的接触衔接起来。

因果关系分析法,是从事物变化的因果关系质的规定性出发,用统计方法寻求市场变量之间依存关系的数量变化函数表达式的一类预测方法。这类预测方法在市场预测中常用的方法有两种,即回归分析法和经济计量法。

① 回归分析法。当预测目标变量（称因变量）由于一种或几种影响因素变量（称自变量）的变化而发生变化,根据某一个自变量或几个自变量的变动,来解释推测因变量变动的方向和程度,常用回归分析法建立数学模型。

② 经济计量法。在市场经济条件下,市场作为社会经济活动的基本场所,它一方面是企业营销活动的环境,另一方面也将社会经济系统视为其环境。这种市场现象间的系统关系,使市场变量间的某些因果关系不能只研究自变量对因变量的影响,而忽视因变量对自变量的逆向影响或各种自变量之间的相互影响。这样一种市场变量间相互依存的复杂关系,回归分析法往往就不能对其做出系统描述。经济计量法就是揭示这类市场变量间因果关系数量变化关系的方法。

### 1.3.3 推理法

（1）假言推理

假言推理是根据假言命题的逻辑性质进行的推理。分为充分条件假言推理、必要条件假言推理和充分必要条件假言推理三种。

**充分条件假言推理**

充分条件假言推理是根据充分条件假言命题的逻辑性质进行的推理。

充分条件假言推理有两条规则：

规则1：肯定前件，就要肯定后件；否定前件，不能否定后件。

规则2：肯定后件，不能肯定前件；否定后件，就要否定前件。

根据规则，充分条件假言推理有两个正确的形式：

1）肯定前件式

如果 $p$，那么 $q$

$p$

_____

所以，$q$

2）否定后件式

如果 $p$，那么 $q$

非 $q$

_____

所以，非 $p$

例如：① 如果谁骄傲自满，那么他就要落后；小张骄傲自满，所以，小张必定要落后。② 如果谁得了肺炎，他就一定要发烧；小李没发烧，所以，小李没患肺炎。例①和例②都是充分条件假言推理，前者是肯定前件式，后者是否定后件式。这两个推理都符合推理规则，所以，都是正确的。根据规则，充分条件假言推理的否定前件式和肯定后件式都是无效的。

例如：③ 如果降落的物体不受外力的影响，那么，它不会改变降落的方向；这个物体受到了外力的影响，所以，它会改变降落的方向。④ 如果赵某是走私犯，那么，他应受法律制裁；经查明，赵某确实受到了法律制裁，所以，赵某是走私犯。例③和例④都是不正确的充分条件假言推理，因为例③违反了"否定前件，不能否定后件"的规则，例④违反了"肯定后件，不能肯定前件"的规则。

**必要条件假言推理**

必要条件假言推理是根据必要条件假言命题的逻辑性质进行的推理。

必要条件假言推理有两条规则:

规则1:否定前件,就要否定后件;肯定前件,不能肯定后件。

规则2:肯定后件,就要肯定前件;否定后件,不能否定前件。

根据规则,必要条件假言推理有两个正确的形式:

1)否定前件式

只有 $p$,才 $q$

非 $p$

———————————

所以,非 $q$

2)肯定后件式

只有 $p$,才 $q$

$q$

———————————

所以,$p$

例如:① 只有年满十八岁,才有选举权;小周不到十八岁,所以,小周没有选举权。② 只有选用优良品种,小麦才能丰收;小麦丰收了,所以,这块麦田选用了优良品种。例①和例②都是必要条件假言推理,前者是否定前件式,后者是肯定后件式。这两个推理都符合推理规则,所以,都是正确的。根据规则,必要条件假言推理的肯定前件式和否定后件式都是无效的。

例如:③ 只有有作案动机,才会是案犯;某人确有作案动机,所以,某人定是案犯。④ 只有学习成绩优良,才能做三好学生;小吴不是三好学生,所以,小吴学习成绩不是优良。例③和例④都是不正确的必要条件假言推理,因为例③违反了"肯定前件,不能肯定后件"的规则,例④违反了"否定后件,不能否定前件"的规则。

**充分必要条件假言推理**

充分必要条件假言推理是根据充分必要条件假言命题的逻辑性质进行的推理。

充分必要条件假言推理有两条规则:

规则1:肯定前件,就要肯定后件;肯定后件,就要肯定前件。

规则2:否定前件,就要否定后件;否定后件,就要否定前件。

根据规则,充分必要条件假言推理有四个正确的形式:

1)肯定前件式

$p$ 当且仅当 $q$

$p$

_____

所以,$q$

2)肯定后件式

$p$ 当且仅当 $q$

$q$

_____

所以,$p$

3)否定前件式

$p$ 当且仅当 $q$

非 $p$

_____

所以,非 $q$

4)否定后件式

$p$ 当且仅当 $q$

非 $q$

_____

所以,非 $p$

例如:① 一个数是偶数当且仅当它能被 2 整除;这个数是偶数,所以,这个数能被 2 整除。② 一个数是偶数当且仅当它能被 2 整除;这个数能被 2 整除,所以,这个数是偶数。③ 一个数是偶数当且仅当它能被 2 整除;这个数不是偶数,所以,这个数不能被 2 整除。④ 一个数是偶数当且仅当它能被 2 整除;这个数不能被 2 整除,所以,这个数不是偶数。例①到例④分别是以上充分必要条件假言推理的四个正确的推理式。

(2)直言推理

**逻辑方阵**

为了便于记忆,逻辑学中把 A、E、I、O 四种判断之间的关系用图 1 - 3"逻辑方阵"来表示:一般把单称命题作为全称命题的特例来处理。但是,在考虑对当关系(即真假关系)时,单称命题不能作为全称命题的特例。

如果涉及有同一素材的单称命题,那么以上所述的对当关系要稍加扩展:单称肯定命题和单称否定命题是矛盾关系;全称命题与同质的单称命题是差等关系;单称命题与同质的特称命题也是差等关系。把单称命题考虑其中,所有对当关系可用图1-4来表示。

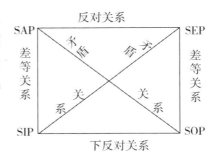

**图1-3　逻辑方阵**

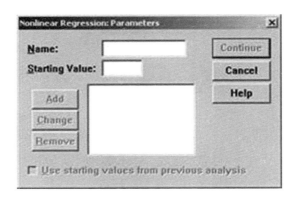

**图1-4　包含单称命题的对当关系**

### 对当关系

直言命题的对当关系推理是指根据命题的四种对当关系得出结论的推理。直言命题有四种对当关系,相应地,直言命题有四种对当关系的推理(如表1-1所示)。

**表1-1　对当关系推理**

| 对当关系推理 | 有效式 | | 注释 |
|---|---|---|---|
| 上反对推理 | SAP→ ¬ SEP | SEP→ ¬ SAP | |
| 下反对推理 | ¬ SIP→SOP | ¬ SOP→SIP | |
| 矛盾推理 | SAP→ ¬ SOP | SOP→ ¬ SAP | ¬ 表示对一个命题的否定,→表示推出 |
| | ¬ SAP→SOP | ¬ SOP→SAP | |
| | SEP→ ¬ SIP | SIP→ ¬ SEP | |
| | ¬ SEP→SIP | ¬ SIP→SEP | |
| 差等推理 | SAP→SIP | ¬ SIP→ ¬ SAP | |
| | SEP→SOP | ¬ SOP→ ¬ SEP | |

（3）变形推理

直言命题的变形推理是指通过改变作为前提的直言命题形式,从而得出结论的推理。据此,变形推理有换质法和换位法两种方法。

| 前提 | SAP | SEP | SIP | SOP | 推理名称 |
|------|-----|-----|-----|-----|---------|
| 结<br><br><br><br><br><br>论 | SEP′<br>PIS<br>POS′<br>P′ES<br>P′AS′<br>S′OP<br>SIP′ | SAP′<br>PES<br>PAS′<br>P′IS<br>P′OS<br>S′IP<br>S′OP′ | SOP′<br>PIS<br>POS′ | SIP′<br><br><br>P′IS<br>P′OS | 换质<br>换位<br>换位换质<br>部分换质位<br>完全换质位<br>部分戾换<br>完全戾换 |

图 1-5  变形推理

**换质法**

通过改变作为前提的直言命题的联项,从而得出另一个直言命题作为结论的推理方法。

规则:

① 改变前提的联项,肯定变为否定,否定变为肯定。

② 把前提的谓项改为原词项的负词项,作为结论的谓项。

③ 在结论中保留前提的主项和量项。

例:所有的金属是导体,所以,所有的金属不是非导体。

**换位法**

通过互换作为前提的直言命题的主项与谓项的位置,从而得出另一个直言命题作为结论的推理方法。

规则:

① 把前提的主项与谓项位置互换,作为结论的主项与谓项。

② 不得改变前提的联项。

③ 前提中不周延的词项,在结论中也不得周延。

例:金属是导体,所以,有的导体是金属。

**详　解**

A、E、I、O 命题都可以进行换质推理,在进行换质推理时要注意,结论的谓项只能是与前提的谓项具有矛盾关系的词项,而不能是与前提的谓项具有反对关系的词项,否则这一换质推理是无效的。

与换质推理不同,只有 A、E、I 命题能进行换位推理,O 命题不能进行换位推理,这是因为 O 命题的主项是不周延的,如果换位,那么前提中不周延的主项作为结论中的谓项就会变得周延,这违反了换位法的规则,所以 O 命题的换位推理是无效的。同理,SAP 换位后不能得到 PAS,因为 P 在 SAP 中是不周延的,而在 PAS 中是周延的,也违反了换位法的规则,所以,该推理是无效的。

另外,换质法和换位法可以结合使用,通过对前提的既换质又换位,得出新的结论。在结合两种方法使用时,既要遵守换质法的规则,也要遵守换位法的规则。

(4)不完全归纳推理

不完全归纳推理是"完全归纳推理"的对称,以关于某类事物中部分对象的判断为前提,推出关于某类事物全体对象的判断做结论的推理。在归纳推理中,完全归纳推理是不多的,不完全归纳推理则是大量的。其类型有两种:简单枚举归纳推理,这是或然性推理;科学归纳推理,这是必然性推理。

① 简单枚举归纳推理

简单枚举归纳推理是不完全归纳推理的一种,其特点是:作为前提的关于某类事物部分对象的判断,只是知其然而不知其所以然,由此推出关于某类事物全体对象的判断带有或然性。通俗点说,简单枚举归纳推理能观察到某类中许多事物都有某种属性,但却不能观察到相反的实例就做出结论,即某类事物都有某种属性。如观察到铁受热膨胀、铜受热膨胀等事实,且没有发现其他受热不膨胀的金属,由此推出"所有金属受热膨胀"的结论就是简单枚举归纳推理。

简单枚举归纳推理表示如下:

$S_1$ 是 $P$;

$S_2$ 是 $P$;

$S_3$ 是 $P$;

……

$S_n$ 是 $P$;

($S_1$、$S_2$……$S_n$ 是 $A$ 类的部分对象,在简单枚举中没有遇到与之相矛盾的情况)

故而,整个 $A$ 类对象都是 $P$。

由于简单枚举归纳推理只是就事物的现象加以考察,没有分析现象产生的原因,没有研究事物的本质,所以,它所能提供的是或然性的结论,而不是提供确实性的结论,更不能提供必然性的结论。

　　人们在认识过程中通过简单枚举归纳推理所得到的结论,有许多是真实的、可命的,并且由于不断被证实,从而被包括到人类知识的总宝库中。但是,也有许多通过简单枚举归纳推理所得到的结论是错误的,后来被推翻了。如"天鹅都是白色的""鱼都是用鳃呼吸的"这类简单枚举归纳推理的结论,现在已经被推翻了,因为人们在澳洲发现了黑色天鹅,在南美洲发现了肺鱼。只要遇到了一个与原来结论矛盾的情况,原来这个一般性的结论就不能存在了。由于简单枚举归纳推理的结论有的是不可靠的,我们必须慎重地加以运用。如果只根据少数的表面现象,就轻率地做出一般性的结论,在逻辑上叫作犯了"轻率概括"或"以偏概全"的错误。

　　尽管简单枚举归纳推理不能提供完全可靠的结论,但它在日常工作和科学研究中有一定的意义。例如,在预估粮食产量时,我们选择有代表性的地段,根据以往的经验,便可以得出一个平均产量的大概估计。这实际上就是运用了简单枚举归纳推理。在科学研究中,特别是在对某些现象进行初步研究阶段,并不是一下子就能找到充分概括的根据,有时就先根据简单枚举归纳推理概括出一个初步的假定,然后再逐步寻找根据,发现其规律性,证实或推翻这个最初的假定。

　　② 科学归纳推理

　　科学归纳推理是简单枚举归纳推理的发展。科学归纳推理是根据对某类中部分对象及其属性之间的必然联系的认识,做出某类事物都有某种属性的结论。例如,"凡金属加热体积就膨胀"这一结论的得出,只是根据加热某些金属,金属就膨胀,而没有遇到矛盾的情况,那么这个结论就是简单枚举归纳推理的结论。但是,当我们的研究继续深入,进而研究其原因,发现金属受热后,金属便因热的作用而引起分子凝聚力减弱,从而导致体积膨胀。在找到这个原因后,再做出结论说"凡金属加热体积就膨胀",这就是科学归纳推理。

　　科学归纳推理表示如下:

$S_1$ 是 $P$;

$S_2$ 是 $P$;

$S_3$ 是 $P$;

……

$S_n$ 是 $P$;

($S_1$、$S_2$……$S_n$ 是 $A$ 类的部分对象,$S$ 与 $P$ 有必然联系)

所以,所有 $S$ 都是 $P$。

科学归纳推理和简单枚举归纳推理在形式上相似,但在实质上是有区别的。

首先,科学归纳推理和简单枚举归纳推理的根据不同。科学归纳推理是以认识事物之间的必然联系为根据,推出一般性的结论;而简单枚举归纳推理只是根据某属性对于某类中一些对象的不断重复而未遇到矛盾情况做出的结论。其次,二者的结论性质不同。简单枚举归纳推理的结论是或然的;而科学归纳推理的结论是可靠的。第三,简单枚举归纳推理需要列举大量现象,列举现象愈多,就愈能提高结论的可靠性;而科学归纳推理不需要列举大量现象,因为它是以认识因果联系、本质联系为根据,因而,有时甚至只根据一个典型事例,就可以做出正确的结论。抓住典型事例进行分析从而得出一般性的结论,可以说是科学归纳推理的一个特殊形式。

**参考文献**

[1]包昌火.情报研究方法论[M].北京:科学技术文献出版社,1990.

[2]谢妩杨.信息分析的研究现状,1990—1996年6种核心期刊论文统计分析[J].情报理论与实践,1997,27(5):273-276.

[3]文金书,石永党.国内竞争情报分析方法的特点及发展方向[J].情报探索,2010,(11):68-69.

[4]张曼玲.误加权评分对比法在优化图书选题中的应用[J].情报科学,2001,19(3).

# 第 2 章

# 德尔菲法

## 2.1　德尔菲法的历史与现状

### 2.1.1　历史

（1）产生

德尔菲法是在 20 世纪 40 年代由赫尔默（Helmer）和戈登（Gordon）首创，1946 年，美国兰德公司为避免集体讨论存在的屈从于权威或盲目服从多数的缺陷，首次用这种方法进行定性预测，后来该方法被迅速广泛采用。20 世纪中期，当时美国政府组织了一批专家，要求他们站在苏军战略决策者的角度，最优地选择在未来大战中将被轰炸的美国目标，为美军决策人员提供参考。兰德公司提交了一份预测报告，预告这场战争必败。政府完全没有采纳，结果一败涂地。

1964 年，赫尔默和戈登发表了"长远预测研究报告"，首次将德尔菲法用于技术预测中，之后便迅速地应用到了世界各国，在技术预测和新产品市场需求预测等方面得到了较为普遍的应用。除技术领域外，还几乎可以用于任何其他领域的预测，如军事预测、人口预测、经济预测、经营预测、教育预测和医疗保健预测等。此外，德尔菲法还用来进行评价、决策和规划工作，并且在长远规划者和决策者心目中享有很高的威望。

德尔菲是古希腊地名。相传太阳神阿波罗（Apollo）在德尔菲杀死了一条巨蟒，成了德尔菲主人。阿波罗不仅年轻英俊，而且对未来有很高的预见能力。在德尔菲有座阿波罗神殿，是一个预卜未来的神谕之地，于是人们就借用此名，作为这种方法的名字。

（2）发展

德尔菲法是 20 世纪 50 至 60 年代发展起来的一种重要的专家评价及预测方法,随着在长期实践中的不断发展,它也产生了一些变种或派生方法,它们从不同角度对经典德尔菲法做了一些修正或补充,使德尔菲法更有成效。

加评德尔菲法又称自评德尔菲法,即要求每一位专家自己评估自己对调查表中的每一个问题的专长程度或熟悉程度。在数据处理时,以专家对自己专长程度或熟悉程度的估计为权数,然后进行加权处理,这样可以提高评价或预测的精度。

加机德尔菲法又称德尔菲计算机会议法,这种方法就是将经典德尔菲法与计算机的使用结合在一起,使德尔菲程序计算机化。加机德尔菲法实际上是"实时联机德尔菲",它模糊了经典德尔菲法的"轮次"界限,加速了德尔菲法的进程,提高了效率。

派生德尔菲法突破了传统德尔菲法的局限,由此派生出各种各样的改良方法,以便分析复杂的政策问题。具有代表性的有两类:一类是保持原德尔菲法,其特点是保持基本概念和技术方法的特性,只是局部地改变某些环节,如增加向专家提供与其专业有关的更为广泛的背景材料,减少应答的轮次等;另一类是政策德尔菲法,除了保持传统德尔菲法的循环反复和控制反馈两个原则外,修改或改进了其他几项原则,如有选择的匿名,有选择的反馈,在函询基础上引入公开争论、信息灵通的多方面倡导,回答统计的两极化,冲突的建构和电子计算机的辅助,它试图创造新的程序来解决复杂的政策问题。按它的一个创立者的说法,"德尔菲法最初是为解决技术问题,寻求同类专家小组之间达成一致而建立的。而在另一方面,政策德尔菲法则试图就重大政策问题的潜在解决方案产生相互对立的意见。这个政策问题不需要专家,只需要掌握充分信息的建议者及裁判。因此,德尔菲法在不断地发展,它仍然是政策决策预测过程中最简便、费用最低、结果最可靠的创造性思维方法之一。"

由于应用目标不同,现在德尔菲法已经演变成许多不同类型。在技术预测中,主要采取有大量科技专家参与的大规模德尔菲调查,这是由经典德尔菲法派生出来的一种方法,1971 年由日本人最早将这种方法用于与整个科学技术领域有关的技术预测。其后,德国、英国、法国和韩国等国家和地区相继采用大规模德尔菲调查,进行本国的技术预测。

20 世纪 80 年代,一种基于大规模德尔菲法的进一步创新的新的德尔菲法——"市场德尔菲法"产生了。它是适用于中、微观层次的一种有效的新的技术预见模式,充分考虑了"社会经济需求"。它能使政府部门在制定科技政策时主动呼应产业需求,在制定产业政策时能主动呼应产业界的技术前瞻需求,由此形成科技政策和产业政策联动效应,真正实现科技资源和资本资源的最优化配置。

在国外,德尔菲法发展出了各种不同的技术思路。模糊德尔菲法是将模糊理论引入到德尔菲法中,新开发的模糊德尔菲技术就只需一轮问卷调查。

1986 年,贺仲雄教授创立的一种新的决策、评价方法——FHW(模糊、灰色物元空间)方法,是对德尔菲法的改进和发展,融合了德尔菲法、BS 法(头脑风暴法)、KJ 法的优点,并采用了一些新兴学科的思路,如模糊数学、灰色系统理论、物元分析等,从而能定量处理联想思维,而把德尔菲法的咨询表改为 FHW 咨询表,把向专家咨询的一个数(顺序、判断、打分)改为一个模糊、灰色物元。

### 2.1.2　现状

德尔菲法最初产生于科技领域,后来逐渐被应用于任何领域的预测,如军事预测、人口预测、医疗保健预测、经营和需求预测、教育预测等。此外,还用来进行评价、决策、管理沟通和规划工作。

近十年来,德尔菲法已成为一种广为适用的预测方法。许多决策咨询专家和决策者,常常把德尔菲法作为一种重要的规划决策工具。斯蒂纳(G. A. Steiner)在其所著作的《高层次管理规划》一书中,把德尔菲法当作最可靠的技术预测方法。德尔菲法作为一种直觉预测技术,最初是为了军事策略问题的预测而设计的,后逐步为政府部门和工商业所采用,并扩展到教育、科技、运输、开发研究、太空探测、住宅、预算和生活质量等领域。它最初强调利用专家对以经验数据为基础的预测进行证实,后来在 20 世纪 60 年代开始用于价值预测问题,这种方法已经为美国、加拿大、英国、日本的分析人员广泛使用。

(1)国外德尔菲法的应用成果

对于德尔菲法的应用,国外开展得比较早。1946 年,兰德公司首次运用这种方法进行预测,不久该方法便得到广泛运用。1968 年,美国海军后勤系统司令部组织 48 名专家预测 15 年后的情报处理技术。1969 年,达克(N. Dallkcl)应用德尔菲法对 100 多个实际问题做了良好的评价。1971 年,由日本人最早将德尔菲法用于与整个科学技术领域有关的技术预测。根据日本的特点和决策工作需要,他们对德尔菲法进行了改进。第一,除技术本身的发展外,还要考虑技术可能带来的经济效益,如技术对日本的重要度、技术实现的时间、阻碍技术发展的因素和技术发展的途径等诸多方面;第二,参加咨询的人员不只局限于十几个专家,而是吸引了大量的科技界、企业界的决策者参加,甚至还有少数新闻记者。1973 年,美国情报处理协会组织 57 名专家预测国际数据通信发展趋势。

到 20 世纪 70 年代中期,德尔菲法开始应用于医学领域,最早主要是用它来探讨护理科研重点和护理科研课程体系。尤其是 20 世纪 90 年代以来,Delphi 法在护理科研中得到广泛应用。护理管理方面,Anne 应用德尔菲法对护理服务商业化的原因以及护士自主开业所面临的问题进行了研究,为护理组织机构和健康服务组织对护理资源的合理分配提供了有益指导。在护理教育方面,Jane 在对注册家庭护士毕业前应具备的能力的研究中应用了德尔菲法,其研究结果为注册家庭护士的培养提供了重要依据。在床护理研究方面,Violeta 博士在探讨临床急诊护理研究重点时采用了三轮式 Delphi 法。

在学术研究方面,也有一些学者发表了自己的看法。1959 年,Helmer 和 Rescher 的论文《关于不精确科学的认识论》为该方法提供了哲学基础。1964 年,美国兰德公司的赫尔默和戈登发表了《长远预测研究报告》,首次将德尔菲法用于技术预测中,以后便迅速地应用于美国及其他国家的几乎所有领域的决策咨询工作中。进入 20 世纪 60 年代,Helmer 和 Dalkey 发表了大量相关的论文,比较重要的有《利用专家的德尔菲方法的实验性应用》(Dalkey,Helmer,1963),《分析未来:德尔菲方法》(Helmer,1967)《群体预测的实验》(Dalkey,1968)《德尔菲法:群体意见的实验性研究》(Dalkey,1969)等,这些研究论文对德尔菲法在各学科中的推广发挥了重要作用。

(2)国内德尔菲法的发展应用

相对于国外,国内德尔菲法的理论应用开展稍晚,20 世纪 80 年代左右才有所发展和应用。80 年代以来,我国不少单位也采用德尔菲法进行了预测、决策分析和编制规划工作。

2001 年 3 月,国美公司运用了德尔菲法对人力资源需求进行了预测。德尔菲法可以帮助企业明确未来人力需求趋势,做好人才储备工作;同时也可以帮助企业合理预测未来各部门、各类职位人员的需求情况,做好企业的定岗定编工作。

2002 年 5 月至 2003 年 6 月,中国协和医科大学护理学院受卫生部的委托,承担《护理专业岗位任务分析及人才发展需求预测研究》课题。课题中的护理专业岗位任务分析和护理专业人才培养标准及规格的研究采用了德尔菲法,从而依靠专家对错综复杂、变化多端的不确定因素做出的推测判断,来分析护理专业人才的培养。2002 年,田军、张朋柱、王刊良等人以德尔菲调查法为背景,研究专家评价意见的集成问题,通过构造专家意见的可靠度函数,设计专家意见集成的可信度,在保留专家意见独立性的基础上,综合考虑一致性、协调性要求,建立专家意见集成的优化搜索模型,获得专家意见集成的最佳协调方案。实际应用显示,该模型具有良好的使用效果和广泛的适应性。

2003 年,张道武、汤书昆、方兆本等人鉴于德尔菲法具有改进方案的功能,提出并分析了一种基于进化博弈思想的改进德尔菲法,列举了一个三方成员通过改进的德尔菲法决策程序,不断学习调整,最终达成一致的群博弈算例。该决策机制对企业间合作联盟的决策有很逼真地揭示和说明,反映了群体决策实际是联盟成员有机互动的过程。同年 8 月,"中国未来 20 年技术预见研究"项目启动后,中国运用了大型德尔菲法在信息技术(指包括通信、电子技术在内的广义"信息技术")、能源技术、材料技术和生物技术等四大领域进行了调查研究工作。

2004 年,胡红波等人提出为了避免扫雷的盲目性,根据水雷战偶然性强、随机因素多等特点,通过引入德尔菲法,分析了利用该方法估测未知水雷性能的可行性,提出了确定水雷性能模糊集隶属度的方法。实例证明,其结果可为扫雷作业方式的合理选择提供参考,从而提高了扫雷的效率。同年,范并思出版了《20 世纪西方与中国的图书馆——基于德尔菲法测评的理论史纲》。康晓红在同年 12 月提出了德尔菲法在教务管理信息系统中的应用开发。

2005 年,袁海霞、汪南平、史德等人针对潜艇舱室中气体组分较多,相互间关系比较复杂,而且缺乏足够检测数据的特点,采用德尔菲法确定潜艇舱室空气质量的评价指标。经两轮专家咨询后,选择 14 种气体组分(4 种无机物,10 种有机物)作为潜艇舱室空气质量评价指标。应用德尔菲法选择的评价指标在潜艇舱室中浓度高、毒性大,对艇员健康和武器设备影响大,准确地反映了潜艇舱室空气污染的现状。

2006 年,龙海明、李花提出了把德尔菲法应用在社科成果评奖中,会大大提高评奖的科学性与客观性。德尔菲法的应用,关键在于科学设计评价指标体系和建立评价模型。

## 2.2　德尔菲法的特点与构成要素

### 2.2.1　基本特点

德尔菲法本质上是一种反馈匿名函询法。其大致流程是:在对所要预测的问题征得专家的意见之后,进行整理、归纳、统计,再匿名反馈给各专家,再次征求意见,再集中,再反馈,直至得到一致的意见。其过程可简单表示为:匿名征求专家意见—归纳、统计—匿名反馈—归纳、统计……若干轮后停止。

由此可见,德尔菲法是一种利用函询形式进行的集体匿名思想交流过程。它有三个明显区别于其他专家预测方法的特点,即匿名性、多次反馈、小组的统计回答。

(1)匿名性

因为采用这种方法时,所有专家组成员不直接见面,只是通过函件交流,这样就可以消除权威的影响,这是该方法的主要特征。匿名是德尔菲法极其重要的特点,从事预测的专家彼此互不知道其他有哪些人参加预测,他们是在完全匿名的情况下交流思想的。后来改进的德尔菲法允许专家开会进行专题讨论。

(2)反馈性

该方法需要经过3~4轮的信息反馈,在每次反馈中使调查组和专家组都可以进行深入研究,使得最终结果基本能够反映专家的基本想法和对信息的认识,所以结果较为客观、可信。小组成员的交流是通过回答组织者的问题来实现的,一般要经过若干轮反馈才能完成预测。

(3)统计性

最典型的小组预测结果是反映多数人的观点,少数派的观点至多概括地提及一下,但是这并没有表示出小组的不同意见的状况。而统计回答却不是这样,它报告1个中位数和2个四分点,其中一半落在2个四分点之内,一半落在2个四分点之外。这样,每种观点都包括在这样的统计中,避免了专家会议法只反映多数人观点的缺点。

德尔菲法的这些特点使它成为一种最为有效的判断预测法。此外,德尔菲法还有以下特点:资源利用的充分性——由于吸收不同的专家与预测,充分利用了专家的经验和学识;最终结论的可靠性——由于采用匿名或背靠背的方式,能使每一位专家独立地做出自己的判断,不会受到其他繁杂因素的影响;最终结论的统一性——预测过程必须经过几轮的反馈,使专家的意见逐渐趋同。

正是由于德尔菲法具有以上这些特点,使它在诸多判断预测或决策手段中脱颖而出。这种方法的优点主要是简便易行,具有一定的科学性和实用性,可以避免会议讨论时产生的害怕权威随声附和,或固执己见,或因顾虑情面不愿与他人意见冲突等弊病。同时,这种方法也可以使大家发表的意见较快收集,参加者也易接受结论,具有一定程度综合意见的客观性。

### 2.2.2　遵守原则

（1）挑选的专家应有一定的代表性、权威性。

（2）在进行预测之前，首先应取得参加者的支持，确保他们能认真地进行每一次预测，以提高预测的有效性。同时也要向组织高层说明预测的意义和作用，取得决策层和其他高级管理人员的支持。

（3）问题表设计应该措辞准确，不能引起歧义，征询的问题一次不宜太多，不要问那些与预测目的无关的问题，列入征询的问题不应相互包含，所提的问题应是所有专家都能答复的问题，而且应尽可能保证所有专家都能从同一角度去理解。

（4）进行统计分析时，应该区别对待不同的问题，对于不同专家的权威性应给予不同权数，而不是一概而论。

（5）提供给专家的信息应该尽可能的充分，以便其做出判断。

（6）只要求专家做出粗略的数字估计，而不要求十分精确。

（7）问题要集中，要有针对性，不要过分分散，以便使各个事件构成一个有机整体，问题要按等级排队，先简单后复杂，先综合后局部，这样易引起专家回答问题的兴趣。

（8）调查单位或领导小组意见不应强加于调查意见之中，要防止出现诱导现象，避免专家意见向领导小组靠拢，以至得出专家迎合领导小组观点的预测结果。

（9）避免组合事件。如果一个事件包括专家同意的和专家不同意的两个方面，专家将难以做出回答。

### 2.2.3　德尔菲法研究结果的统计要素

应用的统计指标有百分位数、专家的积极系数、算数均数、中位数、四分位数间距、标准差、变异系数、协调系数、各种统计表、统计图（如直方图）等。我们重点看一下以下四个指标数值：

（1）专家的积极系数

专家的积极系数即专家咨询表的回收率（回收率 = 参与的专家数/全部专家数），可以反映专家对研究的关心程度。本次调研共进行了两轮德尔菲专家咨询，第一轮发出咨询表 25 份，回收 23 份，回收率 92%；第二轮发出 23 份，回收 23 份，回收率为 100%，这说明绝大多数专家关心本研究，参与的积极程度高。

（2）专家意见的集中程度

专家意见集中程度用均数（$M_j$）和满分频率（$K_j$）来表示。

① 均数

$M_j = \dfrac{1}{m_j}\sum\limits_{i=1}^{m} c_{ij}$，$m_j$ 表示参加第 $j$ 个指标评价的专家数；$C_{ij}$ 表示第 $i$ 个专家对第 $j$ 个指标的评分值。$M_j$ 的取值越大，则对应的 $j$ 指标的重要性越高。

② 满分频率

$K_j = \dfrac{m_j}{m}$，$m_j$ 表示参加第 $j$ 个指标评价的专家数，$m$ 表示给满分的专家数。$K_j$ 取值在 $0 \sim 1$ 之间。$K_j$ 可作为 $M_j$ 的补充指标，$K_j$ 越大，说明对该指标给满分的专家比例越大，该指标也越重要。

（3）专家意见的协调程度

专家意见的协调程度用变异系数（$V_j$）和协调系数（$w$）来表示。变异系数说明，第 $m_j$ 个专家对第 $j$ 指标的协调程度，协调系数说明全部 $m$ 个专家对全部 $n$ 个指标的协调程度，越大说明专家意见协调程度越高。通过计算变异系数和协调系数可以判断专家对每项指标的评价是否存在较大的分歧，或找出高度协调专家和持异端意见的专家。具体计算方法如下：

① 变异系数

$V_j = \delta_j / \overline{x}_j$，其中 $V_j$ 表示 $j$ 个指标的变异系数，$\delta_j$ 表示第 $j$ 个指标的标准差，$\overline{x}_j$ 表示第 $j$ 个指标的均数。变异系数说明，专家对第 $j$ 指标相对重要性的波动程度，或者说是协调程度，$j$ 越小，表明专家们的协调程度越高。

② 协调系数

协调系数反映了不同专家意见的一致性，也是咨询结果可信程度的指标。计算专家对第 $j$ 个指标评价的等级和的算术平均数 $M_{sj} = \dfrac{1}{n}\sum\limits_{j=1}^{n} Sj$，$S_j = \sum\limits_{i=1}^{m_j} R_{ij}$，其中 $R_{ij}$ 表示第 $i$ 专家对 $j$ 个指标的评价等级；$S_j$ 表示第 $j$ 个指标的等级和，$S_j$ 越大，该指标的重要就越高。

③ 协调系数的显著性检验——$x^2$ 检验

$$x_R^2 = \dfrac{1}{mn(n+1) - \dfrac{1}{n-1}\sum\limits_{i=1}^{m} T_t}\sum\limits_{j=i}^{m} d_j^2 \sim x^2(n-1)$$

根据自由度和显著性水平，从 $x^2$ 值表中查得临界值 $x_a^2$，如果 $x_R^2 > x_a^2$，则可认为协调系数经检验后有显著性，说明专家评估意见协调性好，结果可取。

反之,$x_R^2$ 值很小,专家组意见的非偶然协调概率越大,在95%的置信度下,如果 P>0.05,则认为专家意见在非偶然协调方面将是不足置信的协调,评估结论的可信度差,评价结果不可取。

表 2-1 两轮德尔菲专家意见协调系数比较表

|  | 第一轮咨询 | 第二轮咨询 |
|---|---|---|
| 指标个数 | 106 | 81 |
| 协调系数 W | 0.25 | 0.5 |
| 卡方值 | 525.13 | 703.62 |
| P 值 | 0.00 | 0.00 |

表 2-1 所示的是本研究中专家意见协调系数,第一轮咨询结果的专家意见协调系数较小,仅为 0.25,反映专家对评价指标的重要性认识存在分歧,意见协调程度较低。第二轮咨询的协调系数和第一轮相比有较大提高,为 0.50,表明专家对指标重要性的认识渐趋向一致,可信度较高两轮协调系数的 $x^2$ 检验的 P 值均小于 0.05,表明在 95%的置信度下,专家评估意见协调性好,结果可取。

(4)专家的权威程度

专家的权威程度一般由两个因素决定,一个是专家对方案做出判断的依据,一个是专家对问题的熟悉程度,专家的权威程度以自我评价为主。

① 判断依据

用 $C_a$ 表示判断影响程度系数,专家一般以实践经验、理论分析、对国内外同行的了解以及直觉等作为判断依据,判断系数 $C_a \leqslant 1$。$C_a = 1$ 时,判断依据对专家的影响程度很大;当 $C_a = 0.8$ 时,对专家判断的影响程度中等;当 $C_a = 0.6$ 时,影响程度较小。判断依据如表 2-2 所示。

表 2-2 判断依据表

| 判断依据 | 量化值 |
|---|---|
| 实践经验 | 0.8 |
| 理论分析 | 0.6 |
| 国内外同行了解 | 0.4 |
| 直觉 | 0.2 |

② 专家对问题的熟悉程度

用 C 表示专家对问题熟悉程度系数,如表 2-3 所示。

表 2 - 3 专家对问题熟悉程度系数表

| 熟悉程度 | 量化值 |
| --- | --- |
| 非常熟悉 | 1 |
| 很熟悉 | 0.8 |
| 熟悉 | 0.6 |
| 一般 | 0.4 |
| 不太熟悉 | 0.2 |
| 不熟悉 | 0 |

③ 专家的权威程度

用 $C_s$ 表示专家权威程度系数,其为判断系数和熟悉程度系数的算术平均值,即 $C_r = \dfrac{(C_a + C_s)}{2}$。

本研究专家权威程度的判断采用了自我评价(结果见表 2 - 4)。两轮咨询 3 项一级指标的判断依据系数平均值为 0.760 和 0.762,说明判断依据对专家的影响程度较高;熟悉程度系数平均值为 0.798 和 0.800,表明专家对所咨询的问题较熟悉。3 项一级指标的专家权威程度平均值分别为 0.779 和 0.781,可以认为专家的权威程度较高。由于专家的权威程度与预测精度呈一定的函数关系,因此可以推论本研究的精度也较高,两轮专家咨询三个一级指标的专家权威程度均高于 0.75,其中,基础竞争力指标的权威程度最高。

表 2 - 4 两轮专家权威程度统计表

| 指标 | 第一轮咨询 | | | 第二轮咨询 | | |
| --- | --- | --- | --- | --- | --- | --- |
| | $C_a$ | $C_s$ | $C_r$ | $C_a$ | $C_s$ | $C_r$ |
| 基础竞争力 | 0.781 | 0.812 | 0.796 | 0.786 | 0.818 | 0.802 |
| 核心竞争力 | 0.771 | 0.804 | 0.788 | 0.770 | 0.804 | 0.787 |
| 环境竞争力 | 0.727 | 0.779 | 0.753 | 0.730 | 0.778 | 0.754 |
| 平均值 | 0.760 | 0.798 | 0.779 | 0.762 | 0.800 | 0.781 |

任何一个专家都不可能对预测中每个问题都具有权威性,而权威程度对评价的可靠性有很大影响。专家的权威程度由三个因素决定,一个是专家对方案做出判断的依据,$C_a$(判断系数)表示。另外是专家对问题的熟悉程度,用 $C_s$(熟悉系数)表示。$C_r = (C_a + C_s)/2$ 预测精度随着专家权威程度的增高而增加,一般认为

专家权威程度≥0.7 即可以接受。

### 2.2.4 德尔菲法的优缺点

德尔菲法同常见的召集专家开会、通过集体讨论、得出一致预测意见的专家会议法既有联系又有区别。

德尔菲法能发挥专家会议法的优点：

① 能充分发挥各位专家的作用,集思广益,准确性高。

② 能把各位专家意见的分歧点表达出来,取各家之长,避各家之短。

同时,德尔菲法又能避免专家会议法的缺点：

① 权威人士的意见影响他人的意见。

② 有些专家碍于情面,不愿意发表与其他人不同的意见。

③ 出于自尊心而不愿意修改自己原来不全面的意见。

德尔菲法的主要缺点是过程比较复杂,花费时间较长。

### 2.2.5 德尔菲法的现实意义

德尔菲法作为一种主观、定性的方法,不仅可以用于预测领域,而且可以广泛应用于各种评价指标体系的建立和具体指标的确定过程。

例如,我们在考虑一项投资项目时,需要对该项目的市场吸引力做出评价。我们可以列出同市场吸引力有关的若干因素,包括整体市场规模、年市场增长率、历史毛利率、竞争强度、对技术要求、对能源的要求、对环境的影响等。市场吸引力的这一综合指标就等于上述因素加权求和。每一个因素在构成市场吸引力时的重要性即权重和该因素的得分,需要由管理人员的主观判断来确定。这时,我们同样可以采用德尔菲法。

如某书刊经销商采用德尔菲法对某一专著销售量进行预测。该经销商首先选择若干书店经理、书评家、读者、编审、销售代表和海外公司经理组成专家小组。将该专著和一些相应的背景材料发给各位专家,要求大家给出该专著最低销售量、最可能销售量和最高销售量三个数字,同时说明自己作出判断的主要理由。将专家们的意见收集起来,归纳整理后返回给各位专家,然后要求专家们参考他人的意见对自己的预测重新考虑。专家们完成第一次预测并得到第一次预测的汇总结果以后,除书店经理外,其他专家在第二次预测中都做了不同程度地修正。重复进行,在第三次预测中,大多数专家又一次修改了自己的看法。第四次预测时,所有专家都不再修改自己的意见。因此,专家意见收集过程在第四次以后停止。最终预测结果为最低销售量 26 万册,最高销售量 60 万册,最可能销售量 46 万册。

## 2.3 德尔菲法的实施步骤

### 2.3.1 德尔菲法的流程

(1)做预测筹划工作,成立决策分析小组(即组织者)

首先确定预测的课题及各预测项目,明确进行效能评估的目标,借助人的逻辑思维和经验能对目标的评价收到很好的效果。然后设立负责预测组织工作的临时机构,成立工作小组。课题组、项目管理人员、项目规划人员都可单独或共同组成决策分析小组,负责编制预测文件、设计调查反馈题目、整理参考资料、落实专家组人选、寄发回收问卷和进行数据统计分析等项工作,以保证程序的正常执行。

(2)遴选专家

选择专家是德尔菲法成败的关键。根据项目研究所需要的知识范围研究的目的和特点,以及考虑到专家意见表的回收率,选择专家的来源机构,确定入选条件及专家人数,聘请不同机构的领域专家。专家人数的多少,可根据预测课题的大小和涉及面的宽窄而定,一般以 8 至 20 人为宜。

对专家的挑选应基于其对研究对象情况的了解程度。确保所有专家能够从同一角度去理解项目分类和其他有关定义。所提问的问题应是专家能够回答的问题。专家的权威程度要高,有独到的见解,有丰富的经验和较高的理论水平,这样才能提供正确的意见和有价值的判断。

就企业而言,专家可以是第一线的管理人员,也可以是企业高层管理人员和外请专家。例如,在估计未来企业对劳动力需求时,企业可以挑选人事、计划、市场、生产及销售部门的经理作为专家。除此之外,在确定专家前,还需保证向专家讲明预测对企业和下属单位的意义,以争取他们对德尔菲法的支持。并确认在评价期间,有应答的时间保证。

(3)发布问题

向所有专家提出所要预测的问题及有关要求(尽可能将过程简化,不问与预测无关的问题),并附上有关这个问题的所有背景材料,同时请专家提出还需要什么材料,确保为专家提供充分的信息,使其有足够的根据做出判断。例如,研究企业决策相关问题时,就要为专家提供所收集的有关企业人员安排及经营趋势的历史资料和统计分析结果等。

(4)专家对问题进行评估

由于专家组成成员之间存在身份和地位上的差别以及其他社会原因,有可能使其中一些人因不愿批评或否定其他人的观点而放弃自己的合理主张。要防止这类问题的出现,必须避免专家们面对面的集体讨论,而是由专家单独提出意见。专家采用匿名或"背靠背"的形式进行评估,专家根据他们所收到的材料,结合自己的知识和经验,提出自己的意见,并说明依据和理由,按照该程序完成对所有问题的回答。允许专家粗略的估计数字,不要求精确,但可以要求专家说明预计数字的准确程度。

传统德尔菲法的调查程序一般为四轮。将各位专家第一次判断意见归纳整理,统计分析,列成图表,进行对比,综合成新的意见表。也可以把各位专家的意见加以整理,或请身份更高的其他专家加以评论,然后把这些意见再分送给各位专家(其中不说明发表各种意见的专家的具体姓名),以便他们参考后修改自己的意见。将这些资料分发给每位专家,让专家比较自己同他人的不同意见,根据他们所收到的材料,调整、修改自己的意见和判断,提出新的预测意见,并说明自己是怎样利用这些材料提出预测值的。逐轮收集意见并为专家反馈信息是德尔菲法的主要环节。这一过程重复进行,直到每一个专家不再改变自己的意见为止。

(5)对获取的专家知识进行处理

对专家的意见进行综合处理,以专家的原始意见为基础,建立专家意见集成的优化模型,综合考虑一致性和协调性因素,同时满足整体意见收敛性的要求,找到群体决策的最优解或满意解,获得具有可信度指标的结论,达到专家意见集成的目的。表述预测结果,即由预测机构把经过几轮专家预测而形成的结果以文字或图表形式表现出来。

### 2.3.2　专家知识表示方法

(1)相关定义

定义 1:专家集合,$E = \{E_1, E_2, \cdots, E_m\}$,$E_i(i=1,2,\cdots,m)$ 为第 $i$ 个专家。

定义 2:评价集,$A = \{(a_1, r_1), (a_2, r_2), \cdots, (a_m, r_m)\}$,其中,$(a_i, r_i)$($i=1,2,\cdots,m$)为第 $i$ 个专家给出的原始评价值,$a_i$ 为第 $i$ 个专家给出的评价值,$r_i$ 为评

价值的最大允许调整范围,$r_i \geqslant 0$。

定义 3:最佳评价值集合,$x = \{x_1, x_2, \cdots, x_m\}$,它是在专家原始评价值基础上,经过优化搜索后得到的评价值集合,满足群体意见收敛性、多样性和可靠性要求,亦用于计算群体意见集成结果的评价值,其中,$x_i(i = 1, 2, \cdots, m)$ 是对第 $i$ 个专家的原始意见在给定范围内进行最优调整后的评价意见值。

定义 4:评价值可靠性函数,$G(x)$ 为定义在 $(-\infty, +\infty)$ 上的连续函数,具有 4 个特性:

① 有界性,$0 \leqslant G(x) \leqslant 1$。

② 对称性,$G(x)$ 的图形关于 $x = a$ 直线对称,即 $G(a - g) = G(a + g)$,其中,$G = |x - a|$。

③ 分段单调,$G(x)$ 在 $(-\infty, a)$ 上递增,在 $(a, +\infty)$ 上递减,在 $x = a$ 处有唯一极大值,$G(x = a) = 1$,同时,$\lim\limits_{x \to \infty} G(x) = \lim\limits_{x \to +\infty} G(x) = 0$。

④ 光滑性,$G(x)$ 在 $(-\infty, +\infty)$ 上可微。

(2)专家群体知识集成结果表示

加权均值:$U(x) = \sum\limits_{i=1}^{M} p_i \cdot x_i$,其中,$p_i$ 为第 $i$ 个专家的权重系数。

标准差:$\sigma(x) = \sqrt{D(x)}$,其中,$D(x) = \sum\limits_{i=1}^{M} [x_i - U(x)]^2 p_i$。

群体意见可信度:$\psi(X) = \min\limits_{i=1}^{M} G(x_i)$,其中,$G(x_i)$ 为第 $i$ 个专家意见可信度。

$K$ 阶中心距:$E|x - U(x)|^k = \sum\limits_{i=1}^{M} [x_i - U(x)]^k p_i$。

峰度:$E_i = \dfrac{\mu_4(x)}{(\sigma(x))^3}$,其中 $\mu_4(x) = \sum\limits_{i=1}^{M} [x_i - U(x)]^4 p_i$ 为 4 阶中心距。峰度能够代表专家意见的一致性。

偏度:$S_k = \dfrac{\mu_3(x)}{(\sigma(x))^3}$,其中,$\mu_3(x) = \sum\limits_{i=1}^{M}$ 为 3 阶中心距。偏度能够代表专家意见关于加权均值的对称性。

专家群体意见的变异系数:$v = \dfrac{\sigma(x)}{U(x)}$。变异系数是代表波动大小的重要指标,代表了群体评价值的协调性。

等级和:$M_j = \sum\limits_{i=1}^{m_j} C_{ij}$。等级和是专家对每个指标排序的名次总和。

专家积极性系数:$K = \dfrac{m_j}{m}$。其中,$m_j$ 为对 $j$ 问题评价的专家数;$m$ 为参加评定的专家总数。

（3）专家知识的可靠度描述

专家意见的可靠度是一个分布在专家给定评分值意见范围内的一个分布函数，该函数满足连续、有界、对称、分段单调等不同特点，不同专家意见的可靠性可以认为是独立分布的。可以用正态分布函数的正态双侧分位数表示调整距离的可靠性。设正态分布的分布函数为：

$$F(x) = \varphi\left(\frac{x-a}{\sigma}\right) = \int_{-\infty}^{x} \frac{1}{\sqrt{2\pi}\sigma} e^{\frac{(t-a)^2}{2\sigma^2}} dt$$

根据可靠性函数的定义，专家意见调整后的可靠度分布函数为：

$$G(x) = 1 - P\{|x-a| < G\} - 1 - \{F(a+G) - F(a-G)\} = 1 - \int_{a-G}^{a+G} \frac{1}{\sqrt{2\pi}\sigma} e^{\frac{(t-a)^2}{2\sigma^2}} dt$$

### 2.3.3　专家知识集成方法

对专家知识的统计处理方法和表达形式，应根据答案的类型和具体要求而定。德尔菲法可以对未来事件实现的时间进行评估；可以对分值和数值进行评估；可以对不同方案进行排序和择优；可以对问题的相对重要程度进行评估；可以对某一问题在总体问题中所占的合理比重进行评估。

（1）四分点法

专家们的回答是一系列可比较大小的数据或有前后顺序排列的时间。

① 把专家们的回答按从小到大的顺序排列，并求出全距。如有 $m$ 个专家，其 $m$ 个（包括重复的）答案可排列如下：

$$X_{\min} = X_1 \leqslant X_2 \cdots \leqslant X_{m-1} \leqslant X_m = X_{\max}$$

则全距 $= X_{\max} - X_{\min}$

② 求中位数 $\overline{X}$、上四分点 $X_{上}$ 和下四分点 $X_{下}$。

$$\overline{X} = \begin{cases} X_k + 1 & m = 2k+1, k \text{ 为奇数} \\ \dfrac{X_k + X_{k+1}}{2} & m = 2k, k \text{ 为偶数} \end{cases}$$

其中，$X_k$ 表示第 $k$ 个数据，$X_{k+1}$ 表示第 $k+1$ 个数据，$k$ 为整数。

$$X_{上} = \begin{cases} X_{\frac{3k+2}{2}} & m=2k+1\,,k\ \text{为奇数} \\[2mm] \dfrac{X_{\frac{3}{2}k+1} + X_{\frac{3}{2}k+2}}{2} & m=2k+1\,,k\ \text{为偶数} \\[2mm] X_{\frac{3k+1}{2}}2 & m=2k\,,k\ \text{为奇数} \\[2mm] \dfrac{X_{\frac{3}{2}k} + X_{\frac{3}{2}k+1}}{2} & m=2k\,,k\ \text{为偶数} \end{cases}$$

$$X_{下} = \begin{cases} X_{\frac{k+1}{2}} & m=2k+1\,,k\ \text{为奇数} \\[2mm] \dfrac{X_{\frac{k}{2}k} + X_{\frac{k}{2}+1}}{2} & m=2k+1\,,k\ \text{为偶数} \\[2mm] X_{\frac{k+1}{2}} & m=2k\,,k\ \text{为奇数} \\[2mm] \dfrac{X_{\frac{k}{2}} + X_{\frac{k}{2}+1}}{2} & m=2k\,,k\ \text{为偶数} \end{cases}$$

③ 表示预测结果。中位数表示专家对数量或时间预测的期望值。全距表示预测值的最大变动幅度,是专家预测值分散程度的一种度量。上、下四分点之间构成了预测区间,由正态分布理论可知,有 50% 以上专家的预测值落在预测区间内,该预测区间也叫置信区间。上、下四分点极差表示专家预测值的分散程度。

（2）选择最优方案的排序法

把每个方案的不同名次加起来求方案的名次总和,名次总和最低的方案,就是专家推崇的最好方案。专家意见的一致性程度可用"一致性系数"的指标表示,它是介于 0 到 1 之间的数,如果一致性系数接近于 1,则表示专家意见趋向一致。一致性系数计算方法为:

$$C.I. = \frac{12S}{M^2(N^3 - N)}$$

其中,$C.I.$ 代表一致性系数,$S$ 代表名次总和的方差和,$S = \sum_{i=1}^{M} X_i^2 - \dfrac{\left(\sum\limits_{i=1}^{M} X_i\right)^2}{N}$,$X_i$ 为专家对第 $i$ 方案评定的名次总和,$M$ 为专家数,$N$ 为方案数。

（3）分值和数值评估方法

采取分值和数值评估方法对专家知识进行集成,均值越大,表示专家对该问题的认可度越高,方差越小,表示专家意见越集中,均值和方差计算方法如下:

$$E = \frac{\sum\limits_{i=1}^{M} a_i}{M}$$

$$\delta^2 = \frac{1}{M-1} \sum\limits_{i=1}^{M} (a_i - E)^2$$

其中,$M$ 为专家数,$a_i$ 为第 $i$ 位专家评估值。

在此基础上还可采用三点估计法,三点估计法如下:

$$D = \frac{a_{max} + (M-2)E + a_{min}}{M}$$

其中,$E$ 为均值,$a_{max}$ 为专家评估最大值,$a_{min}$ 为专家评估最小值,$M$ 为专家数。

加权均值计算方法如下:

$$E = \sum\limits_{i=1}^{M} p_i \cdot a_i$$

其中,$M$ 为专家数,$a_i$ 为第 $i$ 位专家评估值,$p_i$ 为第 $i$ 位专家的权重,且 $\sum\limits_{i=1}^{M} p_i = 1$.

（4）等级评估方法

主要针对某些问题的重要性进行排序,列出各个问题,规定重要程度的评分标准,采用均值或比重系数法来处理专家对问题相对重要性的评定。均值越大,问题的重要性就越高,均值计算方法如下:

$$M_j = \frac{1}{m_j} \sum\limits_{i=1}^{M} C_{ij} (j = 1, 2, \cdots, n)$$

其中,$M_j$ 为 $j$ 问题得分的均值,$m_j$ 为对 $j$ 问题评价的专家数,$C_{ij}$ 为 $i$ 专家对 $j$ 问题的评分值。

比重系数法如下:

$$K_{ij} = \frac{\sum\limits_{i=1}^{m_i} C_{ij}}{K_{aj} \sum\limits_{j+1}^{n} \sum\limits_{i=1}^{m_j}} C_{ij} (j = 1, 2, \cdots, n)$$

其中,$K_{ij}$ 代表问题得分占全部问题总得分的比重系数,$n$ 为全部问题数,$K_{aj}$ 为专家积极性系数,且 $K_{aj} \frac{m_j}{m}$,$m$ 为参加评定的专家总数。

（5）问题所占比重的知识集成方法

对于某问题在总体问题中合理比重的评价，专家的评分值分布在 0%～100% 之间，可以用直方图表示。把 0%～100% 的评价值按 20% 的间距等分成 5 部分，用横坐标表示评价值，纵坐标表示专家评价人数比。在计算某一区间的专家评价人数比时，如果不考虑专家的权威程度，则每一位专家都以 1 计算，如果考虑专家的权威程度，则要给每位专家乘以表示其权威程度的权数。专家评价人数的值越大的区间，其评价结果的可信性也越大。计算方法如下：

在不设置专家权重的情况下：

$$H = \frac{N}{M} \times 100\%$$

其中，$M$ 为专家数，$N$ 为落在某一区间的专家数。

在设置专家权重的情况下：

$$H = \frac{P}{Q} \times 100\%$$

其中，$Q$ 为所有专家权重总和，$P$ 为落在某一区间的专家权重总和。专家知识分布直方图如图 2 − 1 所示。其中，$a$ 为专家的评分值，$0 \leqslant a < 20\%$、$20\% \leqslant a < 40\%$、$40\% \leqslant a < 60\%$、$60\% \leqslant a < 80\%$、$80\% \leqslant a < 100\%$。

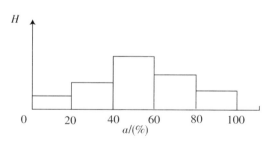

**图 2 − 1　专家知识分布直方图**

# 2.4　德尔菲法案例分析

### 2.4.1　新兴产品销售额

某公司研制出一种新兴产品，现在市场上还没有相似产品出现，因此没有历史数据可以获得。公司需要对可能的销售量做出预测，以决定产量。于是，该公司成立专家小组,并聘请业务经理、市场专家和销售人员等8位专家,预测全年可能的销售量。8位专家提出个人判断,经过三次反馈得到结果(如表2-5所示)。

表 2-5 专家判断反馈表

| 专家编号 | 第一次判断 | | | 第二次判断 | | | 第三次判断 | | |
|---|---|---|---|---|---|---|---|---|---|
| | 最低销售量 | 最可能销售量 | 最高销售量 | 最低销售量 | 最可能销售量 | 最高销售量 | 最低销售量 | 最可能销售量 | 最高销售量 |
| 1 | 150 | 750 | 900 | 600 | 750 | 900 | 550 | 750 | 900 |
| 2 | 200 | 450 | 600 | 300 | 500 | 650 | 400 | 500 | 650 |
| 3 | 400 | 600 | 800 | 500 | 700 | 800 | 500 | 700 | 800 |
| 4 | 750 | 900 | 1 500 | 600 | 750 | 1 500 | 500 | 600 | 1 250 |
| 5 | 100 | 200 | 350 | 220 | 400 | 500 | 300 | 500 | 600 |
| 6 | 300 | 500 | 750 | 300 | 500 | 750 | 300 | 600 | 750 |
| 7 | 250 | 300 | 400 | 250 | 400 | 500 | 400 | 500 | 600 |
| 8 | 260 | 300 | 500 | 350 | 400 | 600 | 370 | 410 | 610 |
| 平均数 | 345 | 500 | 725 | 390 | 550 | 775 | 415 | 570 | 770 |

(1)平均值预测

在预测时,最终一次判断是综合前几次的反馈做出的,因此,在预测时一般以最后一次判断为主。如果按照8位专家第三次判断的平均值计算,则预测这个新产品的平均销售量为:(415 + 570 + 770)/3 = 585。

(2)加权平均预测

将最可能销售量、最低销售量和最高销售量分别按0.50、0.20和0.30的概率加权平均,则预测平均销售量为:570 × 0.5 + 415 × 0.2 + 770 × 0.3 = 599。

(3)中位数预测

用中位数计算,可将第三次判断按预测值高低排列如下:

最低销售量:

300　370　400　500　550

最可能销售量:

410　500　600　700　750

最高销售量:

600　610　650　750　800　900　1 250

最高销售量的中位数为第四项的数字,即 750。

将可最能销售量、最低销售量和最高销售量分别按 0.50、0.20 和 0.30 的概率加权平均,则预测平均销售量为:$600 \times 0.5 + 400 \times 0.2 + 750 \times 0.3 = 695$。

### 2.4.2　国美公司部门人员需求

国美公司专业生产电声产品,在 20 世纪 80 年代早期,国美凭借自己在行业内技术工艺的领先,迅速在国内市场上占据领先地位,但由于国内市场管理混乱,假冒产品大行其道,加上三角债问题,使国美在 20 世纪 80 年代后期开始逐步放弃了国内市场,转而做 OEM 出口。近些年,由于电声行业的整体需求加大,加之欧美企业关闭自己的生产厂转向国内采购,使国美在近十年来得到快速发展,近年来,公司销售额每年以平均 26% 的速度增长。截至 2001 年 3 月,公司销售收入达 28063 万元,员工总数达 2315 人。

表 2 − 6　近年来公司各部门人员变动情况

| 年份 | 精售总量（万元） | 精售收入（万元） | 利润总额（万元） | 出口总额（万美元） | 总经人办 | 财务人部 | 综合人办 | 市场人部 | 物料人部 | 人事人部 | 生产人部 | 技术人部 | 质管人部 |
|---|---|---|---|---|---|---|---|---|---|---|---|---|---|
| 1996年 | 2267 | 14783 | 1606 | 1583 | | | * | * | * | * | * | * | * |
| 1997年 | 3188 | 19134 | 2265 | 1983 | 25 | 29 | * | 32 | 28 | 14 | 23 | 24 | 36 |
| 1998年 | 3277 | 16764 | 882 | 1900 | 20 | 29 | 4 | 26 | 35 | 13 | 24 | 26 | 38 |
| 1999年 | 3629 | 19568 | 1625 | 2238 | 26 | 23 | 4 | 26 | 45 | 9 | 28 | 35 | 40 |
| 2000年 | 3894 | 23236 | 2071 | 2696 | 22 | 29 | 10 | 22 | 44 | 10 | 36 | 39 | 50 |
| 2001年 | 4198 | 28063 | 2474 | 3393 | 20 | 29 | 10 | 0 | 68 | 11 | 33 | 44 | 49 |

1997 年来公司各部门人员变动情况如表 2 − 6。国美公司内部组织结构变动较频繁:

① 成立综合办。1998 年公司精简机构,将人事部后勤人员 1 人划出。2000 年将总经办的网络管理人员 6 人合并重组为综合办。

② 撤销市场部。1999 年公司将负责内销的 13 人调出,6 人去了总经办,7 人去了物料部;2001 年公司又将市场部剩余的 22 人并入物料部。

③ 扩大质管部。2000 年公司将派往供应商的 IQC 和 QC 人员 13 人划归质管部管理。

④ ERP 的导入。2000 年公司导入 ERP,物料部 10 名打单员划入财务部管理。

**预测**

(1)统计方法的预测结果

本研究通过先后以销售总量($X_1$)、销售总额($X_2$)、销售利润($X_3$)、出口创汇($X_4$)为自变量,对各部门人员变量进行回归。获取的数据为 1997 至 2000 年,采用的统计分析软件为社会科学统计软件包(SPSS)和统计分析软件包(SAS)。通过计算机的处理和分析,得到以下回归方程:

① 总经办人员预期数量:$Y_1 = 0.0085 \times X_1 - 0.0026 \times X_3 - 0.0065 \times X_4 + 9.151$。

② 财务部人员预期数量:$Y_2 = 0.0189 \times X_1 + 0.007743 \times X_3 - 0.014 \times X_4 - 18.548$。

③ 市场部人员预期数量:$Y_3 = 0.008797 \times X_1 - 0.0027 \times X_3 - 0.0068 \times X_4 + 12.958$。

④ 物料部人员预期数量:$Y_4 = 0.02667 \times X_1 - 0.00039 \times X_3 - 0.013 \times X_4 - 25.39$。

⑤ 人事部人员预期数量:$Y_5 = \times 0.0045 \times X_1 - 0.0019 \times X_3 - 0.0032 \times X_4 + 4.716$。

⑥ 生产部人员预期数量:$Y_6 = \times 0.01794 \times X_1 + 0.0043 \times X_3 - 0.0087 \times X_4 - 22.759$。

⑦ 技术部人员预期数量:$Y_7 = -0.0054 \times X_1 + 0.0026 \times X_3 + 0.0034 \times X_4 + 31.106$。

⑧ 质管部人员预期数量:$Y_8 = 0.00160 \times X_1 + 0.001818 \times X_3 - 0.0012 \times X_4 + 5.915$。

最后得出公司 2001—2002 年的各部门人员需求预测数据(表 2 −7)。

表 2 −7　统计方法得出的 2001—2002 年各部门人员需求预测数据

| 年份 | 销售总量(万元) | 销售收入(万元) | 利润总额(万元) | 出口总额(万美元) | 总经办(人) | 财务部(人) | 市场部(人) | 物料部(人) | 人事部(人) | 生产部(人) | 技术部(人) | 质管部(人) |
|---|---|---|---|---|---|---|---|---|---|---|---|---|
| 2002年 | 4 744 | 31 908 | 2 697 | 3 936 | 21 | 45 | 25 | 55 | 10 | 45 | 50 | 62 |
| 2003年 | 5 360 | 36 279 | 2 939 | 4 566 | 20 | 49 | 24 | 62 | 9 | 51 | 56 | 68 |

国美公司各部门人员的历史数据变动性较大,利用回归分析方法进行预测得出的结果显然与实际情况距离较远。因此,公司决定采用德尔菲法进行预测。

(2)德尔菲法预测过程与结果

首先,做预测筹划工作。包括确定预测的课题及各预测项目,设立负责预测组织工作的临时机构,选择若干名熟悉所预测课题的专家。2001年3月,公司选择了8位企业内部专家参与预测,包括正副总经理4名,人事、物料、质管、生产经理各一名,他们对企业运作和各部门人员结构都非常熟悉。然后,公司召开了专家会议,明确了预测项目、进程和注意事项。

其次,由专家进行预测。公司把包含预测项目的预测及有关背景材料,包括公司组织架构及岗位编制图、1997年以来公司各部门变动与人员流动图、公司未来两年发展规划、预测表等资料发给专家,由各位专家独立做出预测。

再后,进行统计与反馈。专家意见汇总后,对各专家意见进行统计分析,综合成新的预测表,并把它再分别寄送给各位专家,由专家们对新预测表做出第二轮判断或预测。如此反复,经过三轮,专家的意见趋于一致。

最后,表述预测结果。把经过几轮专家预测而形成的结果汇总,如表2-8所示。

#### 表2-8 国美公司2002年各部门人数预测

| | 总经办 | 财务部 | 综合办 | 物料部 | 人事部 | 生产部 | 技术部 | 质管部 |
|---|---|---|---|---|---|---|---|---|
| **第一轮** | | | | | | | | |
| 2002(最高值) | 21 | 29 | 9 | 68 | 11 | 34 | 46 | 49 |
| 2002(平均值) | 21 | 28 | 8 | 67 | 11 | 33 | 44 | 47 |
| 2002(最低值) | 20 | 25 | 8 | 64 | 10 | 30 | 41 | 45 |
| **第二轮** | | | | | | | | |
| 2002(最高值) | 22 | 27 | 8 | 65 | 11 | 35 | 46 | 47 |
| 2002(平均值) | 21 | 26 | 8 | 64 | 11 | 33 | 43 | 46 |
| 2002(最低值) | 19 | 24 | 7 | 63 | 10 | 30 | 39 | 45 |
| **第三轮** | | | | | | | | |
| 2002(最高值) | 21 | 26 | 8 | 64 | 11 | 34 | 44 | 46 |
| 2002(平均值) | 21 | 26 | 8 | 64 | 11 | 33 | 43 | 46 |
| 2002(最低值) | 20 | 25 | 7 | 63 | 10 | 32 | 41 | 45 |
| 2001 预测结果 | 21 | 26 | 8 | 64 | 11 | 33 | 43 | 46 |
| 2002 实际人数 | 21 | 26 | 8 | 64 | 11 | 33 | 44 | 46 |

预测结束时间为2001年4月,将当时的预测人数与2002年10月的实际人数

比较,预测结果基本正确。

表 2-9  国美公司 2002 年各类人员人数预测

| 年份 | 员工数量 | 管理人员 | 管工 | 技术人员 | 产品开发人员 | 职能人员 | 财务人员 | 市场专员 |
|---|---|---|---|---|---|---|---|---|
| 第一轮 | | | | | | | | |
| 2002(最高值)2006 | | 46 | 16 | 57 | 29 | 214 | 26 | 14 |
| 2002(平均值)2541 | | 42 | 13 | 52 | 28 | 209 | 26 | 12 |
| 2002(最低值)2416 | | 36 | 10 | 50 | 28 | 192 | 25 | 10 |
| 第二轮 | | | | | | | | |
| 2002(最高值)2518 | | 48 | 15 | 53 | 30 | 223 | 27 | 13 |
| 2002(平均值)2475 | | 42 | 13 | 52 | 28 | 208 | 26 | 12 |
| 2002(最低值)2400 | | 35 | 8 | 46 | 24 | 180 | 23 | 10 |
| | | | | | | | | |
| 2001预测结果 2520 | | 42 | 13 | 51 | 28 | 208 | 25 | 12 |
| 2002实际人数 2568 | | 42 | 13 | 52 | 28 | 286 | 24 | 12 |

在预测中,公司还对包括产品开发人员、财务人员、市场专员、管工、管理人员、职能人员、技术人员等各类人员的 2002 年需求情况进行了预测。从表 2-9 可看出,当时的预测人数与目前的实际人数也基本一致。

**讨论**

(1)德尔菲法是目前企业人力资源需求短期预测中使用最广、有效性最好的方法之一

人力资源需求预测有两类不同方法:一种是定量方法,一种是定性方法。定量方法包括比率预测法和统计分析法,这类方法往往合适于相对稳定的企业,而无法考虑企业业务策略和市场条件的变化。定性方法主要有名义团体法和德尔菲法。

在国外企业实践中,不少公司喜欢用定量方法进行预测,如采用线性回归或多元回归方法,通过建立各种简单的或复杂的预测模型,将未来人员需求量与销售额等经济指标的增加联系起来考虑。从美国企业来看,更多的公司喜欢采用定性的方法进行预测,如许多公司喜欢用名义团体法,由高层管理者和专家组成小组,围绕公司业务战略、企业和行业销售状况、资本风险等因素的变化,通过开会来共同预测公司未来的人力需求情况。但由于担心缺乏衡量预测数据的客观标准,以及与会者之间人际关系、群体压力等因素,许多大公司都喜欢采用德尔菲法。

表 2 - 10　德尔菲法与定量方法的比较

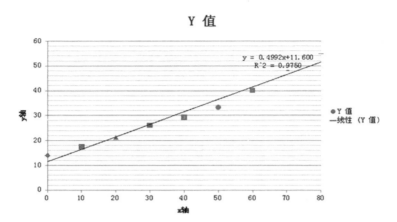

与定量方法相比,德尔菲法无疑是一种更适合当前大多数企业的预测方法。首先,从内部组织因素来看,企业的组织业务、技术结构总是处于不断变动中,定量方法显然无法预测这种动态环境下人力资源需求趋势。其次,从外部环境因素来看,目前企业的市场环境和政策等因素也是在不断变化的,单纯用统计模型的方法,依据过去的一些数据来预测未来人力需求趋势,很难涵括各种复杂的变化因素。第三,从有效性和准确性的角度来讲,定量方法的准确性多数情况下也低于德尔菲法,卡尔科维奇在 1972 年指出:"德尔菲法预测的购买者需求和实际雇佣人数之间的一致性,明显比回归分析所揭示的预测要准确。"

(2)使用德尔菲法应注意的问题

① 尽量避免专家在预测中倾向性选择信息和冒险心理效应。在本次预测的后两轮,从统计数据可以看出,不少专家有一种压低预测人数的倾向,不管是职能人员人数,还是技术人员人数,都预估得过低。因此,在预测的专家培训中,必须强调各自的独立判断。在预测过程中,应注意保密,避免人际压力的影响。最好的办法是由独立的机构而不是人力资源部来汇总、处理信息。

② 与名义团体法配套使用。德尔菲法的难点在于如何提出简单明了的问题,如何使专家对预测中涉及的各种概念和指标理解一致,以及如何将专家意见归纳总结。如果在预测前能对专家进行全面的培训,预测后再集中专家采用名义团体法进行讨论,最后达成一致意见,效果会更好。

### 2.4.3　手扶拖拉机市场需求变化趋势预测

下面列举浙江省 1990 年对手扶拖拉机市场需求变化趋势预测的过程。

（1）确定预测主题

根据历年农机产品的销售实绩，手扶拖拉机是该公司的拳头产品，因此，按照"ABC 分析法"的原理，把手扶拖拉机作为主要预测对象。

（2）选择专家

对 1990 年手扶拖拉机需求趋势做出预测，这要求预测参与者必须要有丰富的业务经验，掌握大量的市场信息，同时要有一定的表达能力。另一方面，为了取得比较全面的信息，确定以全省 87 个地区、县农机公司的业务经理组成预测专家小组。

（3）准备背景材料

为了使专家在预测过程中能全面了解有关手扶拖拉机的历史和现状，使预测结果更加准确，预测组织者准备了有关的背景材料，主要有：

① 1980—1989 年全省手扶拖拉机历史销量和逐年的增长率，并把各年的销量用表格和曲线图两种形式直观表达出来，使预测者一目了然。

② 根据组织者掌握的信息，列出了 1990 年对手扶拖拉机的销售有利的影响因素（四个方面）和不利的影响因素（五个方面）。

（4）预测流程

① 设计调查表

根据预测对象的要求设计咨询表。因预测主题比较单一，调查表较为简单，如表 2－11 所示。

**表 2－11　1990 年全省手扶拖拉机需求量调查表　单位:%**

| 根据全省的资料，请在下面栏目中填写全省所有手扶拖拉机需求量，估计 1990 年比 1989 年上升或下降的百分比 | | | |
| --- | --- | --- | --- |
| 上升： | ％ | 下降： | ％ |
| 请简要分析手扶拖拉机需求量 1990 年同 1989 年相比为何会发生这样的变化 | | | |

② 第一轮征询

在 1990 年初，预测组织者把背景材料和调查表寄给了 87 位预测专家，在规定的时间内有 59 位专家寄回了调查表，回收率为 68%。预测组织者将调查表进行了汇总统计分析（见表 2－12），又将影响因素进行了综合（有利因素七个方面，不利因素九个方面）。

表2-12　1990年全省手扶拖拉机需求量升降幅度专家预测统计(第一轮)

| 需求变化情况 | 下降幅度 | | | | | |
|---|---|---|---|---|---|---|
| | 50%以上 | 41~50% | 31%~40% | 21~30% | 11~20% | 1~10% |
| 专家人数 | 5 | 2 | 2 | 9 | 8 | 7 |
| 所占比例% | 8.47 | 3.39 | 3.39 | 15.25 | 13.56 | 11.86 |

| 不变 | 增长幅度 | | | | 不能确定 | 合计 |
|---|---|---|---|---|---|---|
| | 1~10% | 11~20% | 21~30% | 30%以上 | | |
| 2 | 11 | 1 | 1 | 0 | 11 | 59 |
| 3.39 | 18.64 | 1.69 | 1.69 | 0 | 18.64 | 100 |

③ 第二轮征询

预测组织者把上轮预测结果的综合资料以及第二轮的调查表寄给了专家(第一轮回答的59位)。第二轮调查咨询表的内容和形式与第一轮的完全相同。在回答的时间内,有44位专家寄回了第二轮调查表,回收率为75%。预测组织者将第二轮的调查表汇总统计(见表2-13)。考虑到专家的意见已基本趋于一致,结果比较明朗,就不再进行第三轮征询,就此结束这次预测工作。同时,预测组织者又将专家提出的有关影响手扶拖拉机需求的影响因素进行了综合概括。

表2-13　1990年全省手扶拖拉机需求量升降幅度专家预测统计(第二轮)

| 需求变化情况 | 下降幅度 | | | | | |
|---|---|---|---|---|---|---|
| | 50%以上 | 41~50% | 31~40% | 21~30% | 11~20% | 1~10% |
| 专家人数 | 2 | 3 | 5 | 11 | 8 | 5 |
| 所占比例% | 4.55 | 6.82 | 11.36 | 25 | 18.18 | 11.36 |

| 不变 | 增长幅度 | | 不能确定 | 合计 |
|---|---|---|---|---|
| | 1~10% | 11~20% | | |
| 0 | 4 | 1 | 5 | 44 |
| 0 | 9.09 | 2.27 | 11.36 | 100 |

④ 处理最终预测结果

因轮番征询仅进行了两轮,故第二轮的专家意见即作为预测的最终结果。该预测对象属数量预测,在此采用算术平均法进行处理。取各组距中的中值为各组

的代表值(如31% ~40%的中值为35%),则:

$$平均升降幅度 = \frac{\Sigma 升降幅度中值 \times 专家人数}{总人数(剔除不能确定数值专家人数)}$$

$$= [5\% \times 4 + 15\% \times 1 - (55\% \times 2 + 45\% \times 3 + 35\% \times 5 + 25\%$$

$$\times 11 + 15\% \times 8 + 5\% \times 5)] \div 39$$

$$= -20.64\%$$

上述结果表明:1990年浙江省手扶拖拉机市场需求量可能比1989年下降20.64%。

**参考文献**

[1]王春枝. 德尔菲法中的数据统计处理方法及其应用研究[J]. 内蒙古财经学院学报,2011,9(4).

[2]刘善仕. 德尔菲法在企业人力资源预测中的运用[J]. 企业经济,2003(02):116 – 117.

[3]刘学毅. 德尔菲法在交叉学科研究评价中的运用[J]. 西南交通大学学报,2007,8(2):21 – 25.

[4]刘伟涛. 基于德尔菲法的专家评估方法[J]. 计算机工程,2001,27:189 – 191.

[5]马连福,吕天虹. 现代市场调查与预测[M]. 北京:首都经济贸易大学出版社,2005.

[6]龚曙明. 现代市场调查与预测[M]. 北京:清华大学出版社,2005.

[7]崔志明,万劲波. 技术预见"市场德尔菲法"的特点及实施程序探讨[J]. 科学学与科学技术管理,2004,25(12):13 – 17.

[8]田军,张朋柱,王刊良,汪应洛. 基于德尔菲法的专家意见集成模型研究[J]. 系统工程理论和实践,2004,24(01):57 – 62.

[9]王英凯. 基于德尔菲法和层次分析法原理的科研项目评价模型[J]. 山西财经大学学报,2001,23:148 – 149.

[10]陈建勋. 探悉德尔菲法的知识自增值机制及其改进[J]. 软科学. 2005,19(01):9 – 10.

# 第3章

# 头脑风暴法

## 3.1　头脑风暴法的历史与现状

### 3.1.1　头脑风暴法的提出

头脑风暴法出自"头脑风暴"一词。所谓头脑风暴（Brain‐storming）最早是精神病理学上的用语，指精神病患者的精神错乱状态，如今转而为无限制的自由联想和讨论，其目的在于产生新观念或激发创新设想。

在群体决策中，由于群体成员心理相互作用影响，易屈于权威或大多数人的意见，形成所谓的"群体思维"。群体思维削弱了群体的批判精神和创造力，损害了决策的质量。为了保证群体决策的创造性，提高决策质量，管理上发展了一系列改善群体决策的方法，头脑风暴法是较为典型的一个。当会议使用了没有拘束的规则，人们就能够更自由地思考，进入思想的新区域，从而产生很多的新观点和问题解决方法。当参加者有了新观点和想法时，他们就大声说出来，然后在他人提出的观点之上建立新观点。所有的观点被记录下来但不进行批评。只有头脑风暴会议结束的时候，才对这些观点和想法进行评估。头脑风暴的特点是让与会者敞开思想，使各种设想在相互碰撞中激起脑海的创造性风暴，其可分为直接头脑风暴和质疑头脑风暴法，前者是在专家群体决策基础上尽可能激发创造性，产生尽可能多的设想的方法，后者则是对前者提出的设想，方案逐一质疑，发行其现实可行性的方法，这是一种集体开发创造性思维的方法。

头脑风暴法是由美国创造学家 Alex F. Osborn 于 1939 年首创的一种创造性技法。当时 Osborn 是一家广告公司的经理，他借用这个概念来比喻思维高度活跃，打破常规的思维方式而产生大量创造性设想的状况。这一方法最初也只用于广告的创意设计,但后来很快在技术革新,管理创新和社会问题处理、预测、规划等领域得到了广泛的应用。

提出头脑风暴法的目的在于使个体在面对具体问题时能够从自我和他人的求全责备中释放出来,从而产生尽可能多的想法。Osborn 认为设想的数量越多,就越有可能获得解决问题的有效方法。

头脑风暴法要遵循以下四条原则:

① 排除评论性的判断——对设想的评论要在以后进行。

② 鼓励"自由想象"——设想看起来越荒唐就越有价值。

③ 要求提出一定数量的设想——设想的数量越多,就越有可能获得更多的有价值的设想。

④ 探索研究组合与改进设想——除了与会者本人提出的设想之外,要求与会人员提出改进他人设想的建议;或者要求与会者指出按照他们的看法怎样做才能将几个设想综合在一起,然后提出一个新设想。

Osborn 本人并没有提供头脑风暴法的理论基础。Butler 和 Thomas 认为,头脑风暴法和信号检测论两者之间存在着联系。

Osborn 认为,人们经常把报告自己想法的标准定得太高,所以报告出来的结果也就比较少,头脑风暴法的规则可以鼓励人们降低他们的标准,因而可以报告出更多的设想。

Osborn 还认为,头脑风暴法适合于解决那些特殊的问题,而不太适合于那些一般性的问题。在采用这种方法时应限定所讨论的题目的范围,使组内每个成员都集中于同一个目标,提出各自的设想。同时,头脑风暴法也仅能用于解决一些要求探索设想的问题,不能用来解决那些事先需要做出判断的问题,也不能为仅需要两、三个不同解决办法的问题而采用头脑风暴法。

### 3.1.2 头脑风暴法的现有研究

已有的关于头脑风暴法的研究包含两个方面:一个方面是评估典型的头脑风暴法的有效性,另一个方面是检验一些产生设想的新方法的有效性。其中在第一个方面的研究中,因为大量的实验研究都证明,典型的头脑风暴法的有效性并不像方法的提出者 Osborn 那么乐观,因而大量的研究随之转为头脑风暴法有效性影响因素的研究。本文将从三个方面来论述已有关于头脑风暴法的研究——典型的头脑风暴法有效性的研究、头脑风暴法有效性影响因素的研究、典型头脑风暴法改进的研究。

（1）典型的头脑风暴法有效性的研究

头脑风暴法自提出以来一直作为一种主要的创造技法被广泛地采用。Osborn 宣称,通过使用头脑风暴法,"一般说来,个人在团体中所产生的设想是单独工作时的两倍(Diehl & Stroebe,1987 年)。"一般的社会大众也对此深信不疑。已有的一些实验证明(Brilhart & Jochem,1964;Bouchard,1969 年),采用头脑风暴法的小组表现比没有采用的好。Sutton 和 Hargadon(1996 年)通过对 IDEO 公司进行的研究也认为,头脑风暴法是一种很有效的促进创造力发挥的方法。

1958 年,Taylor、Berry 和 Block 首先对头脑风暴法的有效性提出了质疑。在他们的开创性研究中,被试被随机分派去单独或在一确定大小的小组中思考一系列问题。单独思考的被试的数目和在小组中思考的被试的数目相等。在实验完成以后,那些事实上在单独思考的被试被随机分进与互动群体人数相同的名义群体。名义群体的表现被视为互动群体到底是促进还是妨碍设想产生的一个参照物。与 Osborn 的宣称相反,Taylor 等人发现,名义群体的表现优于互动群体的表现。名义群体所产生的设想差不多是互动小组的两倍。这一结果被随后的很多实验不断地加以验证(Mullen,Johnson,Salas,1991 年)。

1995 年,Paul B. Paulus 等人的研究证明,即使在组织环境里,参与头脑风暴的成员彼此熟悉且事先经过团队训练,在讨论与工作相关的问题时,互动组所产生的设想的数量仍然不如命名组。不过研究也表明,被试相信在互动组里他们所提出的设想更多。

在头脑风暴法的四条基本原则里有一条很重要的原则是延迟评价,Osborn 及其支持者认为,这样可以减少观点提出者的焦虑程度,从而提高所得观点的数量,但 Charlan J. Nemeth 等人则提出了相反的观点。他们认为,即使按照头脑风暴法的要求对每个人的观点不进行评价,但事实上评价焦虑仍然存在,还不如把自己的想法完全地表达出来,这样更有利于创造性氛围的形成。Charlan J. Nemeth 等人的实验也证明了鼓励讨论,甚至是批评的小组的产量并不比禁止批评的小组产量低。

我国学者郑全全的研究表明:3 人组名义群体与互动群体在观点产生的数量上不存在显著差异,在 6 人组实验条件下,名义群体比互动群体产生更多数量的观点。

（2）头脑风暴法有效性影响因素的研究

有关头脑风暴法的绝大多数实验研究都证明了采用头脑风暴法的互动群体

的产量不如名义群体,已有的研究一般认为是下列因素导致的。

① 产生式阻碍

互动群体用头脑风暴法产生观点过程中,在某个成员阐述自己观点的同时,其他成员只有两种可能的选择:一是不得不努力记住自己已经产生但还没有机会表达的观点,以免发生遗忘;二是被迫去听别人的观点,结果导致注意力分散或妨碍继续产生新的想法,从而所产生的观点被遗忘,继而影响整个群体观点产生的效果。这就是所谓的产生式障碍。随着互动群体规模的增大,产生式障碍越严重。

B. A. Nijstad 等人的研究证明了在头脑风暴法过程中产生式障碍的存在。他们认为,阻碍的时间如果比较长将影响设想产生过程的组织,阻碍的时间如果比较随机的话,将会减少设想产生过程的灵活性。

Mullen 等人认为,在下列情况下产生性障碍将变得更大:

(Ⅰ)群体规模增大。

(Ⅱ)有实验者或其他观察者在场。

(Ⅲ)群体成员不是写出他们的设想,而是说出他们的设想。

(Ⅳ)与之比较的名义群体的成员不是一起活动而是真正地单独活动。

大多数实验都说明,如果组员的人数不少于 3 人,产生式阻碍是存在的,但当组员人数是 2 人时,这种现象是不存在的。

② 评价焦虑

头脑风暴法的四条基本原则的一个很重要的目的就是减轻设想提出者的思想负担,让参与者可以畅所欲言,但实际上在采用头脑风暴法的小组里,评价焦虑仍然存在。小组成员可能会担心小组内其他成员的评价,如自己设想的价值、设想的新颖性,从而可能不会把自己的有些设想表达出来。

Colaros 和 Anderson(1969 年)的实验为这种解释提供了有利证据。在他们的实验中,实验者通过控制被试所感觉到的小组中专家的个数,从而控制评价焦虑的大小。在"全部专家"组中,所有的组员都被告知其他的小组成员以前都有过这样头脑风暴的经历;在"一个专家"组中,组员被告知组中的某个组员以前有过这样的经历;而在"无专家"组中则未给予这样的指导语。实验结果表明,"全部专家"组的产量最低,而"无专家"组的产量最高。在实验结束后所做的问卷调查也表明,在专家组里,被试在表达观点时感受到了更大的压力,表达时也更为犹豫。

③ 社会惰化

社会惰化，即个体倾向于在进行群体共同工作时，比自己单独工作时投入努力减少的现象。关于社会惰化的研究最初起始于体力劳动中，如拔河。对于头脑风暴法的研究使人们认识到，在智力活动中同样也存在社会惰化的现象。

社会惰化有责任分散的原因，当小组成员意识到他们的观点将被汇集作为一个整体来看待、分析时，他们可能会减少自己的努力程度。所以，当所有的参与者认为他们每个人都是以个人而不是以群体为单位进行评价时，社会惰化现象就会减少。除了责任分散的原因之外，小组成员也有可能感觉到自己的观点并不一定就是小组所需要的，这种对自身观点价值的不肯定也造成了一定的社会惰化。

有学者认为，不同特征的任务导致社会惰化的可能性也不同。如果任务的特征是以最佳的观点来处理的则更易导致社会惰化，而如果任务的特征只是把所有的观点汇集在一起则不易引起社会惰化。在运用头脑风暴法时，如果更多地强调观点的质量而非数量，更易导致社会惰化。

(3) 典型头脑风暴法改进的研究

虽然许多研究表明，群体互动头脑风暴比单独思考产量少，但在企业中群体头脑风暴法仍被普遍采用。许多个体认为，他们在群体中会比自己单独时产生更多的观点，甚至认为他们以群体方式思考更有效率。鉴于人们的执着和研究者的不断努力，这些年来，人们在典型头脑风暴法的基础上做出了一些改进，开发出了一些新的产生设想的方法，并对它们的有效性做了大量的研究。

① 德尔菲法

传统的头脑风暴法有一些缺点，例如，易受权威的影响，不利于充分发表意见，易受表达能力和心理因素的影响，容易随大流。为发扬优点克服缺点，美国兰德公司做出了改进，把专家会议改为专家函询。专家由主持预测的单位挑选，人数视预测课题大小而定，一般为20人左右，并与专家建立直接的联系，联系的主要方式是函询。通过函询收集专家意见，加以综合、整理后匿名反馈给各位专家，再次征询意见。这样反复经过三至五轮，逐步使专家意见趋向一致，作为最后的预测意见。

德尔菲法有匿名性、轮回反馈沟通情况、以统计方法处理征询结果三个特点。它可以对未来发展中可能出现或期待出现的前景做出概率估价，为决策者提供多方案选择的可能性。

② 名义群体法

名义群体法在决策制定过程中限制讨论，像参加传统会议一样，群体成员必须出席，但他们必须独立思考问题。名义群体法应遵循以下几个步骤：

（Ⅰ）成员集合成一个群体,在进行任何讨论之前,每个成员独立地写下对问题的看法。

（Ⅱ）经过一段时间的沉默后,每个成员将自己的想法提交给群体,然后一个接一个地向大家说明自己的想法,直到每个人的想法都表述完毕并记录下来为止（通常记在小黑板或活动挂图上）,在所有的想法都记录下来之前不进行讨论。

（Ⅲ）群体开始讨论,以便把每个想法搞清楚,并做出评价。

（Ⅳ）每一个群体成员独立地把各种想法排出次序,最后的决策是综合排序最高的想法。

名义群体法的主要优点是,允许群体成员正式地聚在一起,又不像互动群体那样限制个体的思维,适合需要较复杂的独立思维的情境。

③ 电子头脑风暴法

随着计算机技术的飞速发展,近年来出现了以计算机系统的一些特殊工具来支持头脑风暴技术的"电子头脑风暴法"（Electronic Brainstorming,简称 EBS）。电子头脑风暴是头脑风暴中新采用的一项技术,用网络连接的计算机使得群体成员产生的观点可以从一个成员的计算机上输入,并且显示在群体其他成员的显示屏上。观点的输入是匿名的,并且可以同时进行,成员通过观看电脑显示屏知晓他人的观点,同时对成员的输入进行在线记录,使个体成员的观点随时备查,这样减少了信息超载和记忆障碍。关于群体电子头脑风暴技术的研究表明,使用电子头脑风暴的群体能够比使用口头头脑风暴的群体产生更多的观点,而且和个体单独思考相比,使用 EBS 群体和他们产生的观点有多之而无不及。电子头脑风暴法兼具互动群体与名义群体的优点。电子头脑风暴法小组所产生的设想的数量随着小组规模的增大而变大,但传统的头脑风暴法小组并不这样。

## 3. 2  头脑风暴法的实施流程

先总的把头脑风暴法的流程分为三个阶段,即实施前的准备阶段,引发和产生创造思维的阶段和之后的整理阶段。

### 3. 2. 1  准备阶段

（1）选定议题,明确目的,搜集资料

要确定头脑风暴会议的组织者,明确阐述会议的目的。搞头脑风暴法的目的在于为与会者创造一个激发思想火花的氛围,让与会者都能"眉头一皱,计上心来",积极发表自己的看法和意见,做到"知无不言,言无不尽"。事先由会议组织者对议题进行调查,将内容做成说明资料,就限定范围,问题细则等,会议的前一天交给参加者,让大家有充裕的时间来思考。

如果一次头脑风暴的意图是模糊不清的,就会导致逡巡不前甚至失去方向。所以一定要设立清晰的目标。一次头脑风暴的目的是,为了达到一个具体特定的目标,而产生许多有创意的主意。最好的方法是把这个目标设定成一个具体的问题,问题中的数字也不应该过细,否则会使头脑风暴受到局限,减少更多的可能性。一旦这样的一个问题得到一致的同意,就将它写下来,以便所有人都能清楚地看到。

(2)确定人选,明确分工,准备会场

人数一般以 8 ~ 12 人为宜,也可略有增减。与会者人数太少不利于交流信息,激发思维;而人数太多则不容易掌握,并且每个人发言的机会相对减少,也会影响会场气氛。同时参与者的背景也不应太过相近。

假如每个人都来自同一个部门,就极易陷入一种"群体思考"之中,从而大大的禁锢创造力,因此要小心地选择参与者。在整个头脑风暴小组中还应引入一些其他领域甚至与讨论的话题无关的旁观者——这些人常会提出不同角度的看法和奇特的创意。不同背景的参与者组成的讨论,效果是最好的。这些人可以涵盖不同的年龄层次、男性和女性、经验丰富的老手或者新人等等。

具体应按照下述三个原则选取:如果参加者相互认识,要从同一职位(职称或级别)的人员中选取。领导人员不应参加,否则可能对参加者造成某种压力。如果参加者互不认识,可从不同职位(职称或级别)的人员中选取。这时不应宣布参加人员职称,不论成员的职称或级别的高低,都应同等对待。参加者的专业应力求与所论及的决策问题相一致,这并不是专家组成员的必要条件。但是,专家中最好包括一些学识渊博,对所论及问题有较深理解的其他领域的专家。

要推定一名主持人,1 ~ 2 名记录员(秘书)。主持人的作用是在头脑风暴畅谈会开始时重申讨论的议题和纪律,在会议进程中启发引导,掌握进程。如通报会议进展情况,归纳某些发言的核心内容,提出自己的设想,活跃会场气氛,或者让大家静下来认真思索片刻再组织下一个发言高潮等。记录员应将与会者的所有设想都及时编号,简要记录,最好写在黑板等醒目处,让与会者能够看清。记录员也应随时提出自己的设想,切忌持旁观态度。

会议时间由主持人掌握,不宜在会前定死。一般来说,以几十分钟为宜。时间太短与会者难以畅所欲言,太长则容易产生疲劳感,影响会议效果。经验表明,创造性较强的设想一般要在会议开始 10 ~ 15 分钟后逐渐产生。会议时间最好不要超过 1 小时。倘若需要更长时间,就应把议题分解成几个小问题分别进行专题讨论。

会场可作适当布置,座位排成圆环形的环境往往比教室式的环境更为有利。同时准备必要的用具,如白纸、笔,方便在开会时将大家的创意要点迅速记录下来。此外,在头脑风暴会正式开始前还可以出一些创造力测验题供大家思考,以便活跃气氛,促进思维。

### 3.2.2　进行阶段

（1）实现步骤

① 设想开发:由主持人公布会议主题并介绍与主题相关的参考情况;突破思维惯性,大胆进行联想;主持人控制好时间,力争在有限的时间内获得尽可能多的创意性设想。

② 设想的分类与整理:一般分为实用型和幻想型两类。前者是指目前技术工艺可以实现的设想,后者指目前的技术工艺还不能完成的设想。

③ 完善实用型设想:对实用型设想再用脑力激荡法去进行论证,进行二次开发,进一步扩大设想的实现范围。

④ 幻想型设想再开发:对幻想型设想再用脑力激荡法进行开发,通过进一步开发,就有可能将创意的萌芽转化为成熟的实用型设想。这是脑力激荡法的一个关键步骤,也是该方法质量高低的明显标志。

（2）参会者须知

在这个阶段,首先质量管理的领导者、推进者应熟悉并重温头脑风暴法的意义、精神实质和做法,组织与会者讨论,产生创意思维。这个阶段要注意以下几点:

① 老板不应率先发言。如果老板率先发言,他可能会设定讨论的范围和议程,会让讨论受到局限。避免大家轮流发言。大家坐在一起,按照顺时针或者逆时针的方向轮流发言,气氛看似民主,事实却很难挨。这将会导致大家把发言当成一种任务,不利于进行有效的集体讨论。

② 禁止批评和评论,也不要自谦。对别人提出的任何想法都不能批判、阻拦。即使自己认为是幼稚的、错误的,甚至是荒诞离奇的设想,亦不得予以驳斥;同时也不允许自我批判,在心理上调动每一个与会者的积极性,彻底防止出现一些"扼

杀性语句"和"自我扼杀语句"。诸如"这根本行不通""你这想法太陈旧了""这是不可能的""这不符合某某定律""我提一个不成熟的看法""我有一个不一定行得通的想法"等语句,禁止在会议上出现。只有这样,与会者才可能在充分放松的心境下,在别人设想的激励下,集中全部精力开拓自己的思路。

③ 目标集中,追求设想数量,越多越好。在智力激励法实施会上,只强制大家提设想,越多越好。不要刚得到几个想法,就开始分析。在一切活动当中,头脑风暴是为数不多的数量能够改善质量的活动。想想达尔文式处理过程,各不相同的想法产生得越多,其中一些最终被选中的可能性就越大。你需要很多的精力和各种声音,才能得到大量特别的想法。完全无法使用的疯狂想法往往起到跳板的作用,引领我们想出可以被采用的新颖卓绝的方案。因此,要保持源源不断的疯狂想法。

④ 鼓励巧妙地利用和改善他人的设想,这是激励的关键所在。每个与会者都要从他人的设想中激励自己,从中得到启示,或补充他人的设想,或将他人的若干设想综合起来提出新的设想等。

⑤ 与会人员一律平等,各种设想全部记录下来。与会人员,不论是该方面的专家、员工,还是其他领域的学者,以及该领域的外行,一律平等;各种设想,不论大小,甚至是最荒诞的设想,记录人员也要求认真地将其完整地记录下来。参与讨论的不应该都是专家,应该注意各个行业和层次的人员搭配,理论和实践人员的相结合。有时一些外行人的介入恰恰可以提供一些有价值的见解。

⑥ 选择性记录会议中的信息,无所不记交给专门的人或工具就行。如果把会议讨论的任何东西都记下来,会使你分散注意力而影响创意的产生。

⑦ 要小心在团队中表现的独断专行的老板,他们可能会限制或固定住讨论的内容。如果这样的老板在场,那么最好找一名能够胜任推动者的独立人士——他要能够激励大家积极地思考,并防止某一个人主导了全局。对头脑风暴而言,最差的一种情形是,部门经理既主持会议,同时又做记录员和证明人。

⑧ 主张独立思考,不允许私下交谈,以免干扰别人思维。

⑨ 提倡自由发言,畅所欲言,任意思考。会议提倡自由奔放、随便思考、任意想象、尽量发挥,主意越新、越怪越好,因为它能启发人推导出好的观念。一些看似愚蠢的素材可能为我们的工作提供良好的创意。

⑩ 不强调个人的成绩,应以小组的整体利益为重,注意和理解别人的贡献,人人创造民主环境,不以多数人的意见阻碍个人新的观点的产生,激发个人追求更多更好的主意。

（3）记录工作

会议提出的设想应由专人简要记载下来或录在磁带上，以便由分析组对会议产生的设想进行系统化处理，供下一（质疑）阶段使用。

（4）质疑头脑风暴法阶段

在决策过程中，对上述直接头脑风暴法提出的系统化的方案和设想，还应经常采用质疑头脑风暴法进行质疑和完善。这是头脑风暴法中对设想或方案的现实可行性进行估价的一个专门程序。在这一程序中，第一阶段就是要求参加者对每一个提出的设想都要提出质疑，并进行全面评论。评论的重点，是研究有碍设想实现的所有限制性因素。在质疑过程中，可能产生一些可行的新设想。这些新设想，包括对已提出的设想无法实现的原因的论证、存在的限制因素以及排除限制因素的建议。其结构通常是："××设想是不可行的，因为……，如要使其可行，必须……"

第二阶段，是对每一组或每一个设想编制一个评论意见一览表，以及可行设想一览表。质疑头脑风暴法应遵守的原则与直接头脑风暴法一样，只是禁止对已有的设想提出肯定意见，而鼓励提出批评和新的可行设想。在进行质疑头脑风暴法时，主持者应首先简明介绍所讨问题的内容，扼要介绍各种系统化的设想和方案，以便把参加者的注意力集中于对所论问题进行全面评价上。质疑过程一直进行到没有问题可以质疑为止。质疑中抽出的所有评价意见和可行设想，应专门记录或录在磁带上。

第三个阶段，是对质疑过程中抽出的评价意见进行估价，以便形成一个对解决所讨论问题实际可行的最终设想一览表。对于评价意见的估价，与对所讨论设想质疑一样重要。因为在质疑阶段，重点是研究有碍设想实施的所有限制因素，而这些限制因素即使在设想产生阶段也是放在重要地位予以考虑的。最后，由分析组负责处理和分析质疑结果。分析组要吸收一些有能力对设想实施做出较准确判断的专家参加。如果须在很短时间就重大问题做出决策时，吸收这些专家参加尤为重要。

（5）主持人技巧

主持人应懂得各种创造思维和技法，做到如下几点：会前要向与会者重申会议应严守的原则和纪律，善于激发成员思考，使场面轻松活跃而又不失脑力激荡；可让与会者轮流发言，每轮每人简明扼要地说清楚创意设想一个，避免形成辩论会和发言不均；要以赏识激励的词句语气和微笑点头的行为语言，鼓励与会者多出设想，如说"对，就是这样！""太棒了！""好主意！这一点对开阔思路很有好处！"等等；禁止使用"这点别人已说过了！""实际情况会怎样呢？""请解释一下你的意思""就这一点有用""我不赞赏那种观点"等消极话语；经常强调设想的数量,比如平均 3 分钟内要发表 10 个设想;遇到人人皆才穷计短出现暂时停滞时,可采取一些措施,如休息几分钟,自选休息方法,散步、唱歌、喝水等,再进行几轮脑力激荡,或发给每人一张与问题无关的图画,要求讲出从图画中所获得的灵感。根据课题和实际情况需要,引导大家掀起一次又一次脑力激荡的"激波"。

如课题是某产品的进一步开发,可以从产品改进配方思考作为第一激波,从降低成本思考作为第二激波,从扩大销售思考作为第三激波等。又如,对某一问题解决方案的讨论,引导大家掀起"设想开发"的激波,及时抓住"拐点",适时引导进入"设想论证"的激波。要掌握好时间,会议持续 1 小时左右,形成的设想应不少于 100 种。但最好的设想往往是会议要结束时提出的,因此,预定结束的时间到了可以根据情况再延长 5 分钟,这是人们容易提出好的设想的时候。在 1 分钟时间里再没有新主意、新观点出现时,智力激励会议可宣布结束或告一段落。

### 3.2.3　整理阶段

不要在没有达到清晰的执行计划之前,就结束头脑风暴会议,即使已经产生了一大堆想法。如果看不到一个真实的结果,人们会感到之前进行的过程没有意义,从而灰心丧气。应该在会上快速地分析一下得到的这些想法。一种好的方法是把总结性发言分成三个部分——有见地的想法、有趣的想法或反对意见。若在有见地的想法里,有特别出色的点子值得马上去实施的,应该立即将之作为一个实践项目交予相关的实行者。

还有,应该将想法收集起来,并加以分类。例如,把关于市场、销售或其他方面的有见地的和有趣的想法分别列示在不同的挂图板上。这种重新整理想法的形式能帮助我们发现新的组合及可能性。有些人会使用便贴纸,以便将各种想法方便随意地组合。

如果时间较为紧迫,可以使用五分制评分法选出最好的创意。参与者为每个想法打分,他们可以自由地将五分分配给喜欢的想法。比如,将五分平均分给五个想法,每个想法得到一分,也可以将五分全部给某一个想法。然后,将每个想法的得分相加,选出得分最高的想法,留待后议。

最后,在会议结束前,以感谢每个人对头脑风暴做出的贡献作为收场。应该再次提到一到两个最好的、最有创意或最有趣的想法。然后,考虑一下哪些想法是可以付诸实施的——即使它们微不足道。

人们喜欢的头脑风暴往往时间短、充满活力且能够促成实际效用,这样的会议能够激发人的潜能,提高效率,促进创新力的提升。

## 3.3　头脑风暴法案例

虽然前面讲了头脑风暴的历史与现状,还有它的实施流程,但是没有实际的应用终究是空谈,接下来我们就来举一些头脑风暴的实际案例。

### 3.3.1　电线除雪方法

有一年,美国北方格外严寒,大雪纷飞,电线上积满冰雪,大跨度的电线常被积雪压断,严重影响通信。过去,许多人试图解决这一问题,但都未能如愿以偿。后来,电信公司经理应用 Osborn 发明的头脑风暴法,尝试解决这一难题。他召开了一种能让头脑卷起风暴的座谈会,参加会议的是不同专业的技术人员,要求他们必须遵守以下原则:

① 自由思考。即要求与会者尽可能解放思想,无拘无束地思考问题并畅所欲言,不必顾虑自己的想法、说法是否"离经叛道"或"荒唐可笑"。

② 延迟评判。即要求与会者在会上不要对他人的设想评头论足,不要发表"这主意好极了""这种想法太离谱了"之类的"捧杀句"或"扼杀句"。至于对设想的评判,留在会后组织专人考虑。

③ 以量求质。即鼓励与会者尽可能多而广地提出设想,以大量的设想来保证质量较高的设想的存在。

④ 结合改善。即鼓励与会者积极进行智力互补,在增加自己提出设想的同时,注意思考如何把两个或更多的设想结合成另一个更完善的设想。

按照这种会议规则,大家七嘴八舌地议论开来。有人提出设计一种专用的电线清雪机;有人想到用电热来化解冰雪;也有人建议用振荡技术来清除积雪;还有人提出能否带上几把大扫帚,乘坐直升机去扫电线上的积雪。对于这种"坐飞机扫雪"的设想,大家心里尽管觉得滑稽可笑,但在会上也无人提出批评。相反,有一工程师在百思不得其解时,听到用飞机扫雪的想法后,大脑突然受到冲击,一种简单可行且高效率的清雪方法冒了出来。他想,每当大雪过后,出动直升机沿积雪严重的电线飞行,依靠高速旋转的螺旋桨即可将电线上的积雪迅速扇落。他马上提出"用直升机扇雪"的新设想,顿时又引起其他与会者的联想,有关用飞机除雪的主意一下子又多了七八条。不到一小时,与会的 10 名技术人员共提出 90 多条新设想。

会后,公司组织专家对设想进行分类论证。专家们认为,设计专用清雪机、采用电热或电磁振荡等方法清除电线上的积雪,在技术上虽然可行,但研制费用大,周期长,一时难以见效。那种因"坐飞机扫雪"激发出来的几种设想,倒是一种大胆的新方案,如果可行,将是一种既简单又高效的好办法。

经过现场试验,发现用直升机扇雪真能奏效,一个久悬未决的难题,终于在头脑风暴会中得到了巧妙地解决。随着发明创造活动的复杂化和课题涉及技术的多元化,单枪匹马式的冥思苦想将变得软弱无力,而"群起而攻之"的发明创造战术则显示出攻无不克的威力。

一次成功的头脑风暴除了在程序上的要求之外,更为关键的是探讨方式,心态上的转变,概言之,即充分地、非评价性地、无偏见地交流。具体而言,则可以归纳为以下几点:自由畅谈、延迟评判、禁止批评、追求数量。

### 3.3.2 新产品命名

盖莫里公司是法国一家拥有 300 人的中小型私人企业,这一企业生产的电器有许多厂家和它竞争市场。该企业的销售负责人参加了一个关于发挥员工创造力的会议后大有启发,开始在自己公司谋划成立了一个创造小组。在冲破了来自公司内部的层层阻挠后,他把整个小组(约 10 人)安排到了农村一家小旅馆里。在以后的三天中,每人都采取了一些措施,以避免外部的电话或其他干扰。

第一天全部用来训练,通过各种训练,组内人员开始相互认识,他们相互之间的关系逐渐融洽,开始还有人感到惊讶,但很快他们都进入了角色。第二天,他们开始创造力训练技能,开始涉及智力激励法以及其他方法。他们要解决的问题有两个,在解决了第一个问题,即发明一种拥有其他产品没有的新功能电器后,他们开始解决第二个问题,为此新产品命名。在两个问题的解决过程中,都用到了智力激励法,但在为新产品命名这一问题的解决过程中,经过两个多小时的热烈讨论后,共为产品取了 300 多个名字,主管则暂时将这些名字保存起来。第三天一开始,主管便让大家根据记忆,默写出昨天大家提出的名字。在 300 多个名字中,大家记住了 20 多个。然后主管又在这 20 多个名字中筛选出了三个大家认为比较可行的名字。再将这些名字征求顾客意见,最终确定了一个结果,新产品一上市,便因为其新颖的功能和朗朗上口、让人回味的名字,受到了顾客热烈欢迎,迅速占领了大部分市场,在竞争中击败了对手。

从上例可见,所谓头脑风暴会,实际上是一种智力激励法。这种方法的英文原意是 Brainstorming,直译为精神病人的胡言乱语,Osborn 本借用这个词来形容会议的特点是让与会者敞开思想,使各种设想在相互碰撞中激起脑海的创造性"风暴"。

头脑风暴法,又称智力激励法,是一种通过会议的形成,让所有参加者在自由愉快、畅所欲言的气氛中,自由交换想法或点子,对一个问题进行有意或无意的争论辩解的一种民主议事方法。发明创造的实践表明,真正有天资的发明家,他们的创造性思维能力远较平常人要优越得多。但对天资平常的人,如果能相互激励,相互补充,引起思维"共振",也会产生出不同凡响的新创意或新方案。俗话说,"三个臭皮匠,顶个诸葛亮。"也就是头脑风暴法的"中国式"译义,即集思广益。集思广益,这并没有什么高深的道理,问题在于如何去做到这点。

开会是一种集思广益的办法,但并不是所有形式的会都能达到让人敞开思想、畅所欲言的效果。Osborn 的贡献就在于找到了一种能有效地实现信息刺激和信息增值的操作规程。难怪他在 20 世纪 30 年代发明这种集思广益的创造技法后,马上在美国得到推广,日本人也相继效法,使企业的发明创造与合理化建议活动硕果累累。员工的创造潜力是巨大的,一个优秀的领导者,应该懂得如何发掘和运用这一潜力。

### 3.3.3 案例启示

头脑风暴法适合于解决那些比较简单、严格确定的问题,比如研究产品名称、广告口号、销售方法、产品的多样化研究等,适用于需要大量的构思、创意的行业,如广告业。在企业,领导是最主要的决策者,但对领导来说,一个人的智慧和力量、经历和观察问题的视角都是有限的。因此,领导常常会出现一些困惑。如企业在开展某项活动时,因为思维上形成了一定的定式,在制定方案时始终跳不出固有的模式,这就给员工以厌烦之感,调动不起激情来,活动也因此而显得一般化;再如领导在管理工作中,往往遇到一些棘手的事情,常常是冥思苦想也没有好的办法。这时,就可以听听广大员工的意见,试着使用头脑风暴法来帮助解决一些问题,因为这既可集思广益,充分体现民主,又很好地调动起了全体员工管理的积极性,且能从一定程度减少决策的失误。领导在具体操作时,可以给员工们营造一个机会,在有意无意间提出需要讨论的话题,鼓励大家放开胆子尽情地说,让讨论者的思维大门洞开,让一些新的想法在讨论中迸发出来。我们常常有这样的体验,一个人在一个热烈的环境中,当看到别人发表新奇的意见时,思维受到刺激,情绪受到感染,潜意识被自然地唤醒,巨大的创造智慧自然地迸发了出来,大量的信息不断地充斥着人的大脑,奇思妙想就会喷涌而出。这时,在场的人就会压抑不住自己内心的激动,争着抢着想把自己要说的话说出来。场面越是热烈,争着发言的人就会越多,发言的人越多,形成的点子就会越多。于是,一个个好的方案就这样形成了。

这种议事形式可以在正式场合中进行,也可在较为自由的非正式场合中进行。非正式场合因为环境宽松,可以少生顾忌,便于畅所欲言,大胆说话。无意识中,一些创意或方案的雏形形成,再经过正式研究或论证,就逐步地形成了一系列经得起检验的成果。

实践证明,在企业管理中,灵活而巧妙地使用头脑风暴法,能使领导和员工关系更加融洽,最大限度地使大家智慧的火花得以迸发,进而最终形成一个个好的创意或方案,制定出一些切实可行的工作措施,寻找到一些解决疑难问题的办法来,值得认真探索。

头脑风暴法要解决的议题应从大家关注的问题着手,如平日悬而未决的、参与者们一直期待解决的问题为最佳。这种议事方法的特点是:参加者提出的方案说得越离奇越好,以此激发与会者创意及灵感,使要解决的问题思路逐渐明晰起来。在议事中采用头脑风暴法要遵循五大原则:一是禁止评论他人构想的好坏;二是最狂妄的想象是最受欢迎的;三是重量不重质,即为了探求最大量的灵感,任何一种构想都可被接纳;四是鼓励利用别人的灵感加以想象、变化、组合等以激发更多更新的灵感;五是不准参加者私下交流,以免打断别人的思维活动。不断重复以上五大原则进行智力激励法的培训,就可以使参加者渐渐养成弹性思维方式,涌现出更多全新的创意。在众多创意出来后,管理者再进行综合和筛选,最后形成可供实践的最佳方案。

然而并不是所有的头脑风暴都能如愿成功,俗话说,良好的开端是成功的一半,也就是说充足的准备是头脑风暴成功的必备基础。一些公司的头脑风暴会议往往都是七嘴八舌地胡说八道,看似简单的群体创意会议,却被很多公司做变了味儿,结果是效果不佳,会议一开就是几个小时甚至几天,不但把参会人员搞得精疲力竭,还无法真正想出创意。

### 3.3.4 头脑风暴注意事项

实践当中,我们还需采取以下几个步骤进行头脑风暴:

(1)向头脑风暴参与者提前下通知

公司需要进行头脑风暴群体创意会议,基本上都是尽量提前足够的时间下通知,把项目情况和创意需求等告知参会人员。头脑风暴前的准备工作,对于提高头脑风暴效率相当重要。

一些聪明的擅于捕捉灵感的创意人员很可能会在平时的工作过程中很快积累一定的创意要素,待到创意会开始时,所有参会人员会将自己过去的思考拿出来供大家头脑风暴。因此,策划公司不允许参与创意会的人员只听不说、只表态不提观点,这样会保证更多的创意元素呈现出来,对于接下来大家的思想碰撞做足铺垫。

（2）头脑风暴组织者提前做好理论标准

肯定有人会怀疑,既然是头脑风暴,还要树立什么框框之类的理论标准,岂不是让思维碰撞受到限制？其实不然。大家知道,在营销策划或者品牌策划的过程中,大家所要寻找的创意点往往会有相应的标准可循,比如,目标消费群、传播渠道、传播时间、成本费用、传播受众、细分市场等一系列的要求标准,这需要头脑风暴组织者提前进行标准设定,这对头脑风暴过程中参与者评估具体创意提供了依据。举例来说,大家为某小企业进行快消食品广告脚本创意,其广告制作成本不超过 20 万元,明星代言之类的创意可能就会远远超过公司的承受能力。

（3）头脑风暴过程中的发言要有论点有论据

很多人理解的头脑风暴就是大家通过语言的碰撞产生创意灵感的火花儿,最终达到推出最佳创意的目的。在实践当中我们发现,一旦头脑风暴演变成无序混乱的激荡式的发言,其效率就会极大地下降,甚至演变成言之无物的伪辩论,对于创意的推出毫无意义。于是,我们要求头脑风暴参与者按照"参会必发言,发言必有点,有点必有据"的要求发言,这样,可以避免伪命题或伪创意的出现,浪费参会者的时间和精力。

曾经有一次,公司的头脑风暴没有按照要求进行发言讨论,结果在讨论过程中,一个伪创意占据头脑风暴的上风,虽然几位资深的专家坚决反对,但由于人数上的劣势,使得伪创意成为结论。在我们对于这个创意策略进行评估时,发现其严重弊端,因此,不得不重新进行头脑风暴。在对这次失败的创意进行总结时,发现讨论没有按照"发言必有点,有点必有据"的方针来进行,结果提出伪创意命题的人没有提出论据,大家在接下来的讨论中,又只从表层论据当中寻求支撑论点,结果造成伪创意占据上风。

（4）头脑风暴切忌跑偏

每次头脑风暴的中心议题一定要明确,切不可模棱两可,这会使得参会者在讨论过程中出现跑偏的现象。

还有一种就是故意跑偏,这与头脑风暴组织者或者个别领导者有关。笔者曾经参与过某企业关于品牌 LOGO 的创意头脑风暴,当其中一位参与者用中粮的 LOGO 来佐证该公司的 LOGO 创意方向时,突然令该公司老板想到了他与中粮的一次特殊交道,于是,他便津津有味地为参会者讲起了他与中粮的故事,故事与 LOGO 创意毫无关系。这种做法,不但使参会者聚焦的神经跳到别处,还使得刚刚阐述的观点被其他参会者迅速忽略掉,极其不利于头脑风暴成果的达成。

（5）头脑风暴的参与者即决策者

一些企业的领导或者专家开始不参与头脑风暴，对于创意的产生过程不清楚，却要对于头脑风暴的结果进行决策，这简直是天方夜谭。北京某营销策划公司有一个不成文的规矩：头脑风暴的参与者即头脑风暴的决策者，任何公司领导和专家在没有参与头脑风暴的情况下，不得参与头脑风暴创意结果的决策。

我们常常会看到一些企业领导在未参与头脑风暴整个过程的情况下，突然闯进头脑风暴会场，向大家询问头脑风暴结果，并对一些结果妄自做出好与不好的评论。一些个别领导甚至在其他员工进行了长时间头脑风暴之后，进入会议室，推翻大家建立起来的创意，生硬地"推销"自己的创意。这是非常伤害头脑风暴参与者热情的，同时，这样的做法也是极为不科学的。

## 3.4　总结与展望

头脑风暴法是一种创造性技法，它试图让参与者提出尽可能多的观点，是创造性解决问题的一个重要阶段，但也只是其中的一个阶段而已。现有的研究往往只是从提出设想的角度来研究头脑风暴法，而没有从创造的全过程来考察头脑风暴法的作用。虽然目前绝大多数的实验证明，使用头脑风暴法的互动群体的产量不如名义群体，但可能互动群体在创造性解决问题的其他阶段（如选择方案、执行方案）更为有利。另外，随着目前电子技术的发展、网络的普及，人们越来越把过多的目光投向网络环境下头脑风暴法的使用，如对电子头脑风暴法的研究等。关于头脑风暴法的研究从 Osborn 提出以来就已经开始，但相关的实验研究基本上是在欧美国家进行的。我国关于头脑风暴法的实证研究很少，基本上都是一些介绍性的文章，这与我国大力提倡创新、各行各业急需创新的现状是不相称的。中国人的思维习惯、文化氛围有着自身的特点，研究中国文化背景下包括头脑风暴法在内的各种创造技法的应用也就显得尤为重要了。

**参考文献**

[1][美]A. F. 奥斯本. 创造性想象[M]. 王明利，盖莲香，汪亚秋，译. 广州：广东人民出版社，1987.

[2]Butler, D. L. &Kline, Greativity Reaserc[J]. Good versus creative solutions：A comparison of brainstorming, hierarchical, and perspective – changingheuristics. 1998,

11(4),325 – 331.

[3] Gallupe, R. B. , Dennis,. A. R. , Cooper, W. H. , Valacich, J. S. , Bastlanutti, L. M. &JayF. Nunamaker, Jr. The Academy of management [J]. Electronic brainstorming and group size. 1992,35(2),350 – 369.

[4] Diehl, M. &Stroebe, W. Personality and Social Psychology [J]. Productivity loss in brainstorminggroups:toward a solution of a riddle,1987,53(3),497 – 509.

[5] Lamm, H. , Trommsdorff, G. Social Psychology [J]. Group versus individual performance ontasks requiring ideational proficiency( brainstorming):a review. 1972,3 (4),361 – 388.

[6] Sutton, R. I. &Hargadon, A. Administrative Sciences Quarterly [J]. Brainstorming groups in context:Effectiveness in a product design firm. 1996,41(4),685 – 718.

[7] Taylor, D. W. , Berry, P. C. & Block, C. H. Administrative Science Quarterly [J]. Does groupparticipation when usingbrainstormingfacilitate orinhibit creative thinking? 1958,3,23 – 47.

[8] Mullen, B. ,Johnson, C. ,&Salas, E. Basic and applied SocialPsychology [J]. Productivity loss inbrainstorming groups:A meta – analytic integration. 1991,12,3 – 23.

[9] Paul B. Paulus, Timothy S. Larey, &Anita H. Ortega. Basicand Applied Psychology[J]. Performance and Perceptions of brainstormers in an Organizational Setting. 1995,17(1&2),249 – 265.

[10] Nemeth, C. J. , Personnaz, B. Personnaz, M. ,&Goncalo, J. A. Social Psychology[J]. Theliberating role of conflict in group creativity:A study in two countries. 2004,34,365 – 374.

[11] 郑全全,李宏. 参考面对面和计算机群体决策在观点产生上的比较文献 [J]. 心理学报,2003(4).

[12] Nijstad, B. A. , Stroebe, W. ,&Lodewijkx H. F. M. Experimental Social Psychology[J]. Production blocking and idea generation:Does blocking interfere with cognitiveprocesses? 2003,39,531 – 548.

[13] Collaros, P. A. ,&Anderson, L. R. . Applied Psychology[J]. Effect of perceivedexpertness upon creativity of members of brainstorming groups. 1969,53,159 – 163.

[14] Harkins, S. G. ,&Jackson, J. M. Personality and Social Psychology [J]. Effectsof task difficultyand task uniqueness on social loafing. 1982,43(6),1214 – 1229.

[15] [美]斯蒂芬·P. 罗宾斯. 管理学[M]. 北京:中国人民大学出版社,1997.

# 第4章

# 层次分析法

## 4.1　层次分析法概述

### 4.1.1　定义

层次分析法(Analytic Hierarchy Process,简称 AHP)是将决策总是有关的元素分解成目标、准则、方案等层次,在此基础之上进行定性和定量分析的决策方法。该方法是美国运筹学家匹茨堡大学教授萨蒂于 20 世纪 70 年代初,在为美国国防部研究"根据各个工业部门对国家福利的贡献大小而进行电力分配"课题时,应用网络系统理论和多目标综合评价方法,提出的一种层次权重决策分析方法。

层次分析法的特点是在对复杂的决策问题的本质、影响因素及其内在关系等进行深入分析的基础上,利用较少的定量信息使决策的思维过程数学化,从而为多目标、多准则或无结构特性的复杂决策问题提供简便的决策方法。尤其适合于对决策结果难于直接准确计量的场合。

在现实世界中,往往会遇到决策的问题,比如如何选择旅游景点的问题,选择升学志愿的问题等等。在决策者做出最后的决定以前,他必须考虑很多方面的因素或者判断准则,最终通过这些准则做出选择。比如选择一个旅游景点时,你可以从宁波、普陀山、浙西大峡谷、雁荡山和楠溪江中选择一个作为自己的旅游目的地,在进行选择时,你所考虑的因素有旅游的费用、旅游的景色、景点的居住条件、饮食状况以及交通状况等等。这些因素是相互制约、相互影响的。我们将这样的复杂系统称为一个决策系统。这些决策系统中,很多因素之间的比较往往无法用定量的方式描述,此时需要将半定性、半定量的问题转化为定量计算问题。层次分析法是解决这类问题的行之有效的方法。层次分析法将复杂的决策系统层次化,通过逐层比较各种关联因素的重要性来为分析以及为最终的决策提供定量的依据。

所谓层次分析法,是指将一个复杂的多目标决策问题作为一个系统,将目标分解为多个目标或准则,进而分解为多指标(或准则、约束)的若干层次,通过定性指标模糊量化方法算出层次单排序(权数)和总排序,以作为目标(多指标)、多方案优化决策的系统方法。

层次分析法是将决策问题按总目标、各层子目标、评价准则直至具体的备投方案的顺序分解为不同的层次结构,然后用求解判断矩阵特征向量的办法,求得每一层次的各元素对上一层次某元素的优先权重,最后再用加权和的方法递阶归纳并得出各备择方案对总目标的最终权重,此最终权重最大者即为最优方案。这里所谓"优先权重"是一种相对的量度,它表明各备择方案在某一特点的评价准则或子目标下优越程度的相对量度,以及各子目标对上一层目标而言重要程度的相对量度。层次分析法比较适合于具有分层交错评价指标的目标系统,而且目标值又难于定量描述的决策问题。其用法是构造判断矩阵,求出其最大特征值,及其所对应的特征向量 $W$,归一化后,即为某一层次指标对于上一层次某相关指标的相对重要性权值。

### 4.1.2 应用层次分析法的主要步骤

(1)建立层次结构模型

将有关的各个因素按照不同属性自上而下地分解成若干层次,同一层的诸因素从属于上一层的因素或对上层因素有影响,同时又支配下一层的因素或受到下层因素的作用。首先,将最上层设为目标层,就是我们想要达到的结果,一般来说只有一个因素,最下层是方案层,中间的层就称为准则层或者是指标层,当指标过多时,可以将其更进一步地分成子指标层。

(2)构造成对比较阵

从层次结构的第二层开始,就要用成对比较法来通过比较从属于上一层的每个因素的同一层因素(即比较第 $N$ 层因素下的 $N+1$ 层因素),从而构成对比较阵,一直对比到最后一层。

与此同时,我们还需要计算权向量和组合权向量,并检验其一致性。我们利用一致性指标检验每一个成对比较阵,计算最大特征及对应特征向量,如果检验通过,特征向量就是权向量,如果没有通过,就需要重新构造矩阵。

通过计算最下层的方案对目标值的组合权向量,并且检验其一致性,如果通过了检验,那么就可以按照这个组合权向量所表示的结果来决策,如果不能通过,就需要重新构造一个成对比较阵。

(3)构造判断矩阵

用两两比较的方法来表示出两个方案的相应重要性程度。比如对于一个法案,用该法案下的各个分支进行两两比较,从而评判出它的重要性。

为了从判断矩阵中提炼出有用信息,达到对事物的规律性的认识,为决策提供出科学依据,就需要计算判断矩阵的权重向量。

定义是一个判断矩阵 A,若对某些特定条件成立,则称 A 满足一致永生,那 A 为一致性矩阵。

一致性矩阵具有下列简单性质:

① ξ 存在唯一的非零特征值,其对应的特征向量归一化后记为 ξ,叫作权重向量。

② ξ 的列向量之和经规范化后的向量,就是权重向量。

③ ξ 的任一列向量经规范化后的向量,就是权重向量。

④ ξ 对的全部列向量求每一分量的几何平均,再规范化后的向量,就是权重向量。

因此,对于构造出的判断矩阵,就可以求出最大特征值所对应的特征向量,然后归一化后作为权值。根据上述定理中的性质 2 和性质 4 即得到判断矩阵满足一致性的条件下求取权值的方法,分别称为和法和根法。而当判断矩阵不满足一致性时,用和法和根法计算权重向量则很不精确。

(4)一致性检验

为什么要进行一致性检验? 因为一个成功的判断矩阵之内因素的重要性排列必须具有一定的逻辑性。举个例子,$x$ 比 $y$ 重要,$y$ 又比 $z$ 重要,我们从正常的分析,从逻辑关系上来分析,$x$ 应该是比 $z$ 重要很多的,但是在两两比较时只会出现 $x$ 比 $z$ 重要这个结果,这样就会违反一致性,也就是说在逻辑上是不对的。因此,我们要进行一致性检验。

我们首先要计算一致性指标 $C.I.$,$C.I.$ 越小,说明一致性越大。

然后查表得出平均随机一致性指标 $R.I.$,就是说这些值都是可以通过查表得出来的。

最后我们通过比较 $C.I.$ 与 $R.I.$ 得出检验系数 $C.R.$,如果 $C.R.$ 的值小于 0.1,则说明能够通过一致性检验。

### 4.1.3　评价指标的选取

对某事物进行评价时,必然要考查诸多因素的影响。这些因素中有些是可控的,有些是不可控的;有些是独立的,有些是相互关联的;有些对评价结果影响小,有些对评价结果影响大。我们有必要对影响因素进行分析,力图分清主次,抓住主要因子,剔除次要因子。一方面,使得评价模型简单化,能就事件的主流或本质进行评价;另一方面,节省计算量,提高模型的精度与准确度。

(1)指标及指标体系

指标:根据研究的对象和目的,能够确定地反映研究对象某一方面情况的特征依据。

指标体系:由一系列相互联系的指标所构成的整体,它能够综合反映出对象各个方面的情况。

(2)建立指标体系应遵循的原则

① 宜少不宜多,宜简不宜繁。

② 指标应具有独立性。

③ 指标应具有代表性和差异性(可比性)。

④ 指标可行。

(3)建立指标体系的方法

① 经验方法(大多评价中采用经验法,即专家调研法)。

② 数学方法(单因素分析法、多元相关分析法、多元回归分析法、逐步回归法、岭回归法、典型指标法等)。

③ 文献资料分析选优法。

(4)选取评价指标的前提及与指标相关的问题

① 对被评价事物发展的内在机理要比较清楚。

② 指标的制定多为评价者与有关专家共同确定,带有一定的主观性。

③ 用定量的方法给予筛选(主讲典型指标法)。

④ 逆指标需要转化成正指标。

⑤ 定性指标需要转化成定量指标。

⑥ 即使指标都是定量指标,仍然需要进行无量纲化。

(5)应用层次分析法时的注意事项

如果所选的要素不合理,其含义混淆不清,或要素间的关系不正确,都会降低 AHP 法的结果质量,甚至导致 AHP 法决策失败。

为保证递阶层次结构的合理性,需把握以下原则:

① 分解简化问题时把握主要因素,不漏不多。

② 注意相比较元素之间的强度关系,相差太悬殊的要素不能在同一层次比较。

### 4.1.4 层次分析法的优点

(1)系统的分析方法

层次分析法把需要研究的对象化作为一个系统,然后通过比较、综合判断的思维进行决策。整个系统可以在不拆开每个因素对最后结果的影响的前提下,在每一层次的因素的权重设置下会间接或者直接地影响到最后的结果,并且每个层次中的因素都是量化的,这让我们了解情况时会非常清晰与明白什么是很重要的。

(2)简洁实用的分析方法

层次分析法不需要庞大的数据计算,不需要涉及高深数学,这样大大减少了所需要的工作量,取而代之的是将定性以及定量的方法一定程度地进行有机结合,使得十分复杂的层次能够分解,并且能够将人们比较分散的思维系统化、数学化,更有助于人们接受,通过两两比较,同一层次的因素相对于上一层元素的数量关系后,然后进行简单的数学计算。这种分析方法,即使是没有受到高等教育的人也可以根据模式来完成这一分析,非常容易被决策者掌握。

(3)所需定量数据信息较少

层次分析法主要是需要人们深层次地对所需要决策的问题进行分析,理解问题的本质这个方向来入手的,它模拟着人们思考的方式,进行简单的权重计算,不需要很多数据信息来辅助分析。这种分析方法能够处理许多传统方法处理不了的实际问题。

### 4.1.5 层次分析法的缺点

(1)不能为决策提供新方案

层次分析法通过两两比较各层因素来决策出比较合理的方法,从这一点可以看出,我们只能从原有的方案中选择出比较好的方法,却不能重新创造,或者说提供一个更完善的方法,这样最后达成的效果就没有竞争者所创造新的好的决策效果理想了。我们都希望有种分析方法能够帮我们挑选出最好的方案,并且能够指出这个方案有什么地方不足,我们就可以根据它进行改进。很显然,层次分析法并没有达到理想状况。

（2）定量数据少，定性成分多，很难令人信服

定性分析虽然是一个比较科学的分析方法，但是也需要很多定量的分析方法来辅助。在现实生活中，人们在决策过程中不能仅仅用一些数字来决策出理想的方法。并且每个人对事物和问题的认知上存在一定量的差异，从而会有不同的最终结果，这时层次分析法所得到的结果就不会尽如人意。打个比方，在我们选取手机的时候，作为男生，我们可能会选取处理器性能比较好、内存大的手机，而女生可能会选取储存空间大、像素高、外表小巧可爱的手机。这样结果就会很难满足人们的需求，难以让人信服。

（3）指标过多时数据统计量大，且权重难以确定

如上个缺点所说，每个人有自己的需求，决策者往往会从很多方面来考虑选择。而当我们解决问题时，为了满足很多人的要求，我们需要加入许多指标，通过分析大量的指标来满足人们的需求。那么问题就来了，为了满足很多人的要求，就需要考虑大量的指标，然后增加了大量的指标后就会使得数据统计的量猛增，统计难度大大增加，指标之间的两两比较的困难程度也因此增大了不少。并且在实际操作中，很难发现在相对重要的指标里哪个符合决策者的观点，也不清楚哪个有问题，哪个没有问题，更不知道出了问题的指标哪里出了问题。换句话说，我们无法清楚地知道在矩阵中哪个元素出现了问题。这是一个很难解决的问题。

（4）特征值和特征向量的精确求法比较复杂

随着指标的增加，矩阵的阶数也会随之增加，之后计算量就会增大许多。所幸，这个问题解决起来还是比较简单的，有三种方法，分别是和法、幂法与根法。

## 4.2 层次分析法实例与步骤

通过上面的层次分析法的概念介绍，我们已经对层次分析法的概念有了一个大概的认识，下面我们将结合一个具体例子，说明层次分析法的基本步骤和要点，进一步加深对层次分析法的了解，并且学习如何在生活中使用它来解决实际问题。

### 4.2.1 市政工程项目建设决策

现在假设市政部门管理人员需要对修建一项市政工程项目进行决策，可选择

的方案是在机场和城市之间修高速路或修建机场地铁。除了考虑经济效益外,还要考虑社会效益、环境效益等因素,即是多准则决策问题,考虑运用层次分析法,如何解决这一问题。

(1)建立递阶层次结构

应用 AHP 解决实际问题,首先明确要分析决策的问题,并把它条理化、层次化,理出递阶层次结构。

AHP 要求的递阶层次结构一般由以下三个层次组成:

① 目标层(最高层):指问题的预定目标。

② 准则层(中间层):指影响目标实现的准则。

③ 措施层(最低层):指促使目标实现的措施。

通过对复杂问题的分析,首先明确决策的目标,将该目标作为目标层(最高层)的元素,这个目标要求是唯一的,即目标层只有一个元素。

然后找出影响目标实现的准则,作为目标层下的准则层因素,在复杂问题中,影响目标实现的准则可能有很多,这时要详细分析各准则因素间的相互关系,即有些是主要的准则,有些是隶属于主要准则的次准则,然后根据这些关系将准则元素分成不同的层次和组,不同层次元素间一般存在隶属关系,即上一层元素由下一层元素构成并对下一层元素起支配作用,同一层元素形成若干组,同组元素性质相近,一般隶属于同一个上一层元素(受上一层元素支配),不同组元素性质不同,一般隶属于不同的上一层元素。

在关系复杂的递阶层次结构中,有时组的关系不明显,即上一层的若干元素同时对下一层的若干元素起支配作用,形成相互交叉的层次关系,但无论怎样,上下层的隶属关系应该是明显的。

最后分析为了解决决策问题(实现决策目标)、在上述准则下,有哪些最终解决方案(措施),并将它们作为措施层因素,放在递阶层次结构的最下面(最低层)。明确各个层次的因素及其位置,并将它们之间的关系用连线连接起来,就构成了递阶层次结构。

在市政工程项目决策问题中,市政管理人员希望通过选择不同的市政工程项目,使综合效益最高,即决策目标是“合理建设市政工程,使综合效益最高”。

为了实现这一目标,需要考虑的主要准则有三个,即经济效益、社会效益和环境效益。但问题绝不这么简单。通过深入思考,决策人员认为还必须考虑直接经济效益、间接经济效益、方便日常出行、方便假日出行、减少环境污染、改善城市面貌等因素(准则)。从相互关系上分析,这些因素隶属于主要准则,因此放在下一层次考虑,并且分属于不同准则。

假设本问题只考虑这些准则,接下来需要明确为了实现决策目标在上述准则下可以有哪些方案。根据题中所述,本问题有两个解决方案,即建高速路或建地铁,这两个因素作为措施层元素放在递阶层次结构的最下层。很明显,这两个方案于所有准则都相关。

将各个层次的因素按其上下关系摆放好位置,并将它们之间的关系用连线连接起来。同时,为了方便后面的定量表示,一般从上到下用 A、B、C、D……代表不同层次,同一层次从左到右用 1、2、3、4……代表不同因素。这样构成的递阶层次结构如图 4-1。

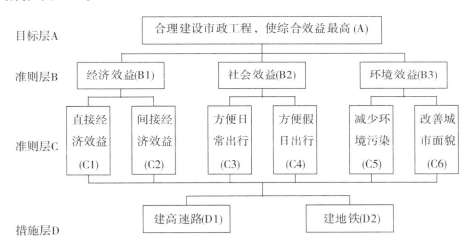

图 4-1 递阶层次结构示意图

(2)构造判断矩阵并赋值

根据递阶层次结构就能很容易地构造判断矩阵。构造判断矩阵的方法是:每一个具有向下隶属关系的元素(被称作准则)作为判断矩阵的第一个元素(位于左上角),隶属于它的各个元素依次排列在其后的第一行和第一列。

其中,重要的是填写判断矩阵。填写判断矩阵的方法最常用的是:向填写人(专家)反复询问,针对判断矩阵的准则,其中两个元素两两比较哪个重要,重要多少,对重要性程度按 1~9 赋值(重要性标度值见表 4-1)。

表 4 - 1　重要性标度含义表

| 重要性标度 | 含义 |
|---|---|
| 1 | 表示两个元素相比,具有同等重要性 |
| 3 | 表示两个元素相比,前者比后者稍重要 |
| 5 | 表示两个元素相比,前者比后者明显重要 |
| 7 | 表示两个元素相比,前者比后者强烈重要 |
| 9 | 表示两个元素相比,前者比后者极端重要 |
| 2,4,6,8 | 表示上述判断的中间值 |
| 倒数 | 若元素 $i$ 与元素 $j$ 的重要性之比为 $a_{ij}$,则元素 $j$ 与元素 $i$ 的重要性之比为 $a_{ji} = 1/a_{ij}$ |

设填写后的判断矩阵为 $A = (a_{ij})n \times n$,判断矩阵具有如下性质:

① $a_{ij} > 0$

② $a_{ji} = 1/a_{ij}$

③ $a_{ii} = 1$

根据上面性质,判断矩阵具有对称性,因此在填写时,通常先填写 $a_{ii} = 1$ 部分,然后再仅需判断及填写上三角形或下三角形的 $n(n-1)/2$ 个元素就可以了。

在特殊情况下,判断矩阵可以具有传递性,即满足等式: $a_{ij} \times a_{jk} = a_{ik}$

当上式对判断矩阵所有元素都成立时,则称该判断矩阵为一致性矩阵。

接前例,征求专家意见,填写后的判断矩阵如表 4 - 2 所示。

表 4 - 2　判断矩阵表

| $A$ | $B_1$ | $B_2$ | $B_3$ | | $B_1$ | $C_1$ | $C_2$ | | $B_2$ | $C_3$ | $C_4$ | | $B_3$ | $C_5$ | $C_6$ |
|---|---|---|---|---|---|---|---|---|---|---|---|---|---|---|---|
| $B_1$ | 1 | 1/3 | 1/3 | | $C_1$ | 1 | 1 | | $C_3$ | 1 | 3 | | $C_5$ | 1 | 3 |
| $B_2$ | | 1 | 1 | | $C_2$ | | 1 | | $C_4$ | | 1 | | $C_6$ | | 1 |
| $B_3$ | | | 1 | | | | | | | | | | | | |
| | | | | | | | | | | | | | | | |
| $C_1$ | $D_1$ | $D_2$ | | | $C_2$ | $D_1$ | $D_2$ | | $C_3$ | $D_1$ | $D_2$ | | $C_4$ | $D_1$ | $D_2$ |
| $D_1$ | 1 | 5 | | | $D_1$ | 1 | 3 | | $D_1$ | 1 | 1/5 | | $D_1$ | 1 | 7 |
| $D_2$ | | 1 | | | $D_2$ | | 1 | | $D_2$ | | 1 | | $D_2$ | | 1 |
| | | | | | | | | | | | | | | | |
| $C_5$ | $D_1$ | $D_2$ | | | $C_6$ | $D_1$ | $D_2$ | | | | | | | | |
| $D_1$ | 1 | 1/5 | | | $D_1$ | 1 | 1/3 | | | | | | | | |
| $D_2$ | | 1 | | | $D_2$ | | 1 | | | | | | | | |

（3）层次单排序（计算权向量）与检验

对于专家填写后的判断矩阵，利用一定数学方法进行层次排序。

层次单排序是指每一个判断矩阵各因素针对其准则的相对权重，所以本质上是计算权向量。计算权向量有特征根法、和法、根法、幂法等，这里简要介绍和法。

和法的原理是，对于一致性判断矩阵，每一列归一化后就是相应的权重，对于非一致性判断矩阵，每一列归一化后近似其相应的权重。再对这 $n$ 个列向量求取算术平均值作为最后的权重。具体的公式是：

$$W_i = \frac{1}{n}\sum_{j=1}^{n}\frac{a_{ij}}{\sum_{i=1}^{n}a_{ki}}$$

需要注意的是，在层层排序中，要对判断矩阵进行一致性检验。

在特殊情况下，判断矩阵可以具有传递性和一致性。一般情况下，并不要求判断矩阵严格满足这一性质。但从人类认识规律看，一个正确的判断矩阵重要性排序是有一定逻辑规律的，例如，若 $A$ 比 $B$ 重要，$B$ 又比 $C$ 重要，则从逻辑上讲，$A$ 应该比 $C$ 明显重要，若两两比较时出现 $A$ 比 $C$ 重要的结果，则该判断矩阵违反了一致性准则，在逻辑上是不合理的。

因此，在实际中要求判断矩阵满足大体上的一致性，需进行一致性检验。只有通过检验，才能说明判断矩阵在逻辑上是合理的，才能继续对结果进行分析。

一致性检验的步骤如下：

第一步，计算一致性指标 C. I.（Consistency Index）

$$C.I. = \frac{\lambda_{max} - n}{n - 1}$$

第二步，查表确定相应的平均随机一致性指标 R. I.（Random Index）

据判断矩阵不同阶数查下表，得到平均随机一致性指标 R. I.（如表 4 - 3 所示）。例如，对于 5 阶的判断矩阵，查表得到 R. I. = 1.12。

**表 4 - 3　平均随机一致性指标 R. I. 表（1000 次正互反矩阵计算结果）**

| 矩阵阶数 | 1 | 2 | 3 | 4 | 5 | 6 | 7 | 8 |
|---|---|---|---|---|---|---|---|---|
| R. I. | 0 | 0 | 0.52 | 0.89 | 1.12 | 1.26 | 1.36 | 1.41 |
| 矩阵阶数 | 9 | 10 | 11 | 12 | 13 | 14 | 15 | |
| R. I. | 1.46 | 1.49 | 1.52 | 1.54 | 1.56 | 1.58 | 1.59 | |

第三步，计算一致性比例 C. R.（Consistency Ratio）并进行判断。

$$C.R. = \frac{C.I.}{R.I.}$$

当 $C.R.<0.1$ 时,认为判断矩阵的一致性是可以接受的,$C.R.>0.1$ 时,认为判断矩阵不符合一致性要求,需要对该判断矩阵进行重新修正。

上例计算所得的权向量及检验结果见表 4-4。

表 4-4　层次计算权向量及检验结果表

| $A$ | 单(总)排序权值 | $B_1$ | 单排序权值 | $B_2$ | 单排序权值 | $B_3$ | 单排序权值 |
|---|---|---|---|---|---|---|---|
| $B_1$ | 0.1429 | $C_1$ | 0.5000 | $C_3$ | 0.7500 | $C_5$ | 0.7500 |
| $B_2$ | 0.4286 | $C_2$ | 0.5000 | $C_4$ | 0.2500 | $C_6$ | 0.2500 |
| $B_3$ | 0.4286 | $C.R.$ | 0.0000 | $C.R.$ | 0.0000 | $C.R.$ | 0.0000 |
| $C.R.$ | 0.0000 | | | | | | |
| $C_1$ | 单排序权值 | $C_2$ | 单排序权值 | $C_3$ | 单排序权值 | $C_4$ | 单排序权值 |
| $D_1$ | 0.8333 | $D_1$ | 0.7500 | $D_1$ | 0.1667 | $D_1$ | 0.8750 |
| $D_2$ | 0.1667 | $D_2$ | 0.2500 | $D_2$ | 0.8333 | $D_2$ | 0.1250 |
| $C.R.$ | 0.0000 | $C.R.$ | 0.0000 | $C.R.$ | 0.0000 | $C.R.$ | 0.0000 |
| $C_5$ | 单排序权值 | $C_6$ | 单排序权值 | | | | |
| $D_1$ | 0.1667 | $D_1$ | 0.2500 | | | | |
| $D_2$ | 0.8333 | $D_2$ | 0.7500 | | | | |
| $C.R.$ | 0.0000 | $C.R.$ | 0.0000 | | | | |

可以看出,所有单排序的 $C.R.<0.1$,因此,认为每个判断矩阵的一致性都是可以接受的。

(4)层次总排序与检验

总排序是指每一个判断矩阵各因素针对目标层(最上层)的相对权重。这一权重的计算采用从上而下的方法逐层合成。

很明显,第二层的单排序结果就是总排序结果。假定已经算出第 $k-1$ 层 $m$ 个元素相对于总目标的权重 $w^{(k-1)}=(w_1^{(k-1)},w_2^{(k-1)},\cdots,w_m^{(k-1)})^T$,第 $k$ 层 $n$ 个元素对于上一层(第 $k$ 层)第 $j$ 个元素的单排序权重是 $p_j^{(k)}=(p_{1j}^{(k)},p_{2j}^{(k)},\cdots,p_{nj}^{(k)})^T$,其中不受 $j$ 支配的元素的权重为零。$P^{(k)}=(p_1^{(k)},p_2^{(k)},\cdots,p_n^{(k)})$ 表示第 $k$ 层元素对第 $k-1$ 层个元素的排序,则第 $k$ 层元素对于总目标的总排序为:

$$w^{(k)} = (w_1{}^{(k)}, w_2{}^{(k)}, \cdots, w_n{}^{(k)})^T = p^{(k)} w^{(k-1)}$$

或 $w_i{}^{(k)} = \sum_{j=1}^{m} p_{ij}{}^{(k)} w_j{}^{(k-1)} \quad i = 1, 2, \cdots, n$

同样,也需要对总排序结果进行一致性检验。

假定已经算出针对第 $k-1$ 层第 $j$ 个元素为准则的 $C.I._j{}^{(k)}$、$R.I._j{}^{(k)}$ 和 $C.R._j{}^{(k)}$, $j = 1, 2, \cdots, m$,则第 $k$ 层的综合检验指标为:

$$C.I._j{}^{(k)} = (C.I._1{}^{(k)}, C.I._2{}^{(k)}, \cdots, C.I._m{}^{(k)}) w^{(k-1)}$$

$$R.I._j{}^{(k)} = (R.I._1{}^{(k)}, R.I._2{}^{(k)}, \cdots, R.I._m{}^{(k)}) w^{(k-1)}$$

$$C.R.^{(k)} = \frac{C.I.^{(k)}}{R.I.^{(k)}}$$

当 $C.R.^{(k)} < 0.1$ 时,认为判断矩阵的整体一致性是可以接受的。

上例层次总排序及检验结果如表 4-5、4-6 所示。

表 4-5　$C$ 层次总排序($C.R. = 0.0000$)

| $C_1$ | $C_2$ | $C_3$ | $C_4$ | $C_5$ | $C_6$ |
|---|---|---|---|---|---|
| 0.0714 | 0.0714 | 0.3214 | 0.1071 | 0.3214 | 0.1071 |

表 4-6　$D$ 层次总排序($C.R. = 0.0000$)

| $D_1$ | $D_2$ |
|---|---|
| 0.3408 | 0.6592 |

(5)结果分析

① 通过对排序结果的分析,得出最后的决策方案

从方案层总排序的结果看,建地铁($D_2$)的权重(0.6592)远远大于建高速路($D_1$)的权重(0.3408),因此,最终的决策方案是建地铁。

② 根据层次排序过程分析决策思路

对于准则层 $B$ 的 3 个因子,直接经济效益($B_1$)的权重最低(0.1429),社会效益($B_2$)和环境效益($B_3$)的权重都比较高(皆为 0.4286),说明在决策中比较看重社会效益和环境效益。

对于不看重的经济效益,其影响的两个因子直接经济效益($C_1$)、间接经济效益($C_2$)单排序权重都是建高速路远远大于建地铁,对于比较看重的社会效益和环境效益,其影响的四个因子中有三个因子的单排序权重都是建地铁远远大于建高速路,由此可以推出,建地铁方案由于社会效益和环境效益较为突出,权重也会相对突出。

79

从准则层 $C$ 总排序结果也可以看出,方便日常出行($C_3$)、减少环境污染($C_5$)是权重值较大的,而如果单独考虑这两个因素,方案排序都是建地铁远远大于建高速路。

由此我们可以分析出决策思路,即决策比较看重的是社会效益和环境效益,不太看重经济效益。因此对于具体因子,方便日常出行和减少环境污染成为主要考虑因素,对于这两个因素,都是建地铁方案更佳。由此,最终的方案选择建地铁也就顺理成章了。

在上面的例子中,我们使用了和法来计算权向量,紧接着我们再来看一个使用求根法来计算权向量的例子。

### 4.2.2　社会稳定因素排序

在一个社会网络中,社会的经济发展、治安稳定和文化认同是决定社会稳定的三个方面,我们对其进行综合分析评价和排序,从中选出决定社会稳定最重要的因素。以 $A$ 表示系统的总目标,判断层中 $B_1$ 表示经济,$B_2$ 表示治安,$B_3$ 表示文化,$C_1$、$C_2$、$C_3$ 表示备选的三种类型社会。

（1）标度及描述

人们定性区分事物的能力习惯用 5 个属性来表示,即同样重要、稍微重要、较强重要、强烈重要、绝对重要。当需要较高精度时,可以取两个相邻属性之间的值,这样就得到 9 个数值,即 9 个标度。

为了便于将比较判断定量化,引入 1 ~ 9 比率标度方法,规定用 1、3、5、7、9 分别表示,根据经验判断,要素 $i$ 与要素 $j$ 相比是同样重要还是稍微重要、较强重要、强烈重要、绝对重要,而 2、4、6、8 表示上述两判断级之间的折中值（如表 4 – 7 所示）。

表 4 – 7　1 ~ 9 比例标度方法表

| 标度 | 定义（比较因素 $i$ 与 $j$） |
| --- | --- |
| 1 | 因素 $i$ 与 $j$ 同样重要 |
| 3 | 因素 $i$ 与 $j$ 稍微重要 |
| 5 | 因素 $i$ 与 $j$ 较强重要 |
| 7 | 因素 $i$ 与 $j$ 强烈重要 |
| 9 | 因素 $i$ 与 $j$ 绝对重要 |

| 标度 | 定义(比较因素 $i$ 与 $j$) |
|------|------|
| 2、4、6、8 | 两个相邻判断因素的中间值 |
| 倒数 | 因素 $i$ 与 $j$ 比较得判断矩阵 $a_{ij}$,则因素 $j$ 与 $i$ 相比的判断为 $a_{ji} = 1/a_{ij}$ |

注:$a_{ij}$表示要素 $i$ 与要素 $j$ 相对重要度之比,且有下述关系:$a_{ij} = 1/a_{ji}$;$a_{ii} = 1$;$i,j = 1,2,\cdots,n$。显然,比值越大,则要素 $i$ 的重要度就越高。

(2)构建判断矩阵

判断矩阵是层次分析法的基本信息,也是进行权重计算的重要依据。根据结构模型,将图中各因素两两进行判断与比较,构造判断矩阵:

① 判断矩阵 $A - B$(即相对于社会网络总目标,判断层各因素相对重要性比较)如表 4 - 8 所示。

② 判断矩阵 $B_1 - C$(相对经济,各方案的相对重要性比较)如表 4 - 9 所示。

③ 判断矩阵 $B_2 - C$(相对治安,各方案的相对重要性比较)如表 4 - 10 所示。

④ 判断矩阵 $B_3 - C$(相对文化,各方案的相对重要性比较)如表 4 - 11 所示。

表 4 - 8 判断矩阵 $A - B$

| $A$ | $B_1$ | $B_2$ | $B_3$ |
|------|------|------|------|
| $B_1$ | 1 | 1/3 | 2 |
| $B_2$ | 3 | 1 | 5 |
| $B_3$ | 1/2 | 1/5 | 1 |

表 4 - 9 判断矩阵 $B_1 - C$

| $B_1$ | $C_1$ | $C_2$ | $C_3$ |
|------|------|------|------|
| $C_1$ | 1 | $l/3$ | 1/5 |
| $C_2$ | 3 | 1 | 1/3 |
| $C_3$ | 5 | 3 | 1 |

表 4 - 10 判断矩阵 $B_2 - C$

| $B_2$ | $C_1$ | $C_2$ | $C_3$ |
|------|------|------|------|
| $C_1$ | 1 | 2 | 7 |
| $C_2$ | 1/2 | 1 | 5 |
| $C_3$ | 1/7 | 1/5 | 1 |

表 4 – 11　判断矩阵 $B_3$ – $C$

| $B_3$ | $C_1$ | $C_2$ | $C_3$ |
|---|---|---|---|
| $C_1$ | 1 | 3 | $l/7$ |
| $C_2$ | $l/3$ | 1 | 1/9 |
| $C_3$ | 7 | 9 | 1 |

（3）计算各判断矩阵的特征值、特征向量及一致性检验指标

使用求根法计算特征值、特征向量，方法如下：

a. 计算判断矩阵 $A$ 每行元素乘积的 $n$ 次方根，$\overline{W}_i = n\sqrt{\prod_{j=1}^{n} a_{ij}}$　$(i = 1, 2, \cdots,$

$n)$；

b. $\overline{W}_i$ 将归一化，得到 $W_i = \dfrac{\overline{W}_i}{\sum\limits_{i=1}^{n} \overline{W}_i}$，$W = (w_1, w_2, \cdots, w_n)$，$T$ 即为 $A$ 的特征向量的

近似值；

c. 求特征向量 $W$ 对应的最大特征值：$\lambda_{max} = \dfrac{1}{n}\sum\limits_{i}\left(\dfrac{(AW)_i}{w_i}\right)$。

① 判断矩阵 $A$ – $B$ 的特征根、特征向量与一致性检验

a. 计算矩阵 $A$ – $B$ 的特征向量

计算判断矩阵 $A$ – $B$ 各行元素的乘积 $M_i$，并求其 $n$ 次方根，如 $M_1 = 1 \times \dfrac{1}{3} \times 2$

$= \dfrac{2}{3}$，$\overline{W}_1 = 3\sqrt{M_1} = 0.874$。类似的有 $\overline{W}_2 = 3\sqrt{M_2} = 2.466$，$\overline{W}_3 = 3\sqrt{M_3} = 0.464$。

对向量 $\overline{W} = [\overline{W}_1, \overline{W}_2, \cdots, \overline{W}_n]^t$ 规范化，有 $W_1 = \dfrac{\overline{W}_1}{\sum\limits_{i=1}^{n} \overline{W}_i} = \dfrac{0.874}{0.874 + 2.466 + 0.464} =$

$0.230$，类似的有 $W_2 = 0.684$，$W_3 = 0.122$。所求得的特征向量即为：$W = [0.230,$

$0.648, 0.122]^t$

b. 计算矩阵 $A$ – $B$ 的特征根

$$AW = \begin{bmatrix} 1 & 1/3 & 2 \\ 3 & 1 & 5 \\ 1/2 & 1/5 & 1 \end{bmatrix} [0.230, 0.648, 0.122]^t$$

$AW_1 = 1 \times 0.230 + \dfrac{1}{3} \times 0.648 + 2 \times 0.122 = 0.69$

类似的可以得到，$AW_2 = 1.948$，$AW_3 = 0.3666$。

按照公式计算判断矩阵最大特征根：

$$\lambda_{max} = \sum_{i=1}^{n} \frac{(AW)_i}{nW_i} = \frac{0.69}{3 \times 0.230} + \frac{1.948}{3 \times 0.648} + \frac{0.3666}{3 \times 0.122} = 3.004$$

c. 一致性检验

在实际评价中，评价者只能对 $A$ 进行粗略判断，这样有时会犯不一致的错误。如果已判断 $C_1$ 比 $C_2$ 重要，$C_2$ 比 $C_3$ 较重要，那么，$C_1$ 应该比 $C_3$ 更重要。如果又判断 $C_1$ 比 $C_3$ 较重要或同等重要，这就犯了逻辑错误。这就需要进行一致性检验。

根据层次法原理，利用 $A$ 的理论最大特征值 $\lambda_{max}$ 与 $n$ 之差检验一致性。一致性指标为：

$$C.I. = \frac{\lambda_{max} - n}{n - 1}; \lambda_{max} = \frac{1}{n} \sum_i (\frac{(AW)_i}{w_i})$$

计算 $C.I. = \frac{\lambda_{max} - n}{n - 1} = \frac{3.004 - 3}{3 - 1} = 0.002 < 0.1$，$C.R. = \frac{C.I.}{R.I.} = 0.003 < 0.1$，查同阶平均随机一致性指标（表 4－12 所示）知 $R.I. = 0.58$，（一般认为 $C.I. < 0.1$、$C.R. < 0.1$ 时，判断矩阵的一致性可以接受，否则重新两两进行比较）。

**表 4－12　平均随机一致性指标**

| 阶数 | 3 | 4 | 5 | 6 | 7 | 8 | 9 | 10 | 11 | 12 | 13 | 14 |
|------|------|------|------|------|------|------|------|------|------|------|------|------|
| $R.I.$ | 0.58 | 0.89 | 1.12 | 1.26 | 1.36 | 1.41 | 1.46 | 1.49 | 1.52 | 1.54 | 1.56 | 1.58 |

② 判断矩阵 $B_1 - C$ 的特征根、特征向量与一致性检验

类似于之前的计算过程，可以得到矩阵 $B_1 - C$ 的特征根、特征向量与一致性检验如下：

$W = [0.105, 0.258, 0.637]^t$，$\lambda_{max} = 3.039$，$C.R. = 0.033 < 0.1$。

③ 判断矩阵 $B_2 - C$ 的特征根、特征向量与一致性检验

类似于之前的计算过程，可以得到矩阵 $B_3 - C$ 的特征根、特征向量与一致性检验如下：

$W = [0.592, 0.333, 0.075]^t$，$\lambda_{max} = 3.014$，$C.R. = 0.012 < 0.1$。

④ 判断矩阵 $B_3 - C$ 的特征根、特征向量与一致性检验

类似于之前的计算过程，可以得到矩阵的特征根、特征向量与一致性检验如下：

$W = [0.149, 0.066, 0.782]^t$，$\lambda_{max} = 3.08$，$C.R. = 0.069 < 0.1$。

（4）层次总排序

获得同一层次各要素之间的相对重要度后,就可以自上而下地计算各级要素对总体的综合重要度。设二级共有 $m$ 个要素"$c_1,c_2,\cdots,c_m$",它们对总值的重要度为"$w_1,w_2,\cdots,w_m$";它的下一层次三级有"$p_1,p_2,\cdots,p_n$"共 $n$ 个要素,令要素 $p_i$ 对 $c_j$ 的重要度(权重)为 $v_{ij}$,则三级要素 $p_i$ 的综合重要度为:

$$W_i' = \sum_j w_j v_{ij}$$

类型 $C_1$ 的重要度(权重) $= 0.230 \times 0.105 + 0.648 \times 0.529 + 0.122 \times 0.149 = 0.426$

类型 $C_2$ 的重要度(权重) $= 0.230 \times 0.258 + 0.648 \times 0.333 + 0.122 \times 0.066 = 0.283$

类型 $C_3$ 的重要度(权重) $= 0.230 \times 0.637 + 0.648 \times 0.075 + 0.122 \times 0.785 = 0.291$

依据各方案综合重要度的大小,可对方案进行排序、决策。层次总排序如表 4 – 13 所示。

表 4 – 13　层次总排序

| 层次 | $B_1$ | $B_2$ | $B_3$ | 层次 $C$ 总排序权重 |
|---|---|---|---|---|
| $C_1$ | 0.105 | 0.592 | 0.149 | 0.426 |
| $C_2$ | 0.258 | 0.333 | 0.066 | 0.283 |
| $C_3$ | 0.637 | 0.075 | 0.785 | 0.291 |

（5）结果分析

由表 4 – 13 可以看出,3 种类型社会的优劣顺序为 $C_1$、$C_2$、$C_3$,且 $C_1$ 明显优于其他两种类型,即经济发达的社会更加稳定。我们可以猜想,社会的不稳定因素大多来源于经济贫困的犯罪,而一个发达的经济所带来的更好的发展机会和更高的受教育程度是社会稳定的重要保障。

## 4.3　扩展与补充

通过前两部分的介绍,我们已经了解到,层次分析法是一种评价模型,它可以基于已给出的诸多评价指标,计算各项指标在最终评价中所占的权重,进而将这些权重值应用于后续的计算中。层次分析法具有较为系统、操作简单、所需数据量少等优势。在第二部分中,我们探讨了层次分析法用于与社会网络相关的评价系统的可能性,并以评价市政工程项目与社会治安状况为例,运用层次分析法对与相关的诸多指标进行权重计算。在第三部分,我们将对层次分析法进行进一步的扩展研究,首先我们介绍了几种变形与改进的层次分析法。

### 4.3.1 模糊层次分析法(FAHP)

(1)FAHP 研究目的及方法概述

在上文中我们提到,层次分析法作为一个确定诸多指标在评价中权重的算法,其自身具有很多劣势,而这种劣势中非常重要的一点在于 AHP 检验判断矩阵是否一致时比较困难,一旦某一层次的指标较多时(一般认定四个为较多),评判者就很难确定相互之间的权重关系以保证思维的一致性,这些主观不确定性就容易导致整个系统的一致性较差,无法达到预期的评价效果。另外,层次分析法使用 C. R. (一致性指标)是否小于 0.1 来检验判断矩阵的一致性,而 0.1 这个标准值只是通过经验确定的,并没有可靠的理论依据。

因此,基于以上缺陷,模糊层次分析法(FAHP)的设计者从判断矩阵出发,对原本的层次分析法进行修改,在模糊层次分析法中,不再采用三角模糊数,即不通过倍数关系来比较两两元素间的重要性,而是通过使被比较的两元素重要性之和为 1,且根据影响程度分配值的方式来实现不同指标间重要性的比较。该方法为量化评价指标、选择最优方案提供了依据,并得到了广泛的应用。综上所述,模糊层次分析法与层次分析法相比有以下两大不同:

① 建立判断矩阵不同在 AHP 中,我们通过倍数关系来表示被比较两元素对最终评价结果的影响,从而建立判断矩阵;而在 FAHP 中,我们通过两两元素加和来比较两元素的影响程度关系,建立模糊一致判断矩阵,再进行后续的判断。

② 通过判断矩阵求各元素相对权重的计算方法不同。FAHP 不同于 AHP 直接由判断矩阵得到权重的算法,FAHP 得到一致互反判断矩阵(相当于 AHP 中的判断矩阵)后,还要进一步获得模糊判断矩阵,即模糊一致性矩阵,并通过该模糊一致性矩阵获得最终各元素之间的权重关系。

(2)FAHP 方法详细介绍

模糊层次分析法的关键在于模糊关系的研究、模糊互补矩阵的构建和模糊一致判断矩阵的构建,其具体方法如下:

① 对被评价的对象做详细研究,筛选出决定被评价对象的各项指标,并

按指标的包含关系等要素将指标分为目标层、准则层和措施层,明确准则层与目标层之间的包含关系。这一步内容与 AHP 大致相同,因此在这里不多赘述。

② 在每一层内部比较两两元素之间的权重关系,采用 0.1 ~ 0.9 的标度方式(如表 4 – 14 所示)确定两两元素之间的关系。

③ 根据上一步得到的权重关系,建立模糊互补矩阵(如下图所示)。图例展示的是一个由四个指标组成的判断层所获得的模糊互补矩阵,每一个元素 $r_{ij}$ 代表着第 $i$ 个元素与第 $j$ 个元素相比,其重要性关系如何。由此步我们可以看到每一对对应的元素(左下与右上的关系)其重要性之和都为 1。

模糊互补矩阵

$$R = \begin{bmatrix} r_{11} & r_{12} & r_{13} & r_{14} \\ r_{21} & r_{22} & r_{23} & r_{24} \\ r_{31} & r_{32} & r_{33} & r_{34} \\ r_{41} & r_{42} & r_{43} & r_{44} \end{bmatrix}$$

表 4 – 14　0.1 ~ 0.9 数量标度

| 标度 | 定义 | 说明 |
|---|---|---|
| 0.5 | 同等重要 | $b_i$ 与 $b_j$ 同等重要 |
| 0.6 | 稍微重要 | $b_i$ 与 $b_j$ 稍微重要 |
| 0.7 | 明显重要 | $b_i$ 与 $b_j$ 明显重要 |
| 0.8 | 重要得多 | $b_i$ 与 $b_j$ 重要得多 |
| 0.9 | 极端重要 | $b_i$ 与 $b_j$ 极端重要 |
| 0.1,0.2,0.3,0.4,0.5 | 反比较 | 若元素 $b_i$ 与 $b_j$ 与比较得到判断 $r_{ij}$,则 $b_j$ 与 $b_i$ 相比较得到的判断 $r_{ji} = 1 - r_{ij}$ |

④ 将模糊互补矩阵调整为模糊一致矩阵。在上一步得到的模糊互补矩阵并非严格意义上的 1 ~ 9 标度互反矩阵,还需要进行一次一致性转换,通过转换公式 $b_{ij} = a_{ij}/a_{ij} + 1$ 可得一致性判断矩阵。

⑤ 在一致性判断矩阵的基础上,通过公式获得各项指标的权重,并对权重进行进一步的排序,从而得到各项指标的重要性关系。

（3）层次分析法（*AHP*）与模糊层次分析法（*FAHP*）的区别与比较

$$B = \begin{bmatrix} 0.50 & 0.65 & 0.60 & 0.6 \\ 0.35 & 0.50 & 0.45 & 0.4 \\ 0.40 & 0.55 & 0.50 & 0.5 \\ 0.40 & 0.60 & 0.50 & 0.5 \end{bmatrix}$$

本质上讲，FAHP 是 AHP 的一种子方法，用来处理单层指标数量较多，权重关系较为复杂的问题具有比较好的效果。从计算思路上来说，AHP 采用的是除法的思想，通过倍数来反映指标之间的关系，而 FAHP 则是通过减法的思路，将整个指标视为 1 进行减法比较。从结果上来看，如果采用同一主观标准对各项指标进行检验，最终 AHP 与 FAHP 得到的权重关系排序是基本相同，只是在权重比例上有些微不同。

### 4.3.2　灰色层次分析法（GAHP）

（1）GAHP 研究目的及方法概述

在上文中我们已经提到，虽然 AHP 是通过判断矩阵合理地计算出各个指标之间的权重比，但在 AHP 方法的第一步中，我们还是需要通过主观判断的方法来确定两两指标间的权重比关系，这些主观方法中包括专家判断、德尔菲方法等等。因此，当某种传统的 AHP 标度得到专家认可并使用时，判断的不确定性通常是由于专家对信息的掌握暂时不完全而造成的，也就是说，由于专家暂时的缺乏信息，使得专家在两两判断时，无法给出一个确定的数字判断（判断元素的确切取值），一旦信息补充完全，专家就可以给出一个确定的数学判断值。此时，专家可以在自己所掌握的信息范围内明确地给出最乐观的判断值和最保守的判断值。研究对象具有"外延明确，内涵不明确"的特点，因而，我们把这种情况下的每一个判断元素均认为是一个灰元，只要信息完全，它就是一个白数，由此提出了灰色层次分析法。

利用此方法进行决策的步骤与传统的 AHP 的步骤基本相同。在做两两判断形成灰色判断矩阵时，灰色判断矩阵中的元素也用区间数表示，此区间数即为对应灰元的灰域。它的左边界含义是专家对该比较的保守估计；它的右边界含义是专家对该对象比较乐观的估计。其中边界点的值可采用 AHP 中的任意数字标度。

灰色关联分析法是由中国学者邓聚龙教授于 1982 年创立的，该理论是以"部分信息已知，部分信息未知"的"小样本""贫信息"不确定性系统为研究对象，主要通过对"部分"已知信息的生成、开发,提取有价值的信息,实现对系统运行行为、演化规律的正确描述和有效监控。灰色关联度分析法是将研究对象及影响因素的因子值视为一条线上的点,与待识别对象及影响因素的因子值所绘制的曲线进行比较,比较它们之间的贴近度,并分别量化,计算出研究对象与待识别对象各影响因素之间的贴近程度的关联度,通过比较各关联度的大小来判断待识别对象对研究对象的影响程度。

(2)GAHP 计算方法详细介绍

① 构建评价样本矩阵

组织专家对各指标 C 进行打分评价,专家编号为 $p, p = 1, 2, \cdots, m$,即有 $m$ 个专家根据指标实测值和专业经验对指标进行打分,根据专家评价对不同指标的评价结果构成评价矩阵 $D$:

$$D = \begin{pmatrix} d_{11} & d_{12} & \cdots & d_{1m} \\ d_{21} & d_{22} & \cdots & d_{2m} \\ \cdots & \cdots & \cdots & \cdots \\ d_{n1} & d_{n2} & \cdots & d_{nm} \end{pmatrix}$$

其中,$m$ 是评价专家的个数,$n$ 为指标个数。

② 确定评估灰类

确定评价灰类就是要确定评价灰类的等级数、灰类的灰数及灰类的自化权函数,一般情况下视实际评价问题分析确定。分析上述评价指标的评分等级标准,决定采用三个评价灰类,灰类序号为 $e, e = 1, 2, 3, 4$,分别表示"优""良""中""差"。其相应的灰数和白化权函数如下。

第一灰类"优"($e = 1$),设定灰类数 $\otimes \in [0, d, \infty]$,白化权函数为 $f_1$,表达式为:

$$f_1(d_{ij}) = \begin{cases} d_{ij}/d_1, d_{ij} \in [0, d_1] \\ 1, d_{ij} \in [d_1, \infty] \\ 0, d_{ij} \in [-\infty, 0] \end{cases}$$

第二灰类"良"($e = 2$),设定灰类数 $\otimes \in [0, d_2/2, d_2]$,白化权函数为 $f_2$,表达式为:

$$f_2(d_{ij}) = \begin{cases} 2d_{ij}/d_2, d_{ij} \in [0, d_2/2] \\ d_2 - 2d_{ij}/d_2, d_{ij} \in [d_2/2, d_2] \\ 0, d_{ij} \notin [0, d_2] \end{cases}$$

第三灰类"中"$(e=3)$,设定灰类数$\otimes \in [0,d_1/2,d_2/2]$,白化权函数为$f_3$,表达式为:

$$f_3(d_{ij}) = \begin{cases} 1, & d_{ij} \in [0,d_1/2] \\ (d_2-2d_{ij})/(d_2-d_1), & d_{ij} \in [d_1/2,d_2/2] \\ 0, & d_{ij} \notin [0,d_2/2] \end{cases}$$

第四灰类"差"$(e=4)$,设定灰类数$\otimes \in [0,d_1/4,d_1/2]$,白化权函数为$f_4$,表达式为:

$$f_4(d_{ij}) = \begin{cases} 2d_{ij}/d_1, & d_{ij} \in [0,d_1/4] \\ 4-2d_{ij}/d_1, & d_{ij} \in [d_1/4,d_1/2] \\ 0, & d_{ij} \notin [0,d_1/2] \end{cases}$$

其中,$d_1$、$d_2$分别为评价样本矩阵中间数和最大数,本文中$d_1=4$,$d_2=6$。

③ 计算灰色评价系数及权矩阵

对评价指标$C_i$,属于$e$个评价灰类的灰色评价系数记为$a_{ie}$,属于不同评价灰类的总评价数记为:

$$a_{ie} = \sum_{j=1}^{m} f_e(d_{ij}), \quad a_i = \sum_{e=1}^{4} a_{ie}, \quad i=1,2,\cdots,n$$

由此,评价指标$C_i$的第$e$个灰类的灰色评价权记为:$r_{ie} = a_{ie}/a_i$,则每个评价指标的灰色评价权向量为:$r_i = (r_{i1},r_{i2},r_{i3},r_{i4})$,$i=1,2,\cdots,n$。

由属于准则层$p_i$的$t$个指标的评价灰类向量构成了灰色评价矩阵$R_i$:

$$R_i = \begin{pmatrix} r_1 \\ r_2 \\ \cdots \\ r_t \end{pmatrix} \begin{pmatrix} r_{11} & r_{12} & r_{13} & r_{14} \\ r_{21} & r_{22} & r_{23} & r_{24} \\ \cdots & \cdots & \cdots & \cdots \\ r_{t1} & r_{t2} & r_{t3} & r_{t4} \end{pmatrix}$$

若中$r_{ij}$第$q$个权重最大,即$ri_{jq} = \max(r_{i1},r_{i2},r_{i3},r_{i4})$,着评价指标属于第$q$个评价灰类。

④ 计算综合评价

对指标层$C_i$作综合评价,其评价结果记为$B_i$,则有:

$$B_i = A_i \cdot R_i = (b_{i1},b_{i2},b_{i3},b_{i4}), \quad i=1,2,3$$

由综合评价结果构成准则层$P$对于各评价灰类的灰色评价权矩阵$B$:

$$B = \begin{pmatrix} B_1 \\ B_2 \\ B_3 \end{pmatrix} \begin{pmatrix} b_{11} & b_{12} & b_{13} & b_{14} \\ b_{21} & b_{22} & b_{23} & b_{24} \\ b_{31} & b_{32} & b_{33} & b_{34} \end{pmatrix}$$

于是,对于准则层作综合评价,其结果记为:$R = A \cdot B = (R_1, R_2, R_3, R_4)$。

根据综合评价结果 $R$,可以由不同的划分原则确定评价指标所属的灰类等级,在此按最大原则,计算综合评价值:$S = R \cdot C^T$,其中,$C$ 为个灰类等级按"灰水平"赋值形成的向量,本文采用 $C = (d_2, d_1, d_2/2, d_1/2)$。

(3)层次分析法与灰色层次分析法的比较

对比两种方法的计算过程可以看到,层次分析法概念直观,计算方便,容易理解。但是该方法最大的缺憾是主观性强,客观性较差。由于样本的重要性本身就是个模糊的概念,所以对于样本的重要性比较,不同的人可能给出不同的结论,而且根据个人的素质、学识、能力与价值观等,难免会对某些样本产生过于偏爱的倾向。另外,该方法在实际操作中,要请相关方面的专家、有经验的人员等进行判断,同时还要考虑到专家的结构和素质。所以,该方法虽然计算方便,但它的实际操作过程却比较复杂。

相比之下,灰色层次分析法的最大优点是客观性强,避免了人的主观判断带来的影响。该方法利用样本数据经过一系列的数学计算,得到权重,实际上结论完全是由数字信息得来的。相对于层次分析法来说,该方法的操作比较简单,应用者一旦掌握,可以自己对数据进行处理,得到结论。但该方法的计算相对较为复杂,如果不熟悉的话,建议采用层次分析法。

综上所述,层次分析法概念直观,计算方便,容易理解,但是主观性强,客观性较差且精确度不高。反观灰色层次分析法客观性较强,精确度较高,但是计算比较繁琐。因此,我们得出以下结论。

更适合用层次分析法的情形有:

① 决策分析中,存在一些无法测量的因素。

② 决策因素不会过多且决策时间充足的情况下。

③ 对决策结果精确度要求不高。

④ 无结构特性的系统评价以及多目标、多准则、多时期等的系统评价。

⑤ 特征值和特征向量的精确求法比较简单。

更适合用灰色层次分析法的情形有:

① 指标过多时数据统计量大,且权重难以确定。

② 因素过多时,标度工作量大,大大影响判断矩阵的准确性。

③ 对结果的精确度要求高。

④ 动态历程的分析。

⑤ 要在短时间内做出决策的情况下(对灰色计算有一定的了解)。

### 4.3.3　区间层次分析法(**IAHP**)

(1)IAHP 研究目的及方法概述

层次分析法的应用日益广泛,在应用中,AHP 得到了不少改进和发展,但它的局限性也逐渐暴露出来。在建立模型时,它使用的是传统数学的方法,处理的数据是"点"数据或"刚性"数据。而现实的社会经济系统则是柔性系统,所研究的问题是柔性问题,用传统的数学方法描述未必有效。在管理工作中,由于信息不完备,人们做决策时,往往会出现判断不确定的情况,用传统精确的 AHP 方法处理不确定性问题,显然是不合适的。

AHP 方法将测度理论引入社会经济系统,用相对标度代替绝对标度,并充分利用人的经验和判断能力,其比例标度采用 1 ~ 9 之间的整数及其倒数,符合人们进行判断时的心理习惯。但对不确定性的判断,采用区间标度则更为合适,其判断矩阵以区间判断矩阵给出,然后用区间判断矩阵导出被比较元素的权值区间,计算出各层元素的组合权重区间。

区间判断矩阵在取用原始数据时充分体现决策者的偏好和经验,从开始就体现管理者决策者的意图,而且计算结果是区间形式的权重矢量。在对方案进行排序时,仍需要决策者参与,根据实际问题的特点和决策者的偏好来进行。这样,区间层次分析法贯穿于决策的全过程,成为整个决策的一部分。

(2)区间层次分析法与层次分析法的比较

与 AHP 相比,IAHP 在做两两判断形成区间数判断矩阵时,其元素用一个区间表示,区间中点和宽度分别用不同的标度来确定,区间中点的确定可采用传统的 9 标度法。其意义同 AHP 的规定,区间的中点,可以理解为判断区间的中点,可以理解为判断的一个基数,或随机变量在判断区间标度的均值。基数确定后,再根据该判断矩阵的模糊性和不确定性,给出该判断的可能取值范围或变异程度,即区间的宽度。

### 4.3.4　模糊综合评价法(**FCE**)

(1)模糊综合评价法介绍

模糊综合评价法是一种出现历史很早的评价方法,最早使用于 20 世纪 60 年代,这种算法的设计初衷是将评价方法扩展到超越是和否两个极端的更大范围中,即刻画中间状态。模糊综合评价法是利用模糊集理论进行评价的一种方法。具体地说,该方法是应用模糊关系合成的原理,从多个因素对被评判事物隶属等级状况进行综合性评判的一种方法。模糊综合评价法不仅可以对评价对象按综合分值的大小进行评价和排序,而且还可根据模糊评价集上的值按最大隶属度原则去评定对象所属的等级。

模糊综合评价法中存在三个主要的要素 U、V 和 R,其中 U 为刻画被评价对象的各种指标,其表达式为 $U = \{u_1, u_2, \cdots, u_m\}$,$m$ 表示评价因素的个数,其中评价因素内部可以分为诸多级别,级别与级别之间可以呈现包含的关系,只要满足对于最高一级的评价子集,满足 $U = U_1 \cup U_2 \cup \cdots \cup U_s$ 即可。V 表示每一项评价因素的评价等级,针对每一项指标可以设计三到五个评价等级。R 代表每一项评价指标对于最重评价结果的影响权重。在早期模糊综合评价法的运用中,权重这一项通常通过专家估计法、德尔菲法(专家调查法)等方式获得,主观性较强,准确度不够高。

模糊综合评价法可分为六个主要步骤:

① 确定评价因素的个数($U$)。

② 确定评价因素的评级标准($V$)。

③ 确定各评价因素的权重($R$)。

④ 对每一个单一元素进行模糊性评价,确定模糊关系矩阵。

⑤ 针对多个指标进行综合测评。

⑥ 对结果进行分析。

(2)模糊综合评价法与层次分析法的关系

由以上部分我们可以得知,层次分析法的运算结果呈现形式就是经过层次划分的诸多评价因素,以及他们每一项对评价结果的权重,并得到各项指标的权重比较的排序。这一部分恰好能满足模糊综合法对 $U$(评价因素个数)及 $R$(各评价标准权重)的要求,因此,层次分析法可以作为模糊综合评价法的一部分,辅助确定评价因素的权重,从而实现评价。

(3)计算方法

① 首先通过主观判断,获得评价的诸多指标,为便于权重分配和评议。可以按评价因素的属性将评价因素分成若干类,把每一类都视为单一评价因素,并称之为第一级评价因素。第一级评价因素可以设置下属的第二级评价因素,第二级评价因素又可以设置下属的第三级评价因素,依此类推获得分层次的指标。

② 根据 AHP 方法确定各项指标的权重。

③ 进行单因素模糊评价,确立模糊关系矩阵 R。单独从一个因素出发进行评价,以确定评价对象对评价集合 V 的隶属程度,称为单因素模糊评价。在构造了

等级模糊子集后,就要逐个对被评价对象从每个因素 $u_i$ 上进行量化,也就是确定从单因素来看被评价对象对各等级模糊子集的隶属度,进而得到模糊关系矩阵。

其中 $r_{ij}$ 表示某个被评价对象从因素 $u_i$ 来看对等级模糊子集 $v_j$ 的隶属度。一个被评价对象在某个因素 $u_i$ 方面的表现是通过模糊矢量 $r_i$ 来刻画的,$r_i$ 称为单因素评价矩阵,可以看作是因素集 $U$ 和评价集 $V$ 之间的一种模糊关系,即影响因素与评价对象之间的"合理关系"。值得注意的是,在确定隶属关系时,通常是由专家或与评价问题相关的专业人员依据评判等级对评价对象进行打分,然后统计打分结果,最后可以根据绝对值减数法求得。

④ 利用合适的模糊合成式子将模糊权矢量 $A$ 与模糊关系矩阵 $R$ 合成得到各被评价对象的模糊综合评价结果矢量 $B$。处理模糊综合评价矢量 $B = (b_1, b_2, \cdots, b_n)$ 常用的两种方法:

最大隶属度原则:如果模糊综合评价结果矢量中存在 $b_r$ 等于模糊综合评价矢量中最大的,则被评价对象总体上来讲隶属于第 $r$ 等级。

加权平均原则:将等级看作一种相对位置,使其连续化。为了能定量处理,不妨用"$1, 2, 3, \cdots, m$"以此表示各等级,并称其为各等级的秩。

(4)模糊综合评价法优点综述

① 在一些传统观点看来无法进行数量分析的问题上,显示了模糊综合评价法的应用前景,它很好地解决了判断的模糊性和不确定性问题。

② 克服了传统数学方法结果单一性的缺陷,结果包含的信息量丰富。

③ 模糊的方法更接近于东方人的思维习惯和描述方法,因此,它更适用于对社会经济系统问题进行评价。

**参考文献**

[1]徐扬,刘家忠. 模糊层次分析法权重研究[J]. 系统工程理论与实践,2006(9).

[2]肖俊,王成山. 区间层次分析法的权重求解方法求探[J]. 系统工程与电子技术,2004(11).

[3]李恩科,马玉祥. 信息系统综合评价的灰色层次分析法[J]. 情报学院,2001(4).

[4]肖俊,王凤章. 区间层次分析法的权重求解方法比较研究[J]. 电力系统及其自动化,2004(3).

# 第 5 章

# 回归分析法

## 5.1 回归分析法概述

### 5.1.1 起源

"回归"是由英国著名生物学家兼统计学家高尔顿(Galton)在研究人类遗传问题时提出来的。为了研究父代与子代身高的关系,高尔顿搜集了1078位父亲及其儿子的身高数据。他发现这些数据的散点图大致呈直线状态,也就是说,总的趋势是父亲的身高增加时,儿子的身高也倾向于增加。但是,高尔顿对试验数据进行了深入的分析,发现了一个很有趣的现象——"回归"效应。因为当父亲高于平均身高时,他们的儿子身高比他更高的概率要小于比他更矮的概率;父亲矮于平均身高时,他们的儿子身高比他更矮的概率要小于比他更高的概率。它反映了一个规律,即这两种身高父亲的儿子的身高,有向他们父辈的平均身高回归的趋势。对于这个一般结论的解释是:大自然具有一种约束力,使人类身高的分布相对稳定而不产生两极分化,这就是所谓的回归效应。

1855年,高尔顿发表《遗传的身高向平均数方向的回归》一文,他和他的学生卡尔·皮尔逊(Karl Pearson)通过观察1078对夫妇的身高数据,以每对夫妇的平均身高作为自变量,取他们的一个成年儿子的身高作为因变量,分析儿子身高与父母身高之间的关系,发现父母的身高可以预测子女的身高,两者近乎一条直线。当父母越高或越矮时,子女的身高会比一般儿童高或矮,他将儿子与父母身高的这种现象拟合出一种线形关系,分析出儿子的身高 $y$ 与父亲的身高 $x$ 大致可归结为以下关系:

$y = 33.73 + 0.516x$（单位：英寸）

根据换算公式 1 英寸 $= 0.0254$ 米，1 米 $= 39.37$ 英寸

所以：$y = 0.8567 + 0.516x$（单位：米）

这种趋势及回归方程表明，父母身高每增加一个单位时，其成年儿子的身高平均增加 0.516 个单位。这就是回归一词最初在遗传学上的含义。

有趣的是，通过观察，高尔顿还注意到，尽管这是一种拟合较好的线形关系，但仍然存在例外现象：矮个父母所生的儿子比其父要高，身材较高的父母所生子女的身高却回降到多数人的平均身高。换句话说，当父母身高走向极端，子女的身高不会像父母身高那样极端化，其身高要比父母们的身高更接近平均身高，即有"回归"到平均数去的趋势，这就是统计学上最初出现"回归"时的含义，高尔顿把这一现象叫作"向平均数方向的回归"（Regression Toward Mediocrity）。虽然这是一种特殊情况，与线形关系拟合的一般规则无关，但"线形回归"的术语却因此沿用下来，作为根据一种变量（父母身高）预测另一种变量（子女身高）或多种变量关系的描述方法。

### 5.1.2　简介

在统计建模中（Statistical Modeling），回归分析（Regression Analysis）是一个用于评估变量间相关性的统计过程。它包括了很多建模并分析多元变量（Several Variables）的技术，但主要目的还是研究一个因变量和多个自变量之间的关系。具体说来，回归分析有助于理解因变量的范值是怎样根据每个不同的自变量的变化而变化的，通常表现为它由给定的自变量估计出因变量的条件期望值。少数时候，也会有给定自变量得出的因变量的条件分布的分位数和其他位置参数。在所有情况下，估计的目标是一个自变量的函数叫作回归函数（Regression Function）。在回归分析中，因变量根据回归函数的变化被特征化，表现为概率分布。

现在，回归分析被广泛运用于预测和预报，在很大程度上与机器学习的领域重叠。它也常常被用来理解在一些自变量中哪些与因变量相关，并且能够发现这些关系的形式。在受限的条件下，回归分析可以用来推断自变量和因变量的因果关系。但是它并不精确，有时会得出一些迷惑性的或错误的结果，毕竟相关性并不等于因果性。

从狭义上说，回归特指对连续响应变量的估计，而不是用在分类中的离散响应变量。连续输出变量的情况下可以更具体地把它认为是度量回归（Metric Regression）以区分相关问题。

### 5.1.3 定义

利用数据统计原理,对大量统计数据进行数学处理,并确定因变量与某些自变量的相关关系,建立一个相关性较好的回归方程(函数表达式),并加以外推,用于预测今后的因变量的变化的分析方法。

在回归分析中,如果研究的是一元线性回归模型,就叫一元线性回归分析;如果研究的是多元线性回归模型,就叫多元线性回归分析。

回归分析研究一个变量与另一个或多个变量之间的关系,实际上是将相关现象间不确定的数量关系一般化,采用的方法是配合直线或曲线,用这条直线或曲线来代表现象之间的一般数量关系。这条直线或曲线叫回归直线或回归曲线。

### 5.1.4 分类

① 根据因变量和自变量的个数来分类,可分为一元回归分析和多元回归分析。

② 根据因变量和自变量的函数表达式来分类,可分为线性回归分析和非线性回归分析。

通常情况下,线性回归分析是回归分析法中最基本的方法,当遇到非线性回归分析时,可以借助数学手段将其化为线性回归。因此,主要研究线性回归问题,一但线性回归问题得到解决,非线性回归也就迎刃而解了,例如,取对数使得乘法变成加法等。当然,有些非线性回归也可以直接进行,如多项式回归等。

### 5.1.5 回归分析法与相关分析法的联系与区别

回归分析与相关分析有着密切的联系。一方面,相关分析是回归分析的基础和前提,如果缺少相关分析,没有从定性上说明现象之间是否具有相关关系,没有对相关关系的密切程度做出判断,就不能进行回归分析,即使勉强进行了回归分析,也是没有意义的;另一方面,回归分析是相关分析的深入和继续,仅仅说明现象间具有密切的相关关系是不够的,只有进行了回归分析,拟合了回归方程,才可能进行有关的分析和预测,相关分析才有实际的意义。

回归分析与相关分析有如下区别:

① 相关分析所研究的两个变量是对等关系,回归分析所研究的两个变量不是对等关系,必须根据研究目的,先确定一个为解释变量,另一个为被解释变量。

② 相关分析对资料的要求是,两个变量都必须是随机的,而回归分析对资料

的要求是,解释变量是固定的,被解释变量是随机的。

③ 相关分析不考虑变量之间的因果关系,而回归分析强调因果关系。所以,如果两变量具有回归关系,则一定是相关关系,反之不成立,因为相关并不意味着因果关系存在。

### 5.1.6　回归模型

设我们要研究变量 $y$ 与 $x$ 之间的统计关系,希望找出 $y$ 的值是如何随 $x$ 的变化而变化的规律,这时称 $y$ 为因变量,$x$ 为自变量。通常 $x$ 被认为是非随机变量,它是可以精确测量或严格控制的;$y$ 是一个随机变量,它是可观测的,但存在测量误差。于是 $y$ 与 $x$ 的关系可表示为:

$$y = f(x) + \varepsilon \quad ①$$

其中 $\varepsilon$ 是一切随机因素影响的总和,有时也简称为随机误差。通常假设 $\varepsilon$ 满足 $E(\varepsilon) = 0, D(\varepsilon) = \sigma^2$。

由①得到:

$$E(y) = f(x) \quad ②$$

② 式称为理论回归方程。由于 $f(x)$ 的函数形式未知,或者 $f(x)$ 的函数形式已知,但其中含有未知参数,即 $f(x, \beta_0, \beta_1, \cdots, \beta_l)$,其中"$\beta_0, \beta_1, \cdots, \beta_l$"为未知参数。所以理论回归方程一般无法直接写出。

为了得到理论回归方程的近似表达式,通常先对 $f(x)$ 的函数形式做出假定,然后通过观测得到关于 $(x, y)$ 的 $n$ 组独立观测数据 $(x_i, y_i)(i = 1, 2, \cdots, n)$。利用这些观测数据来估计出 $f(x, \beta_0, \beta_1, \cdots, \beta_l)$ 中的未知参数,得到经验回归方程:

$$\hat{y} = f(x, \hat{\beta}_0, \hat{\beta}_1, \cdots, \hat{\beta}_l) \quad ③$$

③ 式又称为回归方程,$f(x)$ 称为 $y$ 对 $x$ 的回归函数。当 $f(x)$ 是线性函数时,③ 式称为线性回归方程,而获得线性回归方程的方法称为线性回归分析。

若所进行的线性回归分析中自变量是一元的,则称之为一元线性回归分析;若自变量是多元的,则称之为多元线性回归分析。

回归分析在数学建模中的应用非常广泛,其主要作用有:

(1)根据所给的数据,在误差尽可能小的条件下,建立因变量 $y$ 与自变量"$x_1$,$x_2, \cdots, x_m$"之间的回归方程,并利用此方程对变量 $y$ 进行预测或控制。

(2)判断自变量"$x_1, x_2, \cdots, x_m$"中,哪些变量对 $y$ 的影响是显著的,哪些变量的影响是不显著的。

(3)估计多项式插值函数的系数。

## 5.2 一元线性回归分析

一元线性回归分析是指获得一元线性回归方程的方法。

### 5.2.1 数学模型的建立

设变量 $y$ 与 $x$ 之间存在统计关系,通过观测得到关于 $(x,y)$ 的 n 对独立观测数据:

$$(x_1,y_1)(x_2,y_2),\cdots,(x_n,y_n) \quad ④$$

在平面直角坐标系中,描出每对观测数据 $(x_i,y_i)(i=1,2,\cdots,n)$ 所对应的点,得到的图称为散点图。若散点图呈直线状,则可以假定变量 $y$ 与 $x$ 之间有如下关系:

$$y=\beta_0+\beta_1 x+\varepsilon \quad ⑤$$

其中 $y$ 为随机变量,$x$ 为非随机变量,$\beta_1$ 称为回归系数。$\varepsilon$ 为随机变量,称为随机误差,它可以理解为 $y$ 中无法用 $x$ 表示的其他各种随机因素造成的误差。我们的问题是要用 $\beta_0+\beta_1 x$ 来估计 $y$ 的均值,即:

$$E(y)=\beta_0+\beta_1$$

且假定 $\varepsilon \sim N(0,\sigma^2)$,$y \sim N(\beta_0+\beta_1 x,\sigma^2)$,$\beta_0$、$\beta_1$、$\sigma^2$ 是与 $x$ 无关的待定常数。因此,变量 $(x,y)$ 的 $n$ 对独立观测数据 $(x_i,y_i)(i=1,2,\cdots,n)$ 应满足

$$\begin{cases} y_1=\beta_0+\beta_1 x_1+\varepsilon_1 \\ y_2=\beta_0+\beta_1 x_2+\varepsilon_2 \quad ⑥ \\ y_n=\beta_0+\beta_1 x_n+\varepsilon_n \end{cases}$$

其中 $\beta_0$、$\beta_1$ 为待估参数,"$\varepsilon_0,\varepsilon_1,\cdots,\varepsilon_n$" 为 $n$ 个相互独立的且服从同一正态分布 $N(0,\sigma^2)$ 的随机变量。⑥ 式称为一元线性回归的数学模型。

为了得到回归方程

$$\dot{y}=\beta_0+\beta_1 x \quad ⑦$$

我们需要利用观测数据 $(x_i,y_i)(i=1,2,\cdots,n)$ 来估计参数 $\beta_0$、$\beta_1$,而估计参数的原则是使 $\sum_{i=1}^{n}\varepsilon_i^2$(误差平方和)尽可能的小。又因为

$$Q(\beta_0,\beta_1)=\sum_{i=1}^{n}\varepsilon_i^2=\sum_{i=1}^{n}(y_i-\beta_0-\beta_1 x_i)^2 \quad ⑧$$

所以 "$\beta_0$,$\beta_1$" 的估计值 "$\hat{\beta}_0$,$\hat{\beta}_1$" 应为下方程组的解:

$$\begin{cases} \dfrac{\partial Q(\beta_0,\beta_1)}{\partial \beta_0} = -2\sum\limits_{i=1}^{n}(y_i - \beta_0 - \beta_1 x_i) = 0 \\ \dfrac{\partial Q(\beta_0,\beta_1)}{\partial \beta_0} = -2\sum\limits_{i=1}^{n}(y_i - \beta_0 - \beta_1 x_i)x_i = 0 \end{cases} \qquad ⑨$$

记 $\overline{X} = \dfrac{1}{n}\sum\limits_{i=1}^{n}x_i$，$\bar{y} = \dfrac{1}{n}\sum\limits_{i=1}^{n}y_i$，则方程组⑨化为：

$$\begin{cases} n\beta_0 + n\bar{x}\beta_1 = n\bar{y}, \\ n\bar{x}\beta_0 + (\sum\limits_{i=1}^{n}x_i^2)\beta_1 = \sigma_{i=1}^{n}x_i y_i \end{cases} \qquad ⑩$$

方程组称为正规方程组。由于

$$\begin{vmatrix} n & n\bar{x} \\ n\overline{X} & \sum\limits_{i=1}^{n}x_i^2 \end{vmatrix} = n\sum\limits_{i=1}^{n}(x_i - \overline{X})^2 \neq 0$$

所以方程组有唯一解，其解为：

$$\hat{\beta}_1 = \dfrac{\sum\limits_{i=1}^{n}(x_i - \overline{X})(y_i - \bar{y})}{\sum\limits_{i=1}^{n}(x_i - \overline{X})^2}$$

$$\hat{\beta}_1 = \bar{y}\hat{\beta}_1\overline{X} \qquad ⑪$$

若记

$$L_{xx} = \sum\limits_{i=1}^{n}(x_i - \overline{X})^2$$

$$L_{xy} = \sum\limits_{i=1}^{n}(x_i - \overline{X})(y_i - \bar{y})$$

则⑪可化为：

$$\hat{\beta}_1 = \dfrac{L_{xy}}{L_{xx}}, \hat{\beta}_0 = \bar{y} - \hat{\beta}_1\overline{X} \qquad ⑫$$

所求回归方程为：

$$\hat{y} = \hat{\beta}_0 + \hat{\beta}_1 x \qquad ⑬$$

这种以误差平方和达到最小为原则的参数估计方法为最小二乘估计。

### 5.2.2 回归方程的显著性检验

变量 $y$ 与 $x$ 之间存在线性统计关系只是一种直观判断，并不可靠。一旦变量 $y$ 与 $x$ 之间不存在线性统计关系，则我们所确定的回归方程将毫无意义。因此，在建立了回归方程后，我们必须对变量 $y$ 与 $x$ 之间是否真正存在线性统计关系进行检验，这就是所谓的回归方程显著性检验。

对回归方程⑬进行显著性检验,就是要检验假设

$$H_0 : \beta_1 = 0$$

当 $H_0$ 为真时,模型⑥不成立,即 $y$ 与 $x$ 之间不存在线性统计关系;当 $H_0$ 为不真时,模型⑥成立,即 $y$ 与 $x$ 之间存在线性统计关系。

为了检验假设 $H_0$,需要建立检验统计量。在建立检验统计量之前,首先对引起数据" $y_1, y_2, \cdots, y_n$ "波动的主要因素进行分析。归纳起来引起数据" $y_1, y_2, \cdots, y_n$ "波动的主要因素有两个:

(1)由自变量 $x$ 取值的不同引起 $E(y) = \beta_0 + \beta_1 x$ 的变化,称为回归因素。

(2)其他一切随机因素(包括试验误差)的影响,称为误差因素。

为了检验两方面的影响哪一个是主要的,需要把它们从 $y$ 的总离差中分解出来,这就是所谓的总离差平方和的分解。

观测值 $y_i ( i = 1, 2, \cdots, n)$ 的总离差

$$L_{yy} = \sum_{i=1}^{n} ( y_i - \bar{y} )^2$$

可以证明

$$L_{yy} = \sum_{i=1}^{n} ( y_i - \bar{y} )^2 = \sum_{i=1}^{n} ( y_i - \hat{y}_i )^2 + \sum_{i=1}^{n} ( \hat{y} - \bar{y} )^2$$

其中 $\hat{y}_i ( i = 1, 2, \cdots, n)$ 是回归方程 $\hat{y} = \hat{\beta}_0 + \hat{\beta}_1 x$ 在 $x_i ( i = 1, 2, \cdots, n)$ 处的函数值,即

$$\hat{y} = \hat{\beta}_0 + \hat{\beta}_1 x_i ( i = 1, 2, \cdots, n)$$

$\hat{y}_i ( i = 1, 3, \cdots, n)$ 称为理论值,并且其平均值也是,记为:

$$U = \sum_{i=1}^{n} ( \hat{y}_l - \bar{y} )^2, Q = \sum_{i=1}^{n} ( y_i - \hat{y}_l )^2 \quad ⑯$$

则 $U = \sum_{i=1}^{n} ( \hat{y}_1 - \bar{y} )^2$ 是" $\hat{y}_1, \hat{y}_2, \cdots, \hat{y}_n$ "描述的离散程度的平方和,$U$ 的大小反映了的变化对 $y_i ( i = 1, 2, \cdots, n)$ 波动的影响,因此称 $U$ 为回归平方和,其自由度为1(因为自变量的个数是1)。而 $Q = \sum_{i=1}^{n} ( y_i - \hat{y}_l )^2$ 是反映其他一切随机因素(包括试验误差)对 $y_i ( i = 1, 2, \cdots, n)$ 波动的影响,称为剩余平方和(或残差平方和),其自由度为 $L_{yy}$ 的自由度减去1,即 $( n - 1 ) - 1 = n - 2$。

由回归方和 $U$ 及剩余平方和 $Q$ 的意义可知,$y$ 与 $x$ 之间是否存在线性统计关系,取决于 $U$ 及 $Q$ 在 $L_{yy}$ 中所占的比例大小,或者看 $\dfrac{U}{Q}$ 的大小,这个比值越大,说明 $x$ 对 $y$ 的线性影响越大。

可以证明 $\dfrac{Q}{\sigma^2} \sim x^2(n-2)$，且 $U$ 与 $Q$ 相互独立。

而在假设 $H_0$ 成立的条件之下有：

$$\frac{U}{\sigma^2} \sim x^2(1)$$

因此，由 $F$ 分布的定义知，在 $H_0$ 成立的条件下，

$$F = \frac{u}{Q\big/_{(n-2)}} \sim F(1, n-2) \quad ⑰$$

有了检验统计量 F，在给定的显著性水平 $\alpha$ 下，假设 $H_0$ 的拒绝域为：

$$F > F_\alpha(1, n-2)$$

若假设 $H_0$ 被拒绝，则回归方程⑬的回归效果是显著的，这说明变量 $y$ 与 $x$ 之间存在显著的线性统计关系；否则回归方程⑬的回归效果是不显著的，这说明变量 $y$ 与 $x$ 之间不存在显著的线性统计关系。

回归平方和 $U$ 与剩余平方和 $Q$ 也可采用下述简便公式计算：

$$U = \hat{\beta}_1 l_{xx} \text{或} U = \hat{\beta}_1 l_{xy}, Q = L_{yy} - U \quad ⑱$$

## 5.3  多元线性回归分析

多元线性回归分析是研究一个变量与一组变量的依存关系，即研究一组自变量是如何直接影响一个因变量的。

多元线性回归试图通过拟合线性方程给两个或多个解释变量（自变量）与一个响应变量（因变量）之间的关系建立模型，从而观测数据。每个自变量 $x$ 的值都与一个因变量 $y$ 的值相关。若将响应变量 $y$ 的条件期望表示为解释变量 $x$ 的函数，则称该函数为总体回归函数。当解释变量分别为"$x_1, x_2, x_3, \cdots, x_m$"时，回归模型的一般表示形式为 $Y = \beta_0 + \beta_1 x_1 + \beta_2 x_2 + \cdots + \beta_m x_m + e$，其中 $\beta_0$ 为常数项，"$\beta_1, \beta_2, \cdots, \beta_m$"为偏回归系数，表示在其他自变量保持不变时，$x_j$ 增加或减少一个单位时 $Y$ 的平均变化量。$e$ 是去除 $m$ 个自变量对 $Y$ 影响后的随机误差（残差）。$Y$ 可以近似地表示为自变量"$x_1, x_2, \cdots, x_m$"的线性函数。

### 5.3.1 能够进行多元回归分析的条件

(1)因变量是连续随机变量。

(2)自变量是固定数值型变量,且相互独立。

(3)$Y$ 与"$x_1, x_2, \cdots, x_m$"之间具有线性关系。

(4)各观测值 $Y_i(i = 1, 2, \cdots, n)$ 相互独立。

(5)对任意一组自变量"$x_1, x_2, \cdots, x_m$",应变量 $Y$ 具有相同的方差,且服从正态分布。

### 5.3.2 使用多元回归分析的一般步骤

(1)求偏回归系数"$b_1, b_2, \cdots, b_m$"。

(2)建立回归方程 $\hat{y} = b_0 + b_1x_1 + b_2x_2 + \cdots + b_mx_m$。

(3)诊断模型。

(4)检验并评价回归方程及各自变量的作用大小。

### 5.3.3 多元线性回归方程的建立

27 名糖尿病人的血清总胆固醇、甘油三酯、空腹胰岛素、糖化血红蛋白、空腹血糖的测量值列于表 5 - 1 中,试建立血糖与其他几项指标关系的多元线性回归方程。

表 5 - 1 27 名糖尿病人的血糖及有关变量的测量结果

| 序号 i | 总胆固醇 (mmol/L) $X_1$ | 甘油三酯 (mmol/L) $X_2$ | 胰岛素 (μU/ml) $X_3$ | 糖化血 红蛋白(%) $X_4$ | 血糖 (mmol/L) $Y$ |
|---|---|---|---|---|---|
| 1 | 5.68 | 1.90 | 4.53 | 8.2 | 11.2 |
| 2 | 3.79 | 1.64 | 7.32 | 6.9 | 8.8 |
| 3 | 6.02 | 3.56 | 6.95 | 10.8 | 12.3 |
| 4 | 4.85 | 1.07 | 5.88 | 8.3 | 11.6 |
| 5 | 4.60 | 2.32 | 4.05 | 7.5 | 13.4 |
| 6 | 6.05 | 0.64 | 1.42 | 13.6 | 18.3 |
| 7 | 4.90 | 8.50 | 12.60 | 8.5 | 11.1 |
| 8 | 7.08 | 3.00 | 6.75 | 11.5 | 12.1 |

| 序号 i | 总胆固醇<br>（mmol/L）<br>$X_1$ | 甘油三酯<br>（mmol/L）<br>$X_2$ | 胰岛素<br>（μU/ml）<br>$X_3$ | 糖化血<br>红蛋白(%)<br>$X_4$ | 血糖<br>（mmol/L）<br>$Y$ |
|---|---|---|---|---|---|
| 9 | 3. 85 | 2. 11 | 16. 28 | 7. 9 | 9. 6 |
| 10 | 4. 65 | 0. 63 | 6. 59 | 7. 1 | 8. 4 |
| 11 | 4. 59 | 1. 97 | 3. 61 | 8. 7 | 9. 3 |
| 12 | 4. 29 | 1. 97 | 6. 61 | 7. 8 | 10. 6 |
| 13 | 7. 97 | 1. 93 | 7. 57 | 9. 9 | 8. 4 |
| 14 | 6. 19 | 1. 18 | 1. 42 | 6. 9 | 9. 6 |
| 15 | 6. 13 | 2. 06 | 10. 35 | 10. 5 | 10. 9 |
| 16 | 5. 71 | 1. 78 | 8. 53 | 8. 0 | 10. 1 |
| 17 | 6. 40 | 2. 40 | 4. 53 | 10. 3 | 14. 8 |
| 18 | 6. 06 | 3. 67 | 12. 79 | 7. 1 | 9. 1 |
| 19 | 5. 09 | 1. 03 | 2. 53 | 8. 9 | 10. 8 |
| 20 | 6. 13 | 1. 71 | 5. 28 | 9. 9 | 10. 2 |
| 21 | 5. 78 | 3. 36 | 2. 96 | 8. 0 | 13. 6 |
| 22 | 5. 43 | 1. 13 | 4. 31 | 11. 3 | 14. 9 |
| 23 | 6. 50 | 6. 21 | 3. 47 | 12. 3 | 16. 0 |
| 24 | 7. 98 | 7. 92 | 3. 37 | 9. 8 | 13. 2 |
| 25 | 11. 54 | 10. 89 | 1. 20 | 10. 5 | 20. 0 |
| 26 | 5. 84 | 0. 92 | 8. 61 | 6. 4 | 13. 3 |
| 27 | 3. 84 | 1. 20 | 6. 45 | 9. 6 | 10. 4 |

若设 $Q = \Sigma (Y - \hat{y})^2 = \Sigma [Y - (b_0 + b_1 x_1 + b_2 x_2 + \cdots + b_m x_2)]^2$，则，根据最小二乘法的原理，求偏导可得：

$$\begin{cases} l_{11} b_1 + l_{12} b_2 + \cdots l_{1m} b_m = l_{1Y} \\ l_{21} b_1 + l_{22} b_2 + \cdots l_{2m} b_m = l_{2Y} \\ \cdots\cdots \\ l_{m1} b_1 + l_{m2} b_2 + \cdots l_{mm} b_m = l_{mY} \end{cases}$$

$$b_0 = \overline{Y} - (b_1 \overline{X}_1 + b_2 \overline{X}_2 + \cdots + b_m \overline{X}_m)$$

又故而

$$l_{ij} = \Sigma (X_i - \bar{X}_i)(X_j - \bar{X}_j) = \Sigma X_i X_j - \frac{\Sigma X_i \Sigma X_j}{n}, i,j = 1, 2, \cdots, m$$

$$l_{jY} = \Sigma (X_j - \bar{X}_j)(Y - \bar{Y}) = \Sigma X_j Y - \frac{\Sigma X_j \Sigma Y}{n}, j = 1, 2, \cdots, m$$

因此 $\dot{y} = 5.9433 + 0.1424 X_1 + 0.3515 X_2 - 0.2706 X_3 + 0.6382 X_4$

### 5.3.4 诊断模型

(1)假设条件

① 自变量之间不存在多重共线性。

② 自变量与残差独立。

③ 残差的均值为零,方差为常数。

④ 残差之间相互独立。

⑤ 残差服从正态分布。

(2)不满足以上假设导致的结果

① 结论不唯一。

② 模型中缺少重要自变量。

③ 参数估计出现偏倚。

④ 结果失真。

⑤ 统计检验结果出现偏倚。

### 5.3.5 假设检验及其评价

(1)对回归方程

① 方差分析法

$H_0 : \beta_1 = \beta_2 = \cdots = \beta_m = 0$

$H_1 :$ 各 $\beta_j (j = 1, 2, \cdots, m)$ 不全为 0

$SS_{总} = SS_{回} + SS_{残}$

$\alpha = 0.05$

$$F = \frac{SS_{回}/m}{SS_{残}/(n-m-1)} = \frac{MS_{回}}{MS_{残}}$$

$F \sim F(m, n-m-1)$

② 决定系数 $R^2$

$$R^2 = \frac{SS_{回}}{SS_{总}} = 1 = \frac{SS_{残}}{SS_{总}}$$

$0 \leqslant R^2 \leqslant 1$，说明自变量能够解释 $Y$ 变化的百分比，其值愈接近于 1，说明模型对数据的拟合程度愈好。

③ 复相关系数

可用来度量应变量 $Y$ 与多个自变量间的线性相关程度，亦即观察值 $Y$ 与估计值 $\hat{Y}$ 之间的相关程度。

计算公式为：$R = \sqrt{R^2}$，若只有一个自变量，则有 $R = |r|$，$r$ 为简单相关系数。

（2）对各自变量

① 偏回归平方和

回归方程中某一自变量 $x_j$ 的偏回归平方和表示模型中含有其他 $m-1$ 个自变量的条件下，该自变量对 $Y$ 的回归贡献，相当于从回归方程中剔除 $x_j$ 后所引起的回归平方和的减少量，或在 $m-1$ 个自变量的基础上新增加引起的回归平方和的增加量。

$$F_j = \frac{SS_{回}(X_j)/1}{SS_{残}/(n-m-1)}(v_1 = 1, v_2 = n-m-1)$$

其中，$SS_{回}(X_j)$ 表示偏回归平方和，其值愈大说明相应的自变量愈重要。一般情况下，$m-1$ 个自变量对 $Y$ 的回归平方和由重新建立的新方程得到，而不是简单地把从有 $m$ 个自变量的方程中剔出后算得。

② 检验法

检验法是一种与偏回归平方和检验完全等价的一种方法。计算公式为：

$$t_j = \frac{b_j}{S_{bj}}$$

其中，$b_j$ 为偏回归系数的估计值，$S_{bj}$ 是 $b_j$ 的标准误。

检验假设为：

$H_0 : \beta_j = 0$，$t_j$ 服从自由度为 $v = n-m-1$ 的 $t$ 分布。如果 $|t_j| \geqslant t_{a/2, n-m-1}$，则在 $a(0.05)$ 水平上拒绝 $H_0$，接受 $H_1$，说明 $x_j$ 与 $Y$ 有线性回归关系。

③ 标准化回归系数

变量标准化是将原始数据减去相应变量的均数，然后再除以该变量的标准差。$X_j = \frac{(X_j - \overline{X}_j)}{S_j}$

计算得到的回归方程称作标准化回归方程,相应的回归系数即为标准化回归系数。

$b_j = b_j \sqrt{\dfrac{l_{jj}}{l_{YY}}} = b_j(\dfrac{S_j}{S_Y})$,标准化回归系数没有单位,可以用来比较各个自变量 $x_j$ 对 $Y$ 的影响强度,通常在有统计学意义的前提下,标准化回归系数的绝对值愈大,说明相应自变量 $Y$ 的作用愈大。

### 5.3.6　自变量选择方法

（1）全局择优法

对自变量各种不同组合所建立的回归方程进行比较,使得预报的效果较优。全局择优法主要有两种选择策略,其一为校正决定系数选择法,其二是选择法。

对于校正决定系数选择法,计算公式为 $R_c^2 = 1 - (1 - R^2)\dfrac{n-1}{n-p-1} = 1 - \dfrac{MS_{残}}{MS_{总}}$, $n$ 为样本含量,为包含 $p$ 个自变量的回归方程的决定系数。 $R_c^2$ 的变化规律是:当 $R^2$ 相同时,自变量个数越多, $R_c^2$ 越小。所谓"最优"回归方程是指 $R_c^2$ 最大者。

对于选择法,计算公式为 $C_p = \dfrac{(SS_{残})_p}{(MS_{残})_m} - [n - 2(p+1)]$, $(SS_{残})_p$ 是由 $p(p \leqslant m)$ 个自变量作回归的误差平方和, $(MS_{残})_m$ 是从全部 $m$ 个自变量的回归模型中得到的残差均方。

当由 $p$ 个自变量拟合的方程理论上为最优时, $C_p$ 的期望值是 $p+1$ ,因此,应选择 $C_p$ 最接近 $p+1$ 的回归方程为最优方程。如果全部自变量中没有包含对 $Y$ 有主要作用的变量,则不宜用 $C_p$ 方法选择自变量。

（2）逐步选择法

逐步选择法主要分为前进法、后退法和逐步回归法。前进法即是将回归方程中的自变量从无到有、从少到多逐个引入回归方程,但该方法已经淘汰。后退法的基本思路是先将全部自变量选入方程,然后逐步剔除无统计学意义的自变量。其中,剔除自变量即是在方程中选一个偏回归平方和最小的变量,作 $F$ 检验来决定是否剔除。若无统计学意义则将其剔除,并对剩余的自变量建立新的回归方程。重复这一过程,直至方程中所有的自变量都不能剔除为止。逐步回归法是综合前进法和后退法进行双向筛选,但本质上是前进法。

### 5.3.7　多元线性回归分析在现实生活中的应用

（1）影响因素分析

在日常生活中,我们往往需要分析导致某种结果的原因。如分析导致高血压的原因时,可能会得出年龄、饮食习惯、吸烟状况、工作紧张度和家族史等原因。在影响高血压的众多因素中,需要研究哪些因素有影响,哪些因素影响较大,这些可以通过多元线性回归分析实现。当该因素的系数绝对值越大时,其影响力越大。尤其注意,当系数为 0 时,说明该因素并不是导致该结果的原因。

（2）估计与预测

在日常生活中,我们也常常需要对未来进行预测。如通过房屋面积、卧室数量、楼层数量、使用年限等一系列因素来估计房价;利用儿童的心脏横径、心脏纵径和心脏宽径来估计心脏的表面积;利用胎儿的孕龄、头颈、胸径和腹径等来预测出生儿体重;利用前一天股市的各类指标,来预测第二天股票的涨跌,等等。生活中很多时候都需要通过多元线性回归来预测。

（3）统计控制并逆估计

例如,采用射频治疗仪治疗脑肿瘤,脑皮质的毁损半径与射频温度及照射时间有线性回归关系,建立回归方程后可以按预先给定的脑皮质毁损半径,确定最佳控制射频温度和照射时间。

## 5.4　非线性回归分析

非线性回归,是在掌握大量观察数据的基础上,利用数理统计方法建立因变量与自变量之间的回归关系函数表达式(称回归方程式)。回归分析中,当研究的因果关系只涉及因变量和一个自变量时,叫作一元回归分析;当研究的因果关系涉及因变量和两个或两个以上自变量时,叫作多元回归分析。

### 5.4.1　非线性回归模型的直接代换

（1）多项式函数模型

$$y = \beta_0 + \beta_1 x1 + \beta_2 x_2^2 + \beta_3 x_3^3 + \cdots \beta_k x_k^k + \varepsilon$$

令 $z_1 = x_1$, $z_2 = x_2^2$, $z_k = x_k^k$, 原模型可化为线性形式:

$$y = \beta_0 + \beta_1 z1 + \beta_2 z_2 + \beta_3 z_3 + \cdots + \beta_k z_3 + \varepsilon$$

可利用线性回归分析方法处理。(注:新引进的自变量只能依赖于原始变量,而不能与未知参数有关)

任何一连续函数都可用分段多项式来逼近,所以在实际问题中,不论变量 $y$ 与其他变量的关系如何,在相当宽的范围内我们总可以用多项式来拟合。

(2)双曲线模型

$$y = \beta_0 + \beta_1 \frac{1}{x} + \varepsilon$$

令 $z = \frac{1}{x}$ 原模型可化为线性形式:

$$y = \beta_0 + \beta_1 z + \varepsilon$$

(注:可利用线性回归分析的方法处理)

(3)半对数函数模型和双对数函数模型

① 半对数函数模型

$$lny = \beta_0 + \beta_1 x + \varepsilon \quad y = \beta + \beta lnx + \varepsilon$$

② 双对数函数模型

$$lny = \beta_0 + \beta_1 lnx + \varepsilon$$

令 $y* = lny, x* = lnx$ 原模型可化为线性形式。

(4)三角函数回归模型

$$y = a + b \ sinx + \varepsilon$$

$$y = a + b \ cosx + \varepsilon$$

令 $x' = sin \ x$ 或者 $x' = cosx, y' = y$,则 $y' = a + bx' + \varepsilon$

(注:这类变换本身不涉及模型参数,其参数估计就是原模型的参数估计)

### 5.4.2 非线性模型的间接代换(对数变换法)

(1)指数曲线模型

$$y = \beta_0 x_1^{\beta_1} x_2^{\beta_2} \cdots x_k^{\beta_k} e^{\varepsilon}$$

对数变换:

$$lny = ln\beta_0 + \beta_0 1 lnx_1 + \beta_2 lnx_2 + \cdots + \beta_k lnx_k + \varepsilon$$

再采用前述代换的形式建立线性模型。

如:著名的柯布 - 道格拉斯(Cobb - Douglas)生产函数就是其中一个典型。

$$Q = AL^{\alpha} K^{\beta} e^{\varepsilon}$$

（2）幂函数曲线回归模型

$$y = aX^b \varepsilon$$

对数变换：

$$lny = lna + blnx + ln\varepsilon$$

令 $z_1 = lny, z_2 = lnx, \beta_0 = 1na, \beta_1 = b, \varepsilon' = ln\varepsilon$（注：模型变换涉及参数，估计参数后要还原），原模型可化为线性形式：

$$z_1 = \beta_0 + \beta_1 z_2 + \varepsilon'$$

### 5.4.3　不可转换成线性的趋势模型

（1）不可线性化模型

不可线性化模型：无论采取什么方式变换都不可能实现线性化的模型。

常用的处理方法：一般采用高斯—牛顿迭代法进行参数估计，即借助于泰勒级数展开式进行逐次的线性近似估计。

（2）迭代估计法

基本思路：通过泰勒级数展开使非线性方程在某一组初始参数估计值附近线性化；然后对这一线性方程应用 OLS 法，得出一组新的参数估计值；使非线性方程在新参数估计值附近线性化，对新的线性方程再应用 OLS 法，又得出一组新的参数估计值；不断重复上述过程，直至参数估计值收敛时为止。

（3）迭代估计法的 Eviews 软件实现

设定代估参数的初始值，可采用以下两种方式：

① 使用 param 命令。命令格式为 param 初始值1，初始值2，初始值3……

② 在工作文件窗口双击序列 C，并在序列窗口中直接输入参数的初始值（注意序列 C 中总是保留着刚建立模型的参数估计值，若不重新设定，系统自动将这些值作为参数的默认初始值）。

（4）估计非线性模型

1）命令方式

在命令窗口直接键入 NLS 非线性函数表达式，例如，对于非线性模型 $Y = AK^{\alpha}L^{\beta}$，其估计命令格式为 $NLS \cdot \ y = c(1) \times k^{\wedge}c(2) \times L^{\wedge}c(3)$

其中，$c(1)$、$c(2)$、$c(3)$ 表示待估计的三个参数 $A$、$\alpha$、$\beta$。回车后，系统会自动给出迭代估计的参数估计值。

2）菜单方式

在数组窗口，点击 Procs→Make Equation，在弹出的方程描述对话框中，输入非线性函数表达式：$y = c(1) \times k^{\wedge}c(2) \times L^{\wedge}c(3)$。

选择估计方法为最小二乘法后，点击 OK 按钮。

说明如下：

① 在方程描述对话框中，点击 Option 按钮，可以设置迭代估计的最大迭代次数（Max Iteration）和误差精度（Convergence），以便控制迭代估计的收敛过程。

② 利用 NLS 命令也可估计可划为线性的非线性回归模型。

例如：

$NLS\ y = c(1) + c(2)/x$

$NLS\ y = c(1) + c(2) \times ln(x)$

③ 迭代估计是一种近似估计，并且参数初始值和误差精度的设定不当还会直接影响模型的估计结果，甚至出现错误。

### 5.4.4　非线性回归应用的几个问题

对于参数估计，非线性回归模型参数估计的基本思想可以类似于线性估计，也是设法找到使 $Q = \Sigma(y_i - y'_i)^2 = min$ 的一组参数值。

① 求偏导为零，得未知参数的非线性方程组，一般用 Newton 迭代法求解。

② 直接极小化残差平方和，求出未知参数的非线性最小二乘估计。

③ 将非线性模型转化为线性模型再采用最小二乘估计。常用的转化方法有直接变换法、对数变换法、泰勒级数展开法等。

（注：在非线性最小二乘法中，一些精确的分布式很难得到的，在大样本时，可以得到近似分布，因此可以得到近似的参数的区间估计，显著性检验等回归诊断）

### 5.4.5　确定非线性模型形式的方法

非线性模型的形式复杂多样，如何根据实际的数据选择合适的模型是建模的关键。

（1）根据散点图来确定类型。

（2）根据一定得经济知识背景。

### 5.4.6　模型的比较

（1）首先应从经济学角度考虑，因为数据分析的目的是解释经济现象，所以要重视经济学理论和行为规律提供的理由。

（2）从统计分析角度来比较，最重要的是残差分析。如果残差平方和最小，并且看起来残差最随机,这样的模型应当选择。

### 5.4.7 实例分析

例:柯布 – 道格拉斯(Cobb – Douglas)生产函数

$Y = AL^{\alpha}K^{\beta}$;其中,$Y$ 为产出,$K$(资本),$L$(劳动力)为两个投入要素。$\alpha$、$\beta$ 为 $K$ 和 $L$ 的产出弹性。$A$、$\alpha$、$\beta$ 均为待估参数。

$\alpha$:产出对资本投入的弹性系数。度量在劳动投入保持不变时,资本投入增加 1%时,产出增加的百分比。

$\beta$:产出对劳动投入的弹性系数。度量在资本投入保持不变时,劳动投入增加 1%时,产出增加的百分比。

$\alpha + \beta$,表示规模报酬。

$\alpha + \beta = 1$,表示规模报酬不变,即1倍的投入带来倍的产出。

$\alpha + \beta < 1$,表示规模报酬递减,即1倍的投入带来少于1倍的产出。

$\alpha + \beta > 1$,表示规模报酬递增,即1倍的投入带来大于1倍的产出。

对 $C – D$ 生产函数,我们可以按两种形式设定随机误差项:

乘性误差项:

$$Y = AL^{\alpha}K^{\beta}e^{\varepsilon}$$

加性误差项:

$$Y = AL^{\alpha}K^{\beta} + \varepsilon$$

乘性误差项,可以线性化,两边取对数→线性形式→线性回归加性误差项,不可以线性化,用非线性最小二乘法求解。

## 5.5 回归分析法实例

### 5.5.1 一元线性回归分析

考察硫酸铜($CuSO_4$)在100克水中的溶解量与温度间的关系时,作了9组独立试验,结果见表5 – 2。试寻找隐藏在变量 y 与 x 之间的统计关系。

表 5 - 2  溶解量与温度数据表

| 温度 | 0 | 10 | 20 | 30 | 40 | 50 | 60 | 70 | 80 |
|------|-----|------|------|------|------|------|------|------|------|
| 溶解量 | 14.0 | 17.5 | 21.2 | 26.1 | 29.2 | 33.3 | 40.0 | 48.0 | 54.8 |

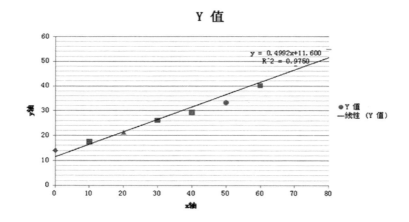

图 5 - 1  溶解量与温度关系散点图

（1）回归方程

以变量的 9 组独立观测数据为点的坐标，在平面直角坐标系中作散点图。由图可见变量 y 与 x 之间大致呈线性关系，因此我们设 $y = \beta_0 + \beta_1 x + \varepsilon$，其中 $\beta_0$ 和 $\beta_1$ 为待估参数，$\varepsilon$ 为随机误差，且设 $\varepsilon \sim N(0, \sigma^2)$。对 $\beta_0$ 和 $\beta_1$ 进行估计，计算结果如下：

$$x = 40, y = 31.567, L_{xy} = 2995, L_{xx} = 6000$$

$$\hat{\beta_1} = \frac{L_{xy}}{L_{xx}} = 0.4992, \hat{\beta_0} = \bar{y} - \hat{\beta_1}\bar{y} = 11.599$$

所求回归方程为：

$$\hat{y}11.599 + 0.4992x$$

（2）进行显著性检验

假设 $H_0: \beta_1 = 0$，有 $n = 9, L_{yy} = 1533.38$，且 $U = \hat{\beta_1}^2 L_{xx} = 0.4992 \times 6000 = 1495$，

$Q = L_{yy} - U = 1533.38 - 1495 = 38.38, F = \dfrac{U}{Q/_{n-2}} = \dfrac{1495}{5.4829} = 272.67$。

查表知 $F_{0.01}(1, 7) = 12.25$。因此，此回归方程的回归效果是极显著的，即例 1 中变量 y 与 x 之间存在着极显著的线性统计关系。

这样，当所建立的回归方程通过了显著性检验后，可应用该回归方程进行预

报。如在例 1 中,我们可以应用回归方程 $y = 11.599 + 0.4992x$ 预报水温为 25℃ 时,硫酸铜的溶解量。

$$\hat{y}|_{x=25} = 11.599 + 0.4992 \times 25 = 24.1$$

所以,当水温为 25℃ 时,硫酸铜的溶解量为 24.1 克。

### 5.5.2　多元线性回归分析

下面用梯度下降法解决多元线性回归案例(摘自 Andrew Ng 的 ML 课程案例)。

假设影响房屋价格的因素有房屋面积、卧室数量、楼层数量、使用年限(具体见表 5 - 3)。分别用 $x$ 来表示这四种特征量,用 $y$ 来表示预测的输出变量即房屋价格。

表 5 - 3　房屋价格与房屋面积、卧室数量、楼层数量和使用年限的相关数据

| Size(feet²) | Number of bedrooms | Number of floors | Age of home (years) | Price($1000) |
|---|---|---|---|---|
| 2014 | 5 | 1 | 45 | 460 |
| 1416 | 3 | 2 | 40 | 232 |
| 1523 | 3 | 2 | 30 | 315 |
| 852 | 2 | 1 | 36 | 178 |
| … | … | … | … | … |

若用 n 来表示特征数目,如此时 n = 4,m 表示样本条目,$x^{(i)}$ 表示训练样本的第 i 个特征向量。如 $x^{(2)} = [1416, 3, 2, 30]^T$,$x_j^{(i)}$ 表示第 i 个特征向量中第 j 个特征的值,如 $x_3^{(x)} = 2$。

假设 $H_0(x) = \theta^T x = \theta_0 x_0 + \theta_1 x_1 + \cdots + \theta_n x_n (note: x_0 = 1)$,参数为 $\theta$。其代价函数为 $j(\theta) = \dfrac{1}{2m} \sum_{i=1}^{m} (h_0(x^{(i)}) - y^{(i)})^2$,梯度下降法即为同时为每一个 $j = 0, 1, \cdots, n$,更新 $\theta_j = \theta_j - \alpha \dfrac{\partial}{\partial \theta_j} J(\theta)$,具体算法如下:

Repeat $\{\theta_j = \theta_j - \alpha \dfrac{\partial}{\partial \theta_j} J(\theta)\}$ simultaneously update for every$(j = 0, \cdots, n)$

根据以上原理,即可编程,解决此题。

### 5.5.3　非线性回归分析

研究南美斑潜蝇幼虫在不同温度条件下的发育速率,得到试验数据如下:

表5－4 南美斑潜蝇幼虫在不同温度条件下的发育速率

| 温度℃ | 17.5 | 20 | 22.5 | 25 | 27.5 | 30 | 35 |
|---|---|---|---|---|---|---|---|
| 发育速率 | 0.0638 | 0.0826 | 0.1100 | 0.1327 | 0.1667 | 0.1859 | 0.1572 |

根据以上数据拟合 logistic 模型：

$$V(t) = \frac{K}{1 + EXP(a - bt)}$$

（1）准备分析数据

在 SPSS 数据编辑窗口建立变量"$t$"和"$v$"两个变量，把表5－4 中的数据分别输入"温度"和"发育速率"对应的变量中。

（2）启动线性回归过程

单击 SPSS 主菜单的"Analyze"下的"Regression"中"Nonlinear"项，将打开如图所示的线回归对话窗口。

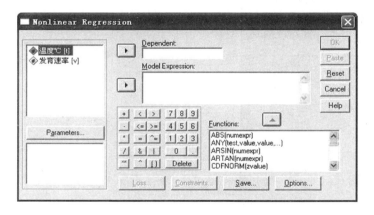

图5－2 Nonlinear 非线性回归对话窗口

（3）设置分析变量

设置因变量：从左侧的变量列表框中选择一个因变量进入"Dependent（s）"框。本例子选"发育速率[v]"变量为因变量。

（4）设置参数变量和初始值

单击"Parameters"按钮，将打开如图5－3 所示的对话框。该对话框用于设置参数的初始值。

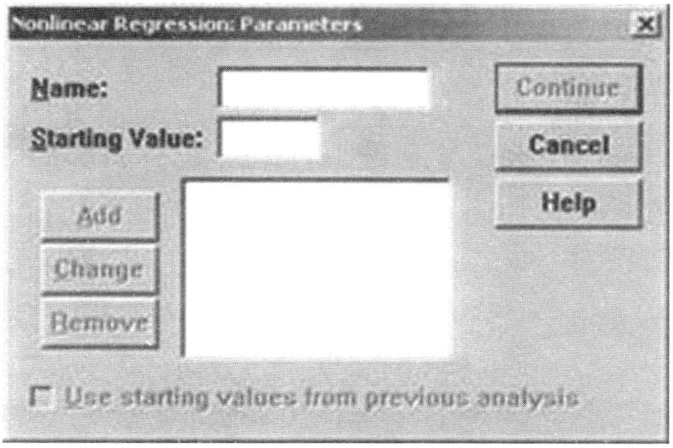

图 5 – 3 设置参数初始值

"Name"框用于输入参数名称。

"Starting"框用于输入参数的初始值。

输入完参数名和初始值后,单击"Add"按钮,则定义的变量及其初始值将显示在下方的参数框中。需要修改已经定义的参数变量,先用将其选中,然后在"Name"和"Starting"栏里进行修改,完成后点击"Change"按钮确认修改。要删除已经定义的参数变量,先用将其选中,然后点击"Remove"按钮删除。

在本例逻辑斯蒂模型中估计的参数有"K"、"a"和"b"三个参数变量。设置初始值为:K = 0.1,a = 3,b = 0.1。

参数的初始值可根据给定模型中参数定义范围情况而定。输入后的"Nonlinear"对话窗口如下图。

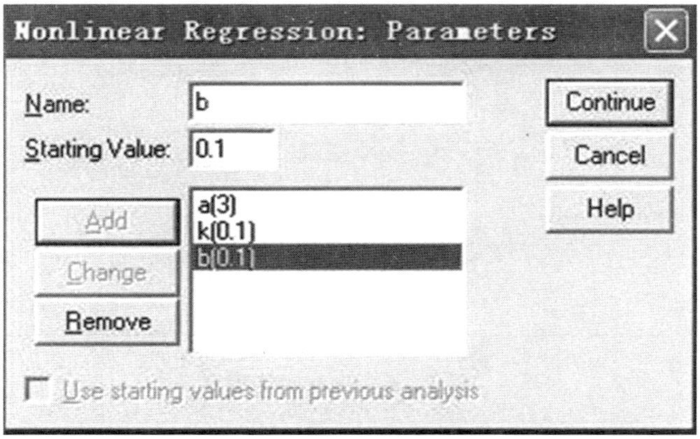

图 5 – 4 设置参数初始值后的对话框

完成后点击"Continue"按钮。

（5）输入方程式

在"Model Expression"框中输入需要拟合的方程式,在该方程中包含自变量、参数变量和常数等。自变量和参数变量可以从左边的列表框和"Parameters"框里选入;方程中的函数可以从"Function"框里选入;运算符号和常数可以用鼠标从窗口"数字符号"显示区中点击输入。

本例输入的逻辑斯蒂模型是:$K/(1+EXP(a-b*t))$。输入后的窗口显示如下图。

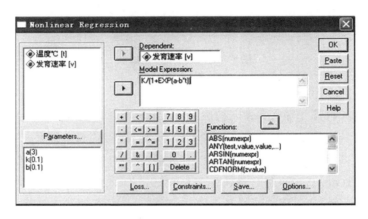

图 5-5 设置后的非线性回归对话窗口

（6）迭代条件

在主对话框中单击"Loss"按钮,将打开如图 5-6 所示的对话框。

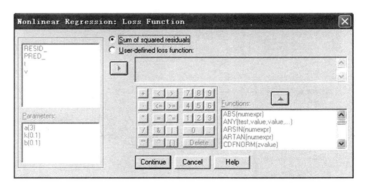

图 5-6 Loss 对话框

"Sum of squared residuals"项,残差平方和最小值,系统默认。本例选该项。

"User – defined loss function"自定义选项。设置其他统计量为迭代条件,在下边输入框中输入相应的统计量的表达式,称为损失函数。在左上角的变量列表框中"RESID"代表所选变量的残差;"PRED"代表预测值。可以从左下角框中选择已定义的参数进入损失函。

(7)参数取值范围

在主对话框中单击"Constraints"按钮,将打开如图 5 – 7 所示的对话框。在该对话框中设置回归方程中参数的取值范围。

选中"Define parameter constraint"项,即可对选定的参数变量设置取值范围。参数的取值范围,用不等式" = , < = , > = "来定义。

例如,在本例逻辑斯蒂模型中 K 参数应该小于 1。应该定义如下:k < = 0.9999

定义后会提示"是否复制现有的变量名",回答"确定"。

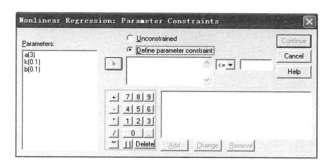

图 5 – 7 参数取值范围对话框

(8)保存分析数据

在主对话框中单击"Save"按钮将打开如图 5 – 8 所示的对话框,选择要保存到数据文件中的统计量。

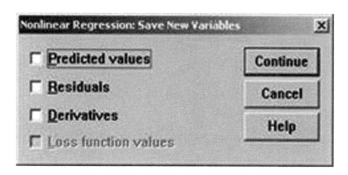

图 5 – 8 Save 对话框

其中各项分别为：

"Predicted values"因变量的预测值。

"Residuals"因变量的残差。

"Derivatives"派生数。

"Loss function values"损失函数值。

（9）迭代方法

主对话框中单击"Options"按钮，将打开如图5-9所示的对话框。

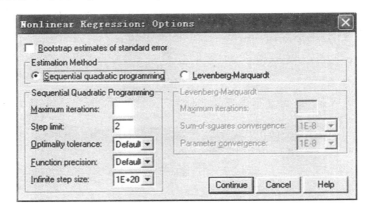

图5-9　迭代方法对话框

"Bootstrap estimates of standard error"项，将采用样本重复法计算标准误。样本重复法需要顺序二次规划算法的支持。当选中该项时，SPSS 将自动选中"Sequential quadratic programming"项。

"Estimation Method"框中列出了参数的两种估计方法：

① "Sequential quadratic programming"项为顺序二次规划算法。

该方法要求输入的参数为：

"Maximum"最大迭代步数。

"Step limit"最大步长。

"Optimality"目标函数的迭代误差限。

"Function"函数精度，应比目标函数的迭代误差限小。

"Infinite step"当一次迭代中参数值的变化大于设置值，则迭代停止。

② "Levenberg-Marquardt"项，采用麦夸尔迭代法，系统缺省设置。

该方法要求输入的参数为：

"Maximum iterations"最大迭代步数。

"Sum – of – squares convergence"在一步迭代中目标函数残差平方和的变化比例小于设置的值时,迭代停止。

"Parameter convergence"在一步迭代中参数的变化比例小于设置值时,迭代停止。

本例选"Levenberg – Marquardt"项,最大迭代步数 100,残差平方和的变化比例小于 1E – 8,参数的变化比例小于 1E – 8。

(10)提交执行

所有的设置完成后,在主对话框中点击"OK"按钮提交所有设置,SPSS 执行过程后输出结果显示在输出窗口中。

(11)结果分析

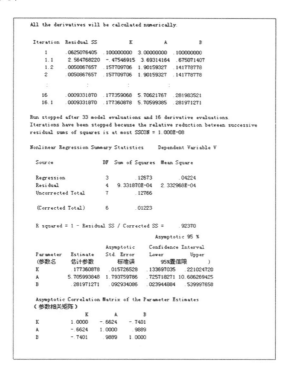

图 5 – 10　结果分析

根据以上输出结果得到 K 的参数估计值是 0.177360878,a 的参数估计值是5.705993848,b 的参数估计值是 0.281971271。其拟合的逻辑斯蒂发育速率模型为:

$$V(t) = \frac{0.17736}{1 + EXP(5.70599 - 0.28197t)}$$

残差平方和($Q$)为 0.0009331870,拟合优度系数($R_2$)为 0.92370。

**参考文献**

[1]周纪芗. 回归分析[M]. 上海:华东师范大学出版社,1993。

[2]Assouate Professor,Machine leaming,Andrew Ng(Stanford University).

[3]Emily Fox,Carlos Guestrin. Regression By University of Washingtor,Conrsera.

[4]Multiple Linear Regression[EB/OL]. http://www. stat. yale. edu/Courses/1997 – 98/101/linmult. htm.

[5]Linear regression form wikipedia[EB/OL]. https://en. wikipedia. org/wiki/ Linear_regression.

# 第6章

# 因子分析法

## 6.1 因子分析法概述

### 6.1.1 因子分析法的提出

在现实生活或科学研究的过程中,影响某一事物的特征或该事物发展规律的因素是多元化的,我们在对这些影响因素对于事物的影响进行研究的过程中,该事物的某一特征作为统计学意义上的因变量,而影响因素则作为自变量。为了更加全面地对事物的特征或发展规律进行反映,需要综合与其相关的各种影响因素进行评价,即在研究过程中对于影响事物特征或发展规律的因素需要更多地引入,对其进行综合分析和评价。然而,多变量大样本资料尽管可以对事物特征或发展规律提供更加全面的信息,但同时带来了多重共线性等问题,使得影响因素所反映的信息重复,影响统计结果的真实性和科学性。对此,降维思想成为解决这一问题的有效方式。

"因子分析"的名称于 1931 年由 Thurstone 首次提出,但它的概念起源于二十世纪初 Karl Pearson 和 Charles Spearmen 等人关于智力测验的统计分析。近年来,随着电子计算机的高速发展,人们将因子分析方法成功地应用于各个领域,使得因子分析的理论和方法更加丰富。

### 6.1.2 因子分析法的作用

要谈因子分析,我们需要先说说主成分分析方法。主成分分析(Principal Component Analysis,简称 PCA)是一种在统计上常被使用的方法。设法将原来变量重新组合成一组新的互相无关的几个综合变量,同时根据实际需要从中取出几个较少的综合变量,尽可能多地反映原来变量的信息的统计方法叫作主成分分析,或称主分量分析,这也是数学上用来降维的一种方法。

主成分分析主要是作为一种探索性的技术,在分析者进行多元数据分析之前,用主成分分析来分析数据,让自己对数据有一个大致的了解是非常重要的。主成分分析一般很少单独使用,用法如下:

① 了解数据(Screening the Data)。

② 和 Cluster Analysis 一起使用。

③ 和判别分析一起使用,比如当变量很多,个案数不多,直接使用判别分析可能无解,这时候可以使用主成分发对变量简化(Reduce Dimensionality)。

④ 在多元回归中,主成分分析可以帮助判断是否存在共线性(条件指数),还可以用来处理共线性。

在实际课题中,为了全面分析问题,往往提出很多与此有关的变量(或因素),因为每个变量都在不同程度上反映这个课题的某些信息。主成分分析方法通过正交变换将一组可能存在相关性的变量转换为一组线性不相关的变量,转换后的这组变量叫主成分。通过线性组合将原变量综合成几个主成分,用较少的综合指标来代替原来较多的指标,也就是变量。

在多变量分析中,某些变量间往往存在相关性。是什么原因使变量间有关联呢？是否存在不能直接观测到的,但影响可观测变量变化的公共因子？因子分析法(Factor Analysis)就是寻找这些公共因子的模型分析方法,它是在主成分的基础上构筑若干意义较为明确的公因子,以它们为框架分解原变量,以此考察原变量间的联系与区别。

例如,随着年龄的增长,儿童的身高、体重会随着变化具有一定的相关性。身高和体重之间为何会有相关性呢？因为存在着一个同时支配或影响着身高与体重的生长因子。那么,我们能否通过对多个变量的相关系数矩阵的研究,找出同时影响或支配所有变量的共性因子呢？因子分析就是从大量的数据中"由表及里""去粗取精",寻找影响或支配变量的多变量统计方法。

可以说,因子分析是主成分分析的推广,也是一种把多个变量化为少数几个综合变量的多变量分析方法,其目的是利用有限个数的不可观测的隐变量来解释原始变量之间的相关关系。

### 6.1.3 因子分析法的目的

首先,多达几十个可测量的观测变量之间存在相互依赖的关系,并且我们确信某些观测变量指示了潜在的结构——因子,也就是存在潜在的因子。而潜在的因子是不可观测的,例如,在购买商品的时候,顾客真实的满意度水平,购买的倾向性、收获、态度、经济地位、忠诚度、促销、广告效果、品牌形象等,所以,我们必须从多个角度或维度去测量,比如多维度测量购买产品的动机、消费习惯、生活态度和方式等。

这样,一组量表有太多的变量,我们希望能够消减变量,用一个新的、更小的由原始变量集组合成的新变量集作进一步分析。这就是因子分析的本质,所以在SPSS软件中,因子分析方法归类在消减变量菜单下。新的变量集能够更好地说明问题,利于简化和解释问题。

当然,因子分析也往往是预处理技术,例如,在市场研究中我们要进行市场细分研究,往往采用一组量表测量消费者。首先,通过因子分析得到消减变量后的正交的因子(概念),然后利用因子进行聚类分析,而不再用原来的测量变量了。我想这是市场研究中因子分析的主要应用。

其实,你可以想象,例如在多元回归分析中,如果多个自变量存在相关性,如果可以用因子分析,得到几个不相关的变量(因子),再进行回归,就解决了自变量共线性问题。理论上是这样的,但市场研究很少这么操作。

因子分析的基本目的就是用少数几个因子去描述许多指标或因素之间的联系,即将相关比较密切的几个变量归在同一类中,每一类变量就成为一个因子(之所以称其为因子,是因为它是不可观测的,即不是具体的变量),以较少的几个因子反映原资料的大部分信息。因子分析法就是寻找这些公共因子的模型分析方法,它是在主成分的基础上构筑若干意义较为明确的公因子,以它们为框架分解原变量,以此考察原变量间的联系与区别。运用这种研究技术,我们可以方便地找出影响消费者购买、消费以及满意度的主要因素是哪些,以及它们的影响力(权重)。运用这种研究技术,我们还可以为市场细分做前期分析。

因子分析法的主要目标是数据缩减,用在以下方面:

第一,减少分析变量个数;

第二,通过对变量间相关关系探测,将原始变量进行分类。即将相关性高的变量分为一组,用共性因子代替该组变量。

第三,既可以进行探索性因子分析,也可以部分验证因子。

### 6.1.4 因子分析法的特点

(1)是一种简化数据的技术。

(2)分为探索性因子分析和证实性因子分析两种。

(3)因子分析就是要找到具有本质意义的少量因子。

(4)用一定的结构模型,去表达或解释大量可观测的变量。

(5)用相对少量的几个因子解释原来许多相互关联的变量之间的关系。

(6)描述的变量是可观测的——显在变量。

(7)相关性较高,联系比较紧密的变量放在一类。

(8)每一类变量隐含一个因子——潜在变量。

(9)不同类的变量之间相关性较弱。

(10)各个因子之间不相关。

### 6.1.5 因子分析法与主成分分析法的区别与联系

(1)两者的联系

主成分分析和因子分析方法都属于多元统计分析中处理降维的统计方法。在数理统计的基本原理上,两者都是基于多变量的相关系数矩阵,在确保较少信息缺失的前提下(一般小于或等于15%),用少数几个不相关综合变量概括多个变量的信息(多个变量之间存在较强的相关性)。即用少数不相关的综合变量尽可能全面地反映多个原始变量的信息,消除了原始变量的相关性,可信度得到提高,统计结果可以有效地解释现实问题。需要注意的是,两种方法产生的新的变量(因子)不是原始变量筛选后的剩余变量,而是综合所有变量信息后的新变量。其中,在主成分分析过程中,新变量是原始变量的线性组合,即将多个原始变量经过线性(坐标)变换得到新的变量。在因子分析过程中,新变量则是通过原始变量之间的复杂关系对原始变量进行分解,得到公共因子和特殊因子。其中公共因子是所有原始变量中所共同具有的特征,而特殊因子则是原始变量所特有的部分。两种方法下得到的主成分变量与因子变量在数量上显著少于原始变量,起到了降维的作用,也提高了数据有效利用程度。

(2)两者的区别

① 基本概念不同

主成分分析法是将多个指标转化为少数彼此不相关的综合指标(即主成分)的统计方法。而因子分析法是主成分分析法的推广和发展,它也是将具有错综复杂关系的变量综合为数量较少的几个因子,再根据不同因子还可以对变量进行分类,同时重塑原始变量与因子之间的相互关系。

(I)因子分析法是把变量表示成各因子的线性组合,而主成分分析法则是把主成分表示成个变量的线性组合。

(II)主成分分析的重点在于解释个变量的总方差,而因子分析则把重点放在解释各变量之间的协方差。

(III)主成分分析中不需要有假设,因子分析则需要一些假设。因子分析的假设包括各个共同因子之间不相关、特殊因子(Specific Factor)之间也不相关、共同因子和特殊因子之间也不相关。

(IV)主成分分析中,当给定的协方差矩阵或者相关矩阵的特征值是唯一的时候,主成分一般是独特的;而因子分析中因子不是独特的,可以旋转得到不同的因子。

(V)在因子分析中,因子个数需要分析者指定(SPSS 根据一定的条件自动设定,特征值大于 1 的因子进入分析),指定的因子数量不同而结果不同。在主成分分析中,成分的数量是一定的,一般有几个变量就有几个主成分。和主成分分析相比,由于因子分析可以使用旋转技术帮助解释因子,在解释方面更加有优势。大致说来,当需要寻找潜在的因子,并对这些因子进行解释的时候,更加倾向于使用因子分析,并且借助旋转技术帮助更好地解释。而如果想把现有的变量变成少数几个新的变量(新的变量几乎带有原来所有变量的信息)来进入后续的分析,则可以使用主成分分析。当然,这种情况也可以使用因子得分做到。所以,这种区分不是绝对的。

在算法上,主成分分析和因子分析很类似,不过,在因子分析中所采用的协方差矩阵的对角元素不再是变量的方差,而是和变量对应的共同度(变量方差中被各因子所解释的部分)。

② 基本原理不同

主成分分析方法旨在通过方差——协方差矩阵将多个原始变量通过多次线性变换得到少数几个主成分(新的变量),这些主成分变量能够反映原始变量尽可能多的信息(一般大于或者等于 85% 为通过标准),并且它们之间不相关。从数理上讲,主成分分析法是一种矩阵变换的方法,即将给定的变量(原始变量)通过多次线性变换,转换成一组彼此不相关的变量,在这个过程中,变量的方差之和保持不变,方差最大的作为第一主成分变量,以此类推,得到数量较少的、可以涵盖大部分原始变量信息几个主成分,从这个意义上讲,主成分分析法是作为因子分析的一种方式。而因子分析法则是通过原始变量的相关系数矩阵将变量进行分组,分组的原则是将相关性较高的变量置于一组中,但组与组之间的变量相关性较低。这样各组变量代表一个基本要素(公共因子),所研究的问题可以分解为少数几个公共因子的线性函数与特殊因子之和。可见,因子分析法下的新变量是对原始变量进行分解得到,而不是原始变量的线性组合。具体而言,就是通过获取原始变量中可测量的、具有一定相关性的统计指标测定各个因子的状态。从该意义上来讲,因子分析只能解释变量的部分变异,而主成分分析法则解释了所有变异。

③ 数据处理过程不同

在消除量纲和数量级的处理上,主成分分析通常需要对原始数据进行标准化处理,将原始数据转换成为均值为0、方差为1的标准化数据。而因子分析法对此则要求不高,这是因为因子分析法本身可以通过加权最小二乘法、主成分法等求解因子变量,在这个过程中,因子是原始变量内部分解的结果,与原始变量是否同量纲关系不大。只有通过主成分法确认因子变量时,需要对原始数据进行无量纲化处理。另外一点,主成分分析法下的新变量(主成分)是通过原始变量的多次线性组合后得到的,这个过程本身具有可逆性;而在因子分析法下,因子分析中的载荷矩阵是不可逆的,只能通过可观测的原变量去估计不可观测的公共因子。此外,主成分分析法主要侧重于变量的信息贡献能力,而因子分析法则侧重于因子的可解释性。

④ 统计软件实现过程不同(以 SPSS 为例)

在利用统计软件 SPSS 进行主成分分析时,其基本步骤大致为:

(I)对原始数据进行标准化处理。

(II)step 1:选择"分析(Analyze)–数据提取(Data Reduction)–成分分析(Factor Analyze)"打开主成分分析对话框;

step 2:在"数据描述(Descriptives):相关系数矩阵(Correlation Matrix)"框中选系数(Coefficients);

step 3:"统计(Statistics)"框中选初始解(Initialsolution);

Step 4:"提取(Extraction):方式(Method)"框中选主成分(Principal Components),"分析(Analyze)框"中选相关系数矩阵(Correlationmatrix),"显示(Display)"框中选未经旋转的因子载荷(Unro – tatedfactorsolution),"提取(Extract)"框中选特征值(Eigenvalues);

Step 5:结果显示在 Out – put 中,提取方差总合计(Total VarianceEx – plained)

中主成分的累计贡献率大于等于 85% 的主成分个数,"Component Matrix"中第 i 个主成分的列向量除以相应特征根的平方根后就得到这个主成分的变量系数向量,可以利用"Transform – compute"来实现;

Step 6:写出主成分表达式及主成分命名。

在利用统计软件 SPSS 进行因子分析时,其基本步骤为:

(1)~(4)同主成分分析的实现过程;

(5)"旋转(Rotation):方式(Method)"框中选最大方差法(Varimax),"显示(Display)"框中选择旋转的因子载荷阵(Rotatedsolution);

(6)"得分(Scores)"框中变量形式保存(Saveasvariables),"方法(Method)"框中选中回归(Regression);

(7)结果同样显示在 Out – put 中,提取方差总合计(Total Variance Ex – plained)中主成分的累计贡献率大于等于 85% 的因子个数,并对各个因子进行命名,并根据因子得分函数对因变量进行排序。

⑤ 总结

因子分析法与主成分分析法都属于因素分析法,都基于统计分析方法,但两者有较大的区别:主成分分析是通过坐标变换提取主成分,也就是将一组具有相关性的变量变换为一组独立的变量,将主成分表示为原始观察变量的线性组合;而因子分析法是要构造因子模型,将原始观察变量分解为因子的线性组合。通过对上述内容的学习,可以看出因子分析法和主成分分析法的主要区别为:

(I)主成分分析是将主要成分表示为原始观察变量的线性组合,而因子分析是将原始观察变量表示为新因子的线性组合,原始观察变量在两种情况下所处的位置不同。

(II)主成分分析中,新变量 Z 的坐标维数 j(或主成分的维数)与原始变量维数相同,它只是将一组具有相关性的变量通过正交变换转换成一组维数相同的独立变量,再按总方差误差的允许值大小,来选定 q 个($q < p$)主成分;而因子分析法是要构造一个模型,将问题的为数众多的变量减少为几个新因子,新因子变量数 m 小于原始变量数 P,从而构造成一个结构简单的模型。可以认为,因子分析法是主成分分析法的发展。

(III)主成分分析中,经正交变换的变量系数是相关矩阵 R 的特征向量的相应元素;而因子分析模型的变量系数取自因子负荷量,即 $a_{ij} = u_{ij}\sqrt{\lambda}$。因子负荷量矩阵 A 与相关矩阵 R 满足以下关系:

$$R = U \begin{bmatrix} \lambda_1 & & & \\ & \lambda_2 & & \\ & & \ldots & \\ & & & \lambda_p \end{bmatrix} U^T = AA^T$$

其中,U 为 R 的特征向量。

在考虑有残余项 $\varepsilon$ 时,可设包含 $\varepsilon i$ 的矩阵 $\rho$ 为误差项,则有 $R - AA^T = \rho$。

在因子分析中,残余项应只在 $\rho$ 的对角元素项中,因特殊项只属于原变量项,因此,$a_{ij}$ 的选择应以 $\rho$ 的非对角元素的方差最小为原则。而在主成分分析中,选择原则是使舍弃成分所对应的方差项累积值不超过规定值,或者说被舍弃项各对角要素的自乘和为最小,这两者是不同的。

主成分分析是研究如何通过少数几个主成分来解释多变量的方差——协方差结构的分析方法,也就是求出少数几个主成分(变量),使它们尽可能多地保留原始变量的信息,且彼此不相关。它是一种数学变换的方法,即把给定的一组变量通过线性变换,转换为一组不相关的变量(两两相关系数为 0,或样本向量彼此相互垂直的随机变量)。在这种变换中,保持变量的总方差(方差之和)不变。同时具有最大方差,称为第一主成分;具有次大方差,称为第二主成分。

在主成分分析中,最终确定成分是原始变量的线性组合。每个主成分都是由原有 p 个变量线性组合得到。在诸多主成分 $Zi$ 中,$Z_1$ 在方差中占的比重最大,说明它综合原有变量的能力最强,越往后主成分在方差中的比重也小,综合原信息的能力越弱。

因子分析是寻找潜在的起支配作用的因子模型的方法。因子分析是根据相关性大小把变量分组,使得同组内的变量之间相关性较高,但不同的组的变量相关性较低。每组变量代表一个基本结构,这个基本结构称为公共因子。对于所研究的问题就可试图用最少个数的不可测的所谓公共因子的线性函数与特殊因子之和来描述原来观测的每一分量。通过因子分析得来的新变量是对每个原始变量进行内部剖析。因子分析不是对原始变量的重新组合,而是对原始变量进行分解,分解为公共因子和特殊因子两部分。具体地说,就是要找出某个问题中可直接测量的具有一定相关性的诸指标,如何受少数几个在专业中有意义又不可直接测量到且相对独立的因子支配的规律,从而可用各指标的测定来间接确定各因子的状态。

# 6.2　因子分析法的原理和基本步骤

### 6.2.1　因子分析法的原理

（1）相关概念

因子分析是处理多变量数据的一种统计方法，它可以揭示多变量之间的关系，其主要目的是从众多的可观测的变量中概括和综合出少数几个因子，用较少的因子变量来最大限度地概括和解释原有的观测信息，从而建立起简洁的概念系统，揭示出事物之间本质的联系。

① 因子分析的种类

（Ⅰ）R 型因子分析与 Q 型因子分析

这是最常用的两种因子分析类型。R 型因子分析，是针对变量所做的因子分析，其基本思想是通过对变量的相关系数矩阵内部结构的研究，找出能够控制所有变量的少数几个随机变量去描述多个随机变量之间的相关关系。然后再根据相关性的大小把变量分组，使同组内的变量之间的相关性较高，不同组变量之间的相关性较低。Q 型因子分析，是针对样品所做的因子分析。它的思路与 R 因子分析相同，只是出发点不同而已。它在计算中是从样品的相似系数矩阵出发，而R 型因子分析在计算中是从样品的相关系数矩阵出发的。

（Ⅱ）探索性因子分析与验证性因子分析

探索性因子分析（EFA），主要适用于在没有任何前提预设假定下，研究者用它来对观察变量因子结构的寻找、对因子的内容以及变量的分类。通过共变关系的分解，进而找出最低限度的主要成分，让你后进一步探讨这些主成分或共同因子与个别变量之间的关系，找出观察变量与其对应因子之间的强度，即所谓的因子负荷值，以说明因子与所属的观察变量的关系，决定因子的内容，为因子取一个合适的名字。

验证性因子分析（CFA），要求研究者对研究对象潜在变量的内容与性质，在测量之初就必须有非常明确的说明，或有具体的理论基础，并已先期决定相对应的观测变量的组成模式，进行因子分析的目的是为了检验这一先前提出的因子结构的适合性。这种方法也可以应用于理论框架的检验，它在结构方程模型中占据相当重要的地位，有着重要的应用价值，也是近年来心理测量中相当重要的内容。

② 因子分析基本思想、模型与条件

(I) 因子与共变结构

因子分析的基本假设是那些不可观测的"因子"隐含在许多现实可观察的事物背后,虽然难以直接测量,但是可以从复杂的外在现象中计算、估计或抽取得到。它的数学原理是共变抽取。也就是说,受到同一个因子影响的测量分数,共同相关的部分就是因子所在的部分,这可以用"因子"的共变相关部分来表示。

(II) 因子分析的条件

第一,因子分析以变量之间的共变关系作为分析的依据,凡影响共变的因子都要先行确认无误。因子分析的变量都必须是连续变量,符合线性关系的假设。其他顺序与类别型的数据不能用因子分析简化结构。

第二,抽样过程必须随机,并具有一定规模。一般样本量不得低于100,原则上是越大越好。此外,一般还要求样本量与变量数之间的比例不得低于5:1。

第三,变量之间要具有一定程度的相关,对于一群相关太高或太低的变量,不太适合进行因子分析。相关程度太高了,多重共线性明显,区分效度不够,获得的因子结构价值也不太高,可以通过巴特莱球形检验、KMO 检验以及检查共同性指数(共同度系数)来确定这一问题。

a. 巴特莱球形检验可以用来检验样本内各变量之间的相关系数是否不同且大于0。若球形检验结果显著,表示相关系数可以用于因子分析抽取因子。

b. 使用偏相关矩阵来判断。在因子分析中,可以得到一个反映像矩阵,呈现出偏相关的大小,在该矩阵中,若有多数系数偏高,则应放弃使用因子分析。对角线的系数除外,该系数称为取样适切性量数(KMO),代表与该变量有关的所有相关系数与净相关系数的比例,该系数越大,表示相关情形越良好。一般情况下,大于0.9最佳,0.8 至 0.9 较好,0.7 至 0.8 尚可,0.6 至 0.7 较差,0.6 以下放弃。

c. 检查共同性指数。指某一变量与其他所有变量的复相关系数的平方,这个数值表示该变量的变异量被共同因子解释的比例。其计算方式为在一变量上各因子负荷量平方值的总和,变量的共同性越高,因子分析的结果就越理想。

(III) 因子抽取的方法

因子抽取的目的在于决定测量变量当中存在着多少个潜在的成分或因子数。当然,除了人为可以设定因子个数外,决定因子个数的具体方法还有:

a. 主成分法。主成分法以线性方程式将所有变量加以合并,计算所有变量共同解释的变异量,该线性组合成为主成分。第一次线性组合建立后,计算出的第一个主成分估计值,可以解释全体变异量的一大部分,其解释的变异量即属于第一个主成分所有。然后再将剩余的变异量,经过第二次方程式线性合并,抽取出第二个主成分,其涵盖的变异量即属于第二个主成分所有。以此类推,直到无法再抽取为止,最后保留解释量比较大的那几个变量。主成分法分析一般适用于单纯为简化大量变量为少数的成分时,以及作为因子分析的预备工作。

b. 主因子法。主因子法是分析变量间的共同变异量而非全体变异量。它的计算方法与主成分法有差异,主因子法用共同性取代了相关矩阵中的对角线1.00,目的在于抽出一系列互相独立的因子。第一个因子解释最多的原来变量间共同变异量;第二个因子解释除去第一个因子解释后,剩余共同变异量的最大变异,其余因子依次解释剩下的变异量中最大部分,直到所有的共同变异被分割完毕为止。此法符合因子分析模式的假设,亦即分析变量间共同变异,而非分析变量间的总变异,因子的内容较易了解。

除此之外,还有两种比较常见的因子抽取方法,即最小平方法和最大似然法。

(Ⅳ)因子数目

因子数目的决定主要是依据特征值,一般都是提取特征值大于1的因子,此外还可以直接定义,就是直接向计算机输入你所需要的因子个数。

(Ⅴ)因子旋转

因子旋转的目的,就是在于理清因子与原始变量间的关系,以确立因子间最简单的结构,达到简化的目的,使新因子具有更鲜明的实际意义,更好地解释因子分析结果。所谓简单结构,就是使每一个变量仅在一个公共因子上有较大的载荷,而在其他公共因子上的载荷比较小。

因子旋转可分为正交旋转和斜交旋转。所谓正交旋转就是指旋转过程中因子之间的轴线夹角为90度,即因子之间的相关设定为0,如最大变异法(Varimax)、四方最大发(Quartimax)、均等变异法(Equimax Rotation)。另一种旋转法叫着斜交旋转,这种方法允许因子与因子之间具有一定相关性,在旋转过程中同时对于因子的关联情形进行估计,如最小斜交法(Oblimin Rotation)、最大斜交法(Oblimax Rotation)、四方最小法(Quartimin)等。

正交旋转是基于各因子间是相互独立的前提,它能够最大限度地对各因子进行区分,但也容易扭曲潜在特质在现实生活中的真实关系,容易造成偏差。因此,一般进行研究时,除非研究者具有特定的理论作为支持,或有强有力的实证证据,否则,为了精确地估计变量与因子关系,使用斜交旋转是较为贴近真实的一种做法。

（2）基本原理

在对某一个问题进行论证分析时,采集大量多变量的数据能为我们的研究分析提供更为丰富的信息和增加分析的精确度。然而,这种方法不仅需要巨大的工作量,并且可能会因为变量之间存在相关性而增加了我们研究问题的复杂性。因子分析法就是从研究变量内部相关的依赖关系出发,把一些具有错综复杂关系的变量归结为少数几个综合因子的一种多变量统计分析方法。这样我们就可以对原始的数据进行分类归并,将相关比较密切的变量分别归类,归出多个综合指标,这些综合指标互不相关,即它们所综合的信息互相不重叠。这些综合指标就称为因子或公共因子。

因子分析法的基本思想是将观测变量进行分类,将相关性较高,即联系比较紧密的分在同一类中,而不同类变量之间的相关性则较低,那么每一类变量实际上就代表了一个基本结构,即公共因子。对于所研究的问题就是,试图用最少个数的不可测的所谓公共因子的线性函数与特殊因子之和,来描述原来观测的每一分量。这样,就能相对容易地以较少的几个因子反映原资料的大部分信息,从而达到浓缩数据,以小见大,抓住问题本质和核心的目的。

因子分析法的核心是对若干综合指标进行因子分析并提取公共因子,再以每个因子的方差贡献率作为权数与该因子的得分乘数之和构造得分函数。因子分析法的数学表示为矩阵:$X = AF + B$,即:

$$
\begin{cases}
x_1 = a_{11}f_1 + a_{12}f_2 + a_{13}f_3 + \cdots a_{1k}f_k + \beta_1 \\
x_2 = a_{21}f_1 + a_{22}f_2 + a_{23}f_3 + \cdots a_{2k}f_k + \beta_2 \\
x_3 = a_{31}f_1 + a_{32}f_2 + a_{33}f_3 + \cdots a_{3k}f_k + \beta_3 \quad (k \leq p)(1\text{式})\\
\cdots\cdots \\
x_\rho = a_{\rho 1}f_1 + a_{\rho 2}f_2 + a_{\rho 3}f_3 + \cdots a_{\rho k}f_k + \beta_\rho
\end{cases}
$$

模型中,向量 $X(x_1, x_2, \cdots, x_\rho)$ 是可观测随机向量,即原始观测变量。$F(f_1, f_2, \cdots, f_k)$ 是 $X(x_1, x_2, x_3, \cdots, x_\rho)$ 的公共因子,即各个原观测变量的表达式中共同出现的因子,是相互独立的不可观测的理论变量。公共因子的具体含义必须结合实际研究问题来界定。$A(a_{ij})$ 是公共因子 $F(f_1, f_2, f_3, \cdots, f_k)$ 的系数,称为因子载荷矩阵,$a_{ij}(i = 1, 2, \cdots\cdots, p; j = 1, 2, \cdots\cdots, k)$ 称为因子载荷,是第 $i$ 个原有变量在第 $j$ 个因子上的负荷,或可将 $a_{ij}$ 看作第 $i$ 个变量在第 $j$ 公共因子上的权重。$a_{ij}$ 是 $x_i$ 与 $f_j$ 的协方差,也是 $x_i$ 与 $f_j$ 的相关系数,表示 $x_i$ 对 $f_j$ 的依赖程度或相关程度。$a_{ij}$ 的绝对值越大,表明公共因子 $f_j$ 对于 $x_i$ 的载荷量越大。$B(\beta_1, \beta_2, \beta_3, \cdots, \beta_\rho)$ 是 $X(x_1,$

$x_2, x_3, \cdots, x_p)$的特殊因子,是不能被前 $k$ 个公共因子包含的部分,这种因子也是不可观测的。各特殊因子之间以及特殊因子与所有公共因子之间都是相互独立的。

（3）模型的统计意义

因子载荷矩阵 $A$ 中有两个统计量对因子分析结果的经济解释十分重要,即变量共同度和公共因子的方差贡献。

① 变量共同度的统计意义

变量共同度是因子载荷矩阵 $A$ 的第 $i$ 行的元素的平方和,记为 $h_i^2 = \sum_{j=1}^{k} a_{ij}^2$（其中 $i = 1, 2, \cdots, p$）。

它衡量全部公共因子对 $x_i$ 的方差所做出的贡献,反映全部公共因子对变量 $x_i$ 的影响。$h_i^2$ 越大,表明 $X$ 对于 $F$ 每一分量的依赖程度大。

对 1 式两边取方差,得:

$$var(x_i) = a_{ij}^2 var(f_1) + a_{i2}^2 var(f_2) + \cdots + a_{ik}^2 var(f_k) + var(\beta_i) = \sum_{j=1}^{k} a_{ij}^2 + \sum_{i=1}^{p} \beta_i^2$$

（2 式）

如果 $h_i^2 = \sum_{j=1}^{k} a_{ij}^2$ 的结果接近 $var(x_i)$,且 $\beta_i^2$ 非常小,则因子分析的效果就比较好,从原变量空间到公共因子空间的转化性质就好。

② 公共因子的方差贡献的统计意义

因子载荷矩阵中各列元素的平方和记为:$g_j^2 = \sum_{i=1}^{p} a_{ij}^2$（其中 $j = 1, 2, \ldots, k$）。

$g_j^2$ 称为公共因子 $F(f_1, f_2, f_3, \cdots, f_k)$ 对 $X(x_1, x_2, x_3, \cdots, x_p)$ 的方差贡献,表示第 $j$ 个公共因子 $f_i$ 对于 $x$ 的每一个分量 $x_i (i = 1, 2, \ldots, p)$ 所提供的方差的总和,是衡量公共因子相对重要性的指标。

对 2 式进行变换,得:

$$var(x_i) = a_{ij}^2 var(f_1) + a_{i2}^2 var(f_2) + \cdots + a_{ij}^2 var(f_k) + var(\beta_i) = \sum_{i=1}^{k} g_j^2 + \sum_{i=1}^{p} \beta_i^2$$

$g_j^2$ 越大,表明公共因子 $F(f_1, f_2, f_3, \cdots, f_k)$ 对 $X(x_1, x_2, x_3, \cdots, x_p)$ 的贡献越大,或者说对 $X(x_1, x_2, x_3, \cdots, x_p)$ 的影响和作用就越大。如果将因子载荷矩阵 $A$ 的所有 $g_j^2 (j = 1, 2, \cdots, k)$ 都计算出来,使其按照大小排序,就可以依此提炼出最有影响力的公共因子。

### 6.2.2　因子分析法的基本步骤

围绕浓缩原有变量提取因子的核心目标,因子分析主要涉及以下五大基本

步骤:

(1)因子分析的前提条件

由于因子分析的主要任务之一是对原有变量进行浓缩,即将原有变量中的信息重叠部分提取和综合成因子,进而最终实现减少变量个数的目的。因此,它要求原有变量之间应存在较强的相关关系。否则,如果原有变量相互独立,相关程度很低,不存在信息重叠,它们不可能有共同因子,那么也就无法将其综合和浓缩,也就无须进行因子分析。本步骤正是希望通过各种方法分析原有变量是否存在相关关系,是否适合进行因子分析。

SPSS 提供了四个统计量,可帮助判断观测数据是否适合作因子分析。

① 计算相关系数矩阵(Correlation Matrix)

在进行提取因子等分析步骤之前,应对相关矩阵进行检验,如果相关矩阵中的大部分相关系数小于 0.3,则不适合做因子分析;当原始变量个数较多时,所输出的相关系数矩阵特别大,观察起来不是很方便,所以一般不会采用此方法,即使采用了此方法,也不方便在结果汇报中给出原始分析报表。

② 计算反映象相关矩阵(Anti – image correlation matrix)

反映象矩阵重要包括负的协方差和负的偏相关系数。偏相关系数是在控制了其他变量对两个变量影响的条件下计算出来的净相关系数。如果原有变量之间确实存在较强的相互重叠以及传递影响,也就是说,如果原有变量中确实能够提取出公共因子,那么在控制了这些影响后的偏相关系数必然很小。

反映象相关矩阵的对角线上的元素为某变量的 MSA(Measure of Sample Adequacy)统计量,其数学定义为:

$$MSA_i = \frac{\sum\limits_{j \neq i} r_{ij}^2}{\sum\limits_{j \neq i} r_{ij}^2 + \sum\limits_{j \neq i} p_{ij}^2}$$

其中,$r_{ij}$ 是变量 $x_i$ 和其他变量 $x_j (j \neq i)$ 间的简单相关系数,$p_{ij}$ 是变量 $x_j (j \neq i)$ 在控制了剩余变量下的偏相关系数。由公式可知,某变量 $x_i$ 的 $MSA_i$ 统计量的取值在 0 和 1 之间。当它与其他所有变量间的简单相关系数平方和远大于偏相关系数的平方和时,$MSA_i$ 值接近 1。$MSA_i$ 值越接近 1,意味着变量 $x_i$ 与其他变量间的相关性越强。当它与其他所有变量间的简单相关系数平方和接近 0 时,$MSA_i$ 值接近 0。$MSA_i$ 值越接近 0,意味变量 $x_i$ 与其他变量间的相关性越弱。

观察反映象相关矩阵,如果反映象相关矩阵中除主对角元素外,其他大多数元素的绝对值均小,对角线上元素的值越接近 1,则说明这些变量的相关性较强,适合进行因子分析。

③ 巴特利特球度检验(Bartlett test of sphericity)

Bartlett 球体检验的目的是检验相关矩阵是否是单位矩阵(Identity Matrix),如果是单位矩阵,则认为因子模型不合适。Bartlett 球体检验的虚无假设为相关矩阵是单位阵,如果不能拒绝该假设的话,就表明数据不适合用于因子分析。一般来说,显著水平值越小( <0.05)表明原始变量之间越可能存在有意义的关系,如果显著性水平很大(如0.10以上)可能表明数据不适宜于因子分析。

④ KMO(Kaiser – Meyer – Oklin)

KMO 是 Kaiser – Meyer – Olkin 的取样适当性量数。KMO 测度的值越高(接近1.0时),表明变量间的共同因子越多,研究数据适合用因子分析。通常按以下标准解释该指标值的大小:KMO 值达到0.9 以上为非常好,0.8 ~ 0.9 为好,0.7 ~ 0.8 为一般,0.6 ~ 0.7 为差,0.5 ~ 0.6 为很差。如果 KMO 测度的值低于0.5 时,表明样本偏小,需要扩大样本。

综上所述,经常采用的方法为巴特利特球度检验和 KMO。

(2)抽取共同因子,确定因子的数目和求因子解的方法

将原有变量综合成少数几个因子是因子分析的核心内容。本步骤正是研究如何在样本数据的基础上提取和综合因子。决定因素抽取的方法有主成分分析法、主轴法、一般化最小平方法、未加权最小平方法、最大概似法、Alpha 因素抽取法与映象因素抽取法等。使用者最常使用的是主成分分析法与主轴法,其中,又以主成分分析法使用最为普遍,在 SPSS 使用手册中,也建议研究者多采用主成分分析法来估计因素负荷量。所谓主成分分析法,就是以较少的成分解释原始变量方差的较大部分。进行主成分分析时,先要将每个变量的数值转换成标准值。主成分分析就是用多个变量组成一个多维空间,然后在空间内投射直线以解释最大的方差,所得的直线就是共同因子,该直线最能代表各个变量的性质,而在此直线上的数值所构成的一个变量就是第一个共同因子,或称第一因子($F_1$)。但是在空间内还有剩余的方差,所以需要投射第二条直线来解释方差。这时,还要依据第二条准则,即投射的第二条直线与第一条直线成直交关系(即不相关),意为代表不同的方面。第二条直线上的数值所构成的一个变量,称为第二因子($F_2$)。依据该原理可以求出第三、第四或更多的因子。原则上,因子的数目与原始变量的数目相同,但抽取了主要的因子之后,如果剩余的方差很小,就可以放弃其余的因子,以达到简化数据的目的。

因子数目的确定没有精确的定量方法,但常用的方法是借助两个准则来确定

因子的个数。一是特征值准则,二是碎石图检验准则。特征值准则就是选取特征值大于或等于1的主成分作为初始因子,而放弃特征值小于1的主成分。因为每个变量的方差为1,该准则认为,每个保留下来的因子至少应该能解释一个变量的方差,否则达不到精简数据的目的。碎石检验准则是根据因子被提取的顺序绘出特征值随因子个数变化的散点图,根据图的形状来判断因子的个数。散点曲线的特点是由高到低,先陡后平,最后几乎成一条直线。曲线开始变平的前一个点被认为是提取的最大因子数。后面的散点类似于山脚下的碎石,可舍弃而不会丢失很多信息。

(3)使因子更具有命名可解释性

通常最初因素抽取后,对因素无法作有效的解释。这时往往需要进行因子旋转,通过坐标变换使因子解的意义更容易解释。转轴的目的在于改变题项在各因素负荷量的大小,转轴时根据题项与因素结构关系的密切程度,调整各因素负荷量的大小,转轴后,使得变量在每个因素的负荷量不是变大(接近1)就是变得更小(接近0),而非转轴前在每个因素的负荷量大小均差不多,这就使对共同因子的命名和解释变量变得更容易。转轴后,每个共同因素的特征值会改变,但每个变量的共同性不会改变。常用的转轴方法有最大变异法(Varimax)、四次方最大值法(Quartimax)、相等最大值法(Equamax)、直接斜交转轴法(Direct Oblimin)、Promax 转轴法,其中前三者属于直交转轴法,在直交转轴法中,因素(成分)与因素(成分)间没有相关,亦即其相关为0,因素轴间夹角为90度;而后二者(直接斜交转轴、Promax 转轴法)属斜交转轴,采用斜交转轴法表示因素与因素间彼此有某种程度的相关,亦即因素轴间的夹角不是90度。

直交转轴法的优点是因素间提供的信息不会重叠,观察体在某一个因素的分数与在其他因素的分数,彼此独立不相关;而其缺点是研究者迫使因素间不相关,但在实际情境中,它们彼此有相关的可能性很高。因而直交转轴方法偏向较多人为操控方式,不需要正确响应现实世界中自然发生的事件(Bryman&Cramer,1997年)。

所谓直交旋转法,就是要求各个因子在旋转时都要保持直角关系,即不相关。在直交旋转时,每个变量的共同性是不变的。不同的直交旋转方法有不同的作用。在直交旋转法中,常用于社会科学研究的方式是 Varimax 旋转法。该方法是在旋转时尽量弄清楚在每一个因子上各个变量的因子负荷情况,也让因子矩阵中每一列的的值尽可能变成1或0,该旋转法的作用是突出每个因子的性质,可以更清楚哪些变量是属于它的。由此可见,Varimax 旋转法可以帮助找出多个因子,以澄清概念的内容。Quartimax 旋转法则可以尽量弄清楚每个变量在各个因子上的负荷情况,即让每个变量在某个因子上的负荷尽可能等于1,而在其他因子上则尽可能等于0。该方法可以增强第一因子的解释力,而使其他因子的效力减弱。可见 Quartimax 旋转法适合于找出一个最强效力的因子。Equamax 旋转法是一种折中的做法,即尽可能简化因子,也可弄清楚负荷情况,其缺点是可能两方面都未照顾好。

斜交旋转法是要求在旋转时,各个因子之间呈斜交的关系,表示允许该因子与因子之间有某种程度上的相关。斜交旋转中,因子之间的夹角可以是任意的,所以用斜交因子描述变量可以使因子结构更为简洁。选择直接斜交旋转时,必须指定 Delta 值。该值的取值范围在 0 ~ −1 之间,0 值产生最高相关因子,大的负数产生旋转的结果与直交接近。Promax 斜交旋转方法也允许因子彼此相关,它比直接斜交旋转更快,因此适用于大数据集的因子分析。

综上所述,不同的因子旋转方式各有其特点。因此,究竟选择何种方式进行因子旋转取决于研究问题的需要。如果因子分析的目的只是进行数据简化,而因子的确切含义是什么并不重要,就应该选择直交旋转。如果因子分析的目的是要得到理论上有意义的因子,应该选择斜交因子。事实上,研究中很少有完全不相关的变量,所以,从理论上看斜交旋转优于直交旋转。但是斜交旋转中因子之间的斜交程度受研究者定义的参数的影响,而且斜交选装中所允许的因子之间的相关程度是很小的,因为没有人会接受两个高度相关的共同因子。如果两个因子确实高度相关,大多数研究者会选取更少的因子重新进行分析。因此,斜交旋转的优越性大打折扣。在实际研究中,直交旋转(尤其是 Varimax 旋转法)得到更广泛的运用。

(4)决定因素与命名

转轴后,要决定因素数目,选取较少因素层面,获得较大的解释量。在因素命名与结果解释上,必要时可将因素计算后之分数存储,作为其他程序分析之输入变量。

(5)计算各样本的因子得分

因子分析的最终目标是减少变量个数,以便在进一步的分析中用较少的因子代替原有变量参与数据建模。本步骤正是通过各种方法计算各样本在各因子上的得分,为进一步的分析奠定基础。

此外,在因素分析中,研究者还应当考虑以下几个方面:

① 可从相关矩阵中筛选题项

题项间如果没有显著的相关或相关太小,则题项间抽取的因素与研究者初始构建的层面可能差距很大。相对的题项间如果有极其显著的正/负相关,则因素分析较易构建成有意义的内容。因素分析前,研究者可从题项间相关矩阵分布情形,简扼看出哪些题项间有密切关系。

② 样本大小

因素分析的可靠性除与预试样本的抽样有关外,与预试样本数的多少更有密切关系。进行因素分析时,预试样本应该多少才能使结果最为可靠,学者间没有一致的结论,然而多数学者均赞同"因素分析要有可靠的结果,受试样本数要比量表题项数还多",如果一个分量表有 40 个预试题项,则因素分析时,样本数不得少于 40。

此外,在进行因素分析时,学者 Gorshch(1983 年)的观点可作为参考:

(I)题项与受试者的比例最好为 1∶5。

(II)受试总样本总数不得少于 100 人。如果研究主要目的在找出变量群中涵括何种因素,样本数要尽量大,才能确保因素分析结果的可靠性。

③ 因素数目的挑选

进行因素分析,因素数目考虑与挑选标准常用的准则有两种。一是学者 Kaiser 所提的准则标准,选取特征值大于 1 的因素,Kaiser 准则判断应用时,因素分析的题项数最好不要超过 30 题,题项平均共同性最好在 0.70 以上,如果受试样本数大于 250 位,则平均共同性应在 0.60 以上,如果题项数在 50 题以上,有可能抽取过多的共同因素(此时研究者可以限定因素抽取的数目);二为 Cattell(1996 年)所倡导的特征值图形的陡坡检验,此图根据最初抽取因素所能解释的变异量高低绘制而成。

"陡坡石"原是地质学上的名词,代表在岩石斜坡底层发现的小碎石,这些碎石价值性不高。应用于统计学之因素分析中,表示陡坡图底端的因素不具重要性,可以舍弃不用。因而从陡坡图的情形,也可作为挑选因素分析数目的标准。

在多数的因素分析中,根据 Kaiser 选取的标准,通常会抽取过多的共同因素,因而陡坡图是一个重要的选取准则。在因素数目准则挑选上,除参考以上两大主要判断标准外,还要考虑到受试者多少、题项数、变量共同性的大小等。

## 6.3 因子分析法实例

本文运用多元统计学中的因子分析法,对江西省11个城市的经济情况进行分析,按经济综合实力评价各市在全省的地位,并为江西省各市经济发展规划与决策提出了相应的政策建议。在本文中选取了能足够反映经济发展总水平的7项主要指标(均以万元为单位),指标来源于2005年江西统计年鉴,所选取的指标如下:

$X_1$:农业总产值　　　　　$X_2$:工业总产值

$X_3$:建筑业总产值　　　　$X_4$:固定资产投资

$X_5$:固定资产投资　　　　$X_6$:批零贸易餐饮业产值

$X_7$:金融保险业总产值

表6-1　江西省11市2005年经济发展7项指标　（单位:万元）

| 市区 | 农业总产值 | 工业总产值 | 建筑业总产值 | 固定资产投资 | 交通运输邮电业产值 | 批零贸易餐饮业产值 | 金融保险业总产值 |
|---|---|---|---|---|---|---|---|
| 南昌市 | 594 005 | 3 060 760 | 979 844 | 427 383 | 824 349 | 467 139 | 3 383 170 |
| 景德镇市 | 159 019 | 649 538 | 222 159 | 84 454 | 163 341 | 139 763 | 880 327 |
| 萍乡市 | 196 176 | 923 791 | 89 989 | 102 558 | 104 838 | 41 377 | 942 028 |
| 九江市 | 554 155 | 1 245 152 | 522 001 | 271 379 | 342 665 | 118 905 | 1 434 454 |
| 新余市 | 181 000 | 619 000 | 118 400 | 85 428 | 80 253 | 57 100 | 574 015 |
| 鹰潭市 | 155 488 | 416 628 | 30 378 | 117 083 | 49 115 | 30 059 | 413 430 |
| 赣州市 | 1 126 049 | 946 503 | 350 228 | 325 334 | 248 270 | 106 856 | 1 450 835 |
| 吉安市 | 742 790 | 494 037 | 294 556 | 131 430 | 158 179 | 107 862 | 1 029 173 |
| 宜春市 | 885 586 | 953 383 | 161 588 | 189 587 | 199 583 | 115 380 | 1 027 284 |
| 抚州市 | 630 100 | 619 309 | 240 417 | 89 531 | 59 561 | 40 856 | 888 795 |
| 上饶市 | 708 208 | 967 518 | 219 508 | 159 839 | 292 811 | 74 265 | 1 379 343 |

（1）判断数据是否适合因子分析

表 6 - 2　KMO and Bartlett's Test

| Kaiser – Meyer – Olkin Measure of Sampling Adequacy. | | .793 |
|---|---|---|
| Bartlett's Test of Sphericity | Approx. Chi – Square | 95. 879 |
| | df | 21 |
| | Sig. | . 000 |

（2）计算因子得分，对各地区经济的发展水平综合评价

为了考察各地区的发展状况，并对其进行分析和综合评价，采用回归法求出因子得分函数，SPSS 输出的函数系数矩阵如表 6 - 3 所示。

表 6 - 3　Component Score Coefficient Matrix

| | Component | |
|---|---|---|
| | 1 | 2 |
| Zscore:农业总产值 | − 0. 185 | 0. 897 |
| Zscore:工业总产值 | 0. 216 | − 0. 141 |
| Zscore:建筑业总产值 | 0. 178 | − 0. 006 |
| Zscore:固定资产投资 | 0. 088 | 0. 282 |
| Zscore:交通运输邮电业产值 | 0. 193 | − 0. 044 |
| Zscore:批零贸易餐饮业产值 | 0. 219 | − 0. 166 |
| Zscore:金融保险业总产值 | 0. 176 | 0. 016 |

Extraction Method:Principal Component Analysis.
Rotation Method:Varimax with Kaiser Normalization.
Component Scores.

由系数矩阵将两个公因子表示为 7 个指标的线性形式。因子得分的函数为：

$$F_1 = -0.185X_1 + 0.216X_2 + 0.178X_3 + 0.088X_4 + 0.193X_5 + 0.219X_6 + 0.176X_7$$

$$F_2 = 0.897X_1 - 0.141X_2 - 0.006X_3 + 0.282X_4 - 0.044X_5 - 0.166X_6 + 0.016X_7$$

SPSS 已经计算出两个因子的得分，两个因子分别从不同的方面反映了江西省各地区的经济发展状况的总水平，但单独使某一公因子并不能对各区在全省中的地位做出综合的评价，因此，按各公因子对应的方差贡献率为权数计算如下综合统计量：

$$F = 0.798058F_1 + 0.201942F_2$$

通过计算得可以得到综合得分,并求出各地区的排序。

表6-4　各地区排序

| 地区 | Fac1_1 | Fac2_1 | 综合得分 | 排名 |
|------|--------|--------|----------|------|
| 南 昌 市 | 2. 87 064 | - 0. 2 084 | 2. 248 853 | 1 |
| 景德镇市 | - 0. 10 444 | - 1. 22 948 | - 0. 33 163 | 7 |
| 萍 乡 市 | - 0. 33 434 | - 0. 98 629 | - 0. 466 | 9 |
| 九 江 市 | 0. 44 046 | 0. 19 212 | 0. 39 031 | 2 |
| 新 余 市 | - 0. 48 542 | - 1. 03 544 | - 0. 59 649 | 10 |
| 鹰 潭 市 | - 0. 67 767 | - 0. 9 454 | - 0. 73 174 | 11 |
| 赣 州 市 | - 0. 14 333 | 1. 98 186 | 0. 285 835 | 3 |
| 吉 安 市 | - 0. 42 146 | 0. 5 541 | - 0. 22 445 | 6 |
| 宜 春 市 | - 0. 36 058 | 0. 98 257 | - 0. 08 934 | 5 |
| 抚 州 市 | - 0. 62 906 | 0. 22 865 | - 0. 45 585 | 8 |
| 上 饶 市 | - 0. 1 548 | 0. 4 657 | - 0. 02 949 | 4 |

从表中可以看出,综合实力(除农业外)得分因子得分最高的是南昌,其次是九江,农业实力得分因子最高的是赣州,其次是宜春、吉安、上饶。

两个因子加权综合后即表示各个地区社会发展的整体水平,综合得分最高的是南昌,靠前的有九江、赣州,靠后的是新余和鹰潭。综合得分极不平衡,说明了江西经济发展的不平衡性。

**参考文献**

[1]D. L. Barton. Core Capability & Core Rigidities:A paradox in managing new product development [J]. Strategic Management,1992 (13):56 - 61.

[2]Robert A. Buegelman. Strategic Management of Technology and Innovation [M]. New York:Second Edition Mcgraw - Hill,1996:117 - 158.

[3]Jian Cheng Guan,Richard C. M. Yam,Chiu Kam Mok,Ning Ma. A study of the relationship between competitiveness and technological innovation capability based on DEA models[J]. European Journal of Operational Research,2006 ( 3 ):971 - 986.

[4] Steve Brown,Felicia Fai. Strategic resonance between technological and organizational capabilities in the innovation process within firms [J]. Technovation,2006

（26）:60 - 75.

[5]Chun - hsien Wang,Iuan - yuan Lu,Chie - bein Chen. Evaluating firm technological innovation capability under uncertainty [J]. Technovation,2008( 28):349 - 363.

[6]Juan Shan and Dominique Jolly. Accumulation of Technological Innovation Capability and Competitive Performance in Chinese firms[C]. Cairo,Egypt:IAMOT, 2010(8):8 - 11.

[7]魏江,寒午. 企业技术创新能力的界定及其与核心能力的关联[J].科研管理,1998( 6):12 - 17.

[8]付家骥. 技术创新学[M]. 北京:清华大学出版社,1998.

[9]张治河,周国华,冯永琴,张传波."武汉·中国光谷"企业技术创新能力评价研究[J].科研管理 ,2009(S1):12 - 18.

[10]王鹏飞,石林芬.基于因子分析的大中型工业企业区域技术创新能力评价研究[J].科技管理研究 ,2008(5):113 - 115.

[11]王芳,刘永安,何家林.企业技术创新能力研究[J].企业经济, 2010(6): 31 - 33.

[12]中华人民共和国国家统计局. 大中型工业企业自主创新统计资料 2005 [Z],http:// www. stats. gov. cn / tjsj / qtsj / dzxgyqyzzcxtjzl /2005 / .

[13]张洪辉,夏天,王宗军.企业技术创新能力评价方法综述[J].科研究理研究,2009(12):11 - 13.

[14]薛薇.SPSS 统计分析方法及应用[M].北京:电子工业出版社,2004.

# 第7章

# 时间序列分析法

## 7.1　时间序列分析法概述

在人类生产生活的过程中,人们总希望能够预测未来以指导的活动。尤其是当前随着网络的发展,商品交易数据、社交数据、传感器数据呈现指数级增长,如何从这些数据中挖掘有价值的信息,成为学术界与产业界的热门研究方向。

时间序列分析(Time Series Analysis)是一种动态数据处理的统计方法。该方法基于随机过程理论和数理统计学方法,研究随机数据序列所遵从的统计规律,以用于解决实际问题。时间序列法包括移动平均法、指数平滑法、趋势外推法。

时间序列有一明显的特性就是记忆性,记忆性是指时间数列中的任一观测值的表现皆受到过去观测值影响。它包括一般统计分析(如自相关分析、谱分析等)、统计模型的建立与推断,以及关于时间序列的最优预测、控制与滤波等内容。经典的统计分析都假定数据序列具有独立性,而时间序列分析则侧重研究数据序列的互相依赖关系。后者实际上是对离散指标的随机过程的统计分析,所以又可看作是随机过程统计的一个组成部分。例如,记录了某地区第一个月,第二个月,……,第 $N$ 个月的降雨量,利用时间序列分析方法,可以对未来各月的雨量进行预报。

随着计算机的相关软件的开发,数学知识不再是空谈理论,时间序列分析主要是建立在数理统计等知识之上,应用相关数理知识在相关方面的应用等。

时间序列主要考虑的因素是:

(1)长期趋势(Long – term Trend)

① 时间序列可能相当稳定或随时间呈现某种趋势。

② 时间序列趋势一般为线性的,二次方程式的或指数函数。

(2)季节性变动(Seasonal Variation)

① 按时间变动,呈现重复性行为的序列。

② 季节性变动通常和日期或气候有关。

③ 季节性变动通常和年周期有关。

(3)周期性变动(Cyclical Variation)

① 相对于季节性变动,时间序列可能经历"周期性变动"。

② 周期性变动通常是因为经济变动。

(4)随机影响(Random Effects)

## 7.2　移动平均法

移动平均法(Moving Average Method)是根据时间序列逐项推移,依次计算包含一定项数的序时平均数,以此进行预测的方法。移动平均法包括一次移动平均法、加权移动平均法和二次移动平均法。

移动平均法是用一组最近的实际数据值来预测未来一期或几期内公司产品的需求量、公司产能等的一种常用方法。移动平均法适用于近期预测。当产品需求既没有快速增长也没有快速下降,且不存在季节性因素时,移动平均法能有效地消除预测中的随机波动,是非常有用的。

### 7.2.1　一次移动平均法

一次移动平均法又称简单移动平均法,其原理是基于移动平均法最基础的思想,即简单移动平均的各元素的权重都相等。简单的移动平均的计算公式如下:

$$M_t^{(1)} = \frac{(yi + yi - 1 + y2 - 1 + \cdots + yt - N + 1)}{N}$$

其中,$M_t^{(1)}$ 表示对下一期的预测值;$N$ 表示移动平均的时期个数;$yi$ 表示之前 $i$ 期实际值,这一期往往也最有代表性,其重要性我们在加权移动平均中会提到;$yi - 1$,$y2 - 1$ 和 $yt - N + 1$ 分别表示比第 $i$ 期更靠前的一期、两期直至最靠前的一期的实际值。

我们由式子中可得,在时间数列的观察值呈现上升趋势时,由于 $M_t^{(1)}$ 是第 $t$ 期及其前面($N - l$)期各项观察值的平均值,显然 $M_t^{(1)}$ 必小于最后一期的观察值

$y_t - N + 1$。这种现象称为"滞后"现象。又 $M_t^{(1)}$ 只是作为 $y_n$ 的第 $n + 1$ 期的预测值。如果从第 $n$ 期开始,观察值呈现线性趋势时,若要向前再求一期或两期的预测值时,简单移动平均法就无能为力了。这是简单移动平均法的局限性。要消除"滞后"现象和解决局限性的问题,可用二次移动平均法求出从第 $N$ 期起的趋势方程,而后进行预测。

### 7.2.2 二次移动平均法

第一次移动平均值计算完毕后,形成一个新的时间数列,对它再求一次移动平均值,就是二次移动平均法。如表 7 − 1 第(4)栏所示。我们常以 $M_t^{(1)}$ 表示第 $t$ 期的一次移动平均值,$M_t^{(2)}$ 表示第 $t$ 期的二次移动平均值。即:

$$M_t^{(2)} = \frac{M_t^{(1)} + M_{t-1}^{(1)} + \cdots + M_{t-N+1}^{(1)}}{N}$$

式子 $M_x^{(1)}$ 的即是基于一次移动平均法计算而来的预测值,其中相对应的期数由表 7 − 1 所示。

表 7 − 1　移动平均计算表

| $i$ | $y_i$ | | |
| --- | --- | --- | --- |
| (1) | (2) | (3) | (4) |
| | | | − |
| 1 | $y_1$ | − | |
| 2 | $y_2$ | − | |
| | | − | |
| $t - N + 1$ | $y_i - N + 1$ | | |
| − | − | − | |
| $t - 1$ | $y_i - 1$ | | |
| $t$ | $y_i$ | | − |
| − | | − | |
| $N$ | $y_n$ | | |

### 7.2.3 加权移动平均法

加权移动平均给固定跨越期限内的每个变量值以不相等的权重。其原理是:历史各期产品需求的数据信息对预测未来期内的需求量的作用是不一样的。除了以 $N$ 为周期的周期性变化外,远离目标期的变量值的影响力相对较低,故应给予较低的权重。

加权移动平均法的计算公式如下:

$$M_t^{(w)} = \frac{W_1 * y_1 + W_2 * y_2 + W_3 * y_3 + \cdots + W_n * y_n}{N}$$

其中,$M_t^{(w)}$ 表示对下一期的预测值,$w_1$ 表示第 1 期实际值的权重,$w_2$ 表示第 2 期实际值的权重,$w_n$ 表示第 3 期实际值的权重。以此类推,其中 $W_1 + W_2 + \cdots + W_n = n$,$N$ 表示预测的时期数。

在运用加权平均法时,权重的选择是一个应该注意的问题。经验法和试算法是选择权重的最简单的方法。一般而言,最近期的数据最能预示未来的情况,因而权重应大些,这也就是为什么 $y_1$ 的实际值相对其他时期的实际值更为重要。例如,根据前一个月的利润和生产能力比起根据前几个月能更好地估测下个月的利润和生产能力。但是,如果数据是季节性的,则权重也应是季节性的。

### 7.2.4  移动平均法相关问题研究

移动平均法简单且方便使用,已被越来越多的经济管理人员和科研人员掌握。但是,由于移动平均法本身存在一定的局限性以及人们对它认识不深刻,结果导致运用该方法测定的长期趋势值可信度较低,其中,移动平均法运用时存在着这些影响较大的局限性,即如下问题:

第一,加大移动平均法的期数(即加大 N 值)会使平滑波动效果更好,但会使预测值对数据实际变动更不敏感;

第二,移动平均值并不能总是很好地反映出趋势,由于是平均值,预测值总是停留在过去的水平上而无法预计会导致将来更高或更低的波动;

第三,移动平均法要由大量的过去数据的记录。

为此,在运用移动平均法时应注意以下几方面问题:

(1)在运用移动平均法前,必须进行深入细致的定性认识,准确地把握动态数列各指标数值变动的原因。影响动态数列各指标数值变动的因素有多种,归结起来,可以将其区分为两大类,即基本因素和非基本因素。所谓基本因素就是对动态数列各指标数值变化起长期性作用的因素;所谓非基本因素就是对动态数列各指标数值变化起暂时性、偶然性作用的因素,具体包括季节因素和随机因素。运用移动平均法的目的是将非基本因素对动态数列变化的影响剔除掉,而将基本因素的影响保留下来。如果我们在测定长期趋势之前对动态数列各指标数值变化不作必要的定性分析,盲目使用移动平均法,将很有可能剔除了不该剔除的成分,而保留了不该保留的因素。譬如,在原动态数列本身受基本因素影响比较大,而非基本因素的影响可以忽略不计的情况下,如果仍简单地运用移动平均法去测定长期趋势值,就必然会削弱基本因素的影响,故此时最好不要用移动平均法求趋势值,因为原动态数列本身就体现了长期趋势的变动。

(2)移动项数越多长期趋势表现越明显这一观点从原来上来说是有问题的。长期以来,很多结论都指出,移动时间项数越多,长期趋势表现越明显。但是实际上这种说法并不科学,事实证明并非如此,甚至往往移动时间项数越多,长期趋势表现越不明显,理由如下:

首先,运用移动平均法的目的是将非基本因素对动态数列变化的影响剔除掉,而将基本因素的影响保留下来,最终使动态数列的长期趋势呈现出来。而长期趋势大致可以归为三类,即递增型、递减型以及水平型。若移动时间项数越多,则趋势图表现越稳,若对所有的时间项数进行平均,则趋势图为一条水平线,这对任何现象的动态时间数列而言都是成立的,但其实并非所有现象的长期趋势均表现为水平型。显然,只有当现象在不同时期所受基本因素大小相同的条件下,长期趋势才表现为水平型,但对大多数现象而言并非如此,其长期趋势要么为递增型,要么为递减型。

其次,移动平均法在移动项数比较少的情况下,才能很好地将季节因素以及偶然因素给剔除掉。因为移动项数少意味着移动时距小,因而所移动的各项指标数值所受基本因素影响相差无几,基本接近,此时,各项指标数值之间的差异主要是由于季节因素或偶然因素所致(根据大数定律可知)。因此,通过移动平均不可能将基本因素剔除掉。如果移动项数多,则意味着移动时距扩大,因而,各项指标数值所受基本因素的影响出现较大的差异,此时,各项指标数值之间的差异是由三个因素即基本因素、季节因素和偶然因素共同作用所致。故而,在移动平均的过程中,在剔除季节因素以及偶然因素影响的同时,也会剔除一部分基本因素的影响。

综上所述,移动时间项数的多少与长期趋势的变化并非成正比关系。因此,选择移动时间项数时应以能准确测定出长期趋势为准。

(3)应注意移动平均法的合理选择。通常采用的移动平均法有二次移动平均法和加权移动平均法,前者只有动态数列指标数值前后各期所受基本因素影响大小相同的条件下,运用,否则就有可能导致在消除非基本因素影响的同时,将基本因素的影响也给剔除掉。移动平均法的目的就在于既要消除非基本因素的影响,又要准确测定长期趋势值。要满足后者,必须先得完成前者;要使后者准确,必须注意在消除非基本因素的影响的同时,恰好地保留基本因素的影响。为此,应在原动态数列前后各受基本因素影响相同的条件下,运用简单算术平均法测定长期趋势值。

在加权移动平均法中,权数的确定通常有两种方法:要么按原始指标数值先后顺序依次加大;要么对移动项是中间位置的原始数值给予较大的权数,然后,以它为中心左右依次递减。譬如,在五项移动平均中,要么权数为1、2、3、4、5,要么为1、2、3、2、1。从理论上讲,前一种考虑是基于越近的信息越重要,后一种考虑是基于移动项中间位置的原始数值对所测定的趋势值应有较大的影响。对于第一种加权法测定的长期趋势值要么会加速现象的变化(大的标志值对应的权数大,会将整个平均数值提上去),要么会减缓现象的变化(小的标志值对应的权数大,会将整个平均数值拉下来)。为此,一般来说最好不要使用该种加权法,尽管采用此方式是最常见的方式。对于第二种加权法,认为移动项中间位置的原始数值受到的基本因素的影响比前后各期大,这也太主观,仍然达不到准确测定趋势值的目的。因此,该方法也不宜采用。

那么,为了能使加权移动平均法既能剔除非基本因素的影响,又能准确地测定出长期趋势值,应采用变动权数加权法,其权数的确定主要应根据原动态数列各指标数值受基本因素影响大小而定。如果该原始数值在整个移动项中受基本因素影响比较大,就应给它较大的权数。而动态数列受基本因素的影响大小可以通过将定性认识和定量认识相结合的方式来确定,当然,这需要综合知识。譬如,对粮食亩产受基本因素影响大小分析,就必须知道影响粮食亩产的主要基本因素有施肥量、土壤、浇水量、田间管理以及种子质量等。如果判断某年粮食亩产受基本因素影响大小,就需在前后对比分析的基础上确定上述各因素的影响分值,然后求各因素影响分值和,其分值和就是该年的权数,分值和越大说明基本因素影响越大。

在移动平均法的大量应用中,还有相应的统计应用中的移动平均法规则产生,即统计中的移动平均法是对动态数列的修匀的一种方法,是将动态数列的时距扩大。所不同的是采用逐期推移简单的算术平均法,计算出扩大时距的各个平均数,这一些数列的推移的序时平均数就形成了一个新的数列,通过移动平均法,现象短期不规则变动的影响被消除的同时,如果扩大的时距能与现象周期波动的时距相一致或为其倍数,就能进一步削弱季节变动和循环变动的影响,更好地反映现象发展的基本趋势,这一特殊方法我们会在接下来的移动平均法的应用中提到并举例。

### 7.2.5　移动平均法总结

移动平均法的本质是通过移动平均消除时间序列中的不规则变动和其他变动,从而揭示出时间序列的长期趋势。而移动平均法的局限性也正是移动平均法的基本原理导致的,这里我们也可以总结一些移动平均法特点与相关问题应对的方法。

(1)移动平均对原序列有修匀或平滑的作用,使得原序列的上下波动被削弱了,而且平均的时距项数 N 越大,对数列的修匀作用越强。

(2)移动平均时距项数 N 为奇数时,只需一次移动平均,其移动平均值作为移动平均项数的中间一期的趋势代表值;而当移动平均项数 N 为偶数时,移动平均值代表的是这偶数项的中间位置的水平,无法完全对应某一时期,则需要在进行一次相临两项平均值的移动平均,这才能使平均值完全对应某一时期,这称为移正平均,也称为中心化的移动平均数。

(3)当序列包含季节变动时,移动平均时距项数 N 应与季节变动长度一致,才能消除其季节变动;若序列包含周期变动时,平均时距项数 N 应和周期长度基本一致,才能较好地消除周期波动。

(4)它通过引进愈来愈精确的新数据,不断修改平均值,以之作为预测值。

(5)移动平均的项数不宜过大。

总体来说,移动平均法是用来测定长期趋势值的统计方法,它具有通俗易懂、易被人们掌握的特点,不仅可用于微观预测,而且也可用于宏观预测,是一种简单有效的预测方法。

### 7.2.6　移动平均法应用

这里我们举一种关于移动平均法的应用比较简单的方法,即连续地求其平均值,再计算相邻两期平均值的变动趋势然后计算平均发展趋势进行预测。例:某公司 2015 年 1～12 月销售额的统计资料如表 7 - 2 所示,用移动平均法预测 2016 年 1 月的销售额。

表7-2 某公司2015年1~12月销售额统计表

| 月份 | 销售额<br>单位:万元 | 五期平均数 | 变动趋势 | 四期平均<br>发展趋势 |
|---|---|---|---|---|
| 2015年1月 | 33 | | | |
| 2015年2月 | 34 | | | |
| 2015年3月 | 37 | 35.8 | +2.2 | |
| 2015年4月 | 34 | 38.0 | +3.2 | +2.45 |
| 2015年5月 | 41 | 41.2 | | |
| 2015年6月 | 44 | 43.0 | +1.8 | +2.45 |
| 2015年7月 | 50 | 45.6 | +2.6 | +1.70 |
| 2015年8月 | 46 | 47.8 | +2.2 | |
| 2015年9月 | 47 | 48.0 | +0.2 | +1.50 |
| 2015年10月 | 52 | 49.0 | +1.0 | |
| 2015年11月 | 45 | | | |
| 2015年12月 | 55 | | | |
| 2016年1月 | 53.5 | | | |

第一步,计算相邻五个月的销售额平均数(按多少期计算平均数,要根据具体情况而定,期数少,则反映波动比较灵敏,但预测误差大;期数多,则反映波动平滑,预测较为精确)。如1~5月销售额的平均值为:

$$\overline{X}_1 = \frac{33 + 34 + 37 + 34 + 41}{5} = 35.8$$

依此类推,求出 $\overline{X}_2, \overline{X}_3, \overline{X}_4, \cdots, \overline{X}_8$ 并填入表中。

第二步,计算相邻两个平均值的差,这个值称为平均值的变动趋势,如与之差为:38 - 35.8 = 2.2。依此类推,计算变动趋势值,填入表中。

第三步,计算相邻四期变化趋势之平均值,称为四期平均发展趋势,如前四期变动趋势的平均值为:

$(2.2 + 3.2 + 1.8 + 2.6) \div 4 = 2.45$

依此类推,将该数字填入表中。

第四步,预测2016年1月的销售额,最后5个月的平均月销售额为49万元,加上最后一期平均发展趋势1.5万元,所以2016年1月的预测值为:

$49 + 3 \times 1.5 = 53.5$(万元)

这其中 $3 \times 1.5$,是因为预测期的平均月销售额计算距离为 3 个月,所以需要乘以 3。至此,计算结束并得出了需要的预测值。

## 7.3 指数平滑法

指数平滑法又称加权平均法,是由美国学者布朗(R. G. Brown)于 1959 年提出的。通过将数据按照时间序列排序,预测其未来发展趋势,克服了移动平均法中没有考虑时序对数据的影响以及参与运算数据的等权问题。它既不需要存储很多数据,又考虑了各期数据的重要性,且使用了全部的历史数据。该方法计算的过程简单清晰,适应性较强,预测结果稳定。不论是对长期还是短期都有良好的预测结果,因此在工程、经济、管理中都受到各方人士的推崇。

指数平滑法根据平滑次数不同,可分为一次指数平滑法(针对没有趋势和季节性的序列数据)、二次指数平滑法(针对有趋势但没有季性的序列)、三次指数平滑法,有时也称为"Holt – Winters 法"(针对有趋势有季节性的序列)。

所有的指数平滑法都要更新上一时间步长的计算结果,并使用当前时间步长的数据中包含的新信息。它们通过"混合"新信息和旧信息来实现,而相关的新旧信息的权重由一个可调整的初始值和参数来控制。各种方法的不同之处在于它们跟踪的量的个数和对应的拌和参数的个数。在采用指数平滑法时有两个关键点:平滑系数的选择与初始平滑值的选择。

### 7.3.1 一次指数平滑法

$$S_{t+1} = \alpha X_t + (1 - \alpha) S_t \qquad (1)$$

$S_{t+1}$ 是 $t+1$ 期的指数平滑趋势预测值;

$S_t$ 是 $t$ 期的指数平滑趋势预测值;

$Y_t$ 是 $t$ 期实际观察值;

$\alpha$ 为权重系数,也称为指数平滑系数。

在该公式中,我们没有看到指数也没有看到平滑的影子,为何该方法称为指数平滑法呢?(1)式可改写为:

$$S_t = a X_{t-1} + (1 - \alpha) S_{t-1} \qquad (2)$$

将(2)带入(1)中得:

$$S_{t+1} = \alpha X_t + (1 - \alpha) \left[ \alpha X_{t-1} + (1 - \alpha) S_{t-1} \right] \qquad (3)$$

而 $t-1$ 的预期值也可以写成：

$$S_{t-1} = \alpha X_{t-2} + (1-\alpha)S_{t-2} \qquad (4)$$

将（4）代入（3）中：

$$S_{t+1} = \alpha X_t + (1-\alpha)\alpha X_{t-1} + (1-\alpha)^2 \alpha X_{t-2} + (1-\alpha)^3 S_{t-2} \qquad (5)$$

同理，再进行一次代入运算可得：

$$S_{t+1} = \alpha X_t + (1-\alpha)\alpha X_{t-1} + (1-\alpha)^2 \alpha X_{t-2} + (1-\alpha)^3 \alpha X_{t-3} + (1-\alpha)^4 S_{t-3} \qquad (6)$$

通用公式可写为：

$$S_{t+1} = \alpha X_t + (1-\alpha)\alpha X_{t-1} + (1-\alpha)^2 \alpha X_{t-2} + (1-\alpha)^3 \alpha X_{t-3} + \cdots + (1-\alpha)^n X_{t-n} + \cdots + (1-\alpha)^t S_1 \qquad (7)$$

由（7）式，$t+1$ 期的预测值跟 $t$ 期及之前的所有期的实际观察值按 $(1-\alpha)^n$ 的 $n$ 递增，所以，这里就是指数平滑法中"指数"的意义所在。

由于 $(1-\alpha)^n$ 的 $n$（整数）按步长 1 一直递增，而 $(1-\alpha)$ 在 0 到 1 之间，所以 $(1-\alpha)^n$ 的值会越来越小，从（7）式中看就是说离 $t+1$ 期越久远的实际观察值，对 $t+1$ 期的预测值的影响越少。

从（7）式中，还有最后一项 $(1-\alpha)^t S_1$，$S_1$ 就是第一期的预测值，但数据中并没有第一期的预测值，所以一般取前 3 期的实际观察值来代替，实际上这个 $F1$ 并不重要，因为 $(1-\alpha)$ 是个介于 0~1 之间的小数，$(1-\alpha)$ 当 $t$ 很大时，$(1-\alpha)$ 的 $t$ 次方（乘方）后，$(1-\alpha)^t S_1$ 已经非常接近 0 的了，所以 $S_1$ 在（7）式中的作用并不大。

（7）式用文字描述就是，对离预测期较近的观察值赋予较大的权数，对离预测值较远的观察值赋予较小的权数，权数由近到远按指数规律递减，所以叫作指数平滑法。

上面说到第一期 $S_1$ 的值一般取前三期的实际观察值的平均数，这只是一般情况，接下来讨论一下这个 $S_1$ 的取值。

一般分为两种情况，当样本为大样本时（$n>42$），$S_1$ 一般以第一期的观察值代替；当样本为小样本时（$n<42$），$S_1$ 一般取前几期的平均值代替。

应用实例：

某产品过去 20 个月的销售数据如表 7-3 所示。

表 7-3　某产品 20 个月销售数据表

| 编号 | 产品销量 | 一次指数平滑 | $\alpha =$ | 0.7 |
|---|---|---|---|---|
| 1 | 133 | 123.67 | | |
| 2 | 88 | 130.20 | | |

| 编号 | 产品销量 | 一次指数平滑 | α = | 0.7 |
|------|---------|-------------|-----|-----|
| 3 | 150 | 100.66 | | |
| 4 | 123 | 135.20 | | |
| 5 | 404 | 126.66 | | |
| 6 | 107 | 320.80 | | |
| 7 | 674 | 171.14 | | |
| 8 | 403 | 523.14 | | |
| 9 | 243 | 439.04 | | |
| 10 | 257 | 301.81 | | |
| 11 | 900 | 270.44 | | |
| 12 | 1043 | 711.13 | | |
| 13 | 1156 | 943.44 | | |
| 14 | 895 | 1092.23 | | |
| 15 | 1200 | 954.17 | | |
| 16 | 1038 | 1126.25 | | |
| 17 | 1024 | 1064.48 | | |
| 18 | 1283 | 1036.14 | | |
| 19 | 1250 | 1208.94 | | |
| 20 | 1700 | 1237.68 | | |

$C$ 列为指数平滑法计算得到的预测值,$S_1$ 的值为前三期的平均值,即在 $C_2$ 处输入 $= AVERAGE(B2 : B4)$,$C_3$ 处输入 $= \$E\$1 * B2 + (1 - \$E\$1) * C2$,$E_1$ 的值指数平滑系数,$C_3$ 中引用到 $E_1$ 的值需要有绝对引用,这样把 $C_3$ 处的公式下拉复制到 $C_{21}$ 时,公式永远都是引用 $E_1$ 的指数平滑系数。由表格数据画折线图,如图 7-1 所示。

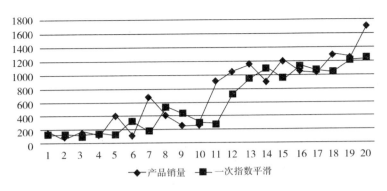

图7-1　某产品20个月销售数据折线图

可以看到,用指数平滑法进行预测是有滞后作用的,这是指数平滑法的一个缺点。要对21期进行预测,只需在 $A_{22}$ 处输入21,把公式下拉复制到 $C_{22}$ 即可。由此图可见,预测趋势与实际变动趋势一致,但预测值比实际值滞后,如果再算一下均方误差,也会出现比较大的情况,一般通过改变指数平滑系数,找出一个均方误差最小的。

一次指数平滑法优点在于它在计算中将所有的观察值在考虑在内,对各期按时期的远近赋予不同的权重,使预测值更接近实际观察值。

但一次指数平滑法只适合于具有水平发展趋势的时间序列分析,只能对近期进行预测。如果碰到时间序列具有上升或下降趋势时,在这个上升或下降的过程中,预测偏差会比较大,这时最好用二次指数平滑法进行预测。

### 7.3.2　二次指数平滑法

二次移动平均法的原理完全适用于二次指数平滑法,即针对斜坡型的历史数据,历史数据和一次指数平滑值的差值与一次指数平滑值和二次指数平滑值的差值基本相同。所以,我们可以先求出一次指数平滑值和二次指数平滑值的差值,然后将此差值加到一次指数平滑值上去,再加上趋势变动值就能得出近似于实际的预测值。根据这一原理,我们便可以建立二次指数平滑法的预测模型。

二次指数平滑的预测公式为:

$$F_{t+1} = a_t + b_t T \qquad (1)$$

$F_{t+1}$ 为 $t+T$ 的预测值,$T$ 为 $t$ 期到预测期的间隔期数,$a_t$、$b_t$ 为参数。

$$a_t = 2S_t^{(1)} - S_t^{(2)} \qquad (2)$$

$$b_t = \frac{a}{1-a}(S_t^{(1)} - S_t^{(2)}) \qquad (3)$$

$s_t^{(1)}$ 和 $s_t^{(2)}$ 分别为一次指数平滑和二次指数平滑的值。

$$s_t^{(1)} = aY_t + (1-a)s_{t-1}^{(1)}$$

$$s_t^{(2)} = aS_t + (1-a)s_{t-1}^{(2)} \qquad (4)$$

当需要对 $t+1$ 期做出预测时,我们只需要在 $t$ 的基础上加一个变动趋势值;要预测 $t+T$ 期,只要在 $t$ 的基础上加 $T$ 个,因而可得二次指数平滑法预测模型的一般表达:

$$F_{t+1} = a_t + b_t T \qquad (5)$$

表 7-4 中第③栏是我国 1978 至 2002 年全社会客运量的资料,据期绘制散点图,可以看出,各年的客运量资料基本呈线性趋势,但在几个不同的时期直线有不同的斜率,因此考虑用变参数线性趋势模型进行预测。具体步骤如下:

**表 7-4 我国 1978-2002 年全社会客运量及预测值 (单位:万人)**

| 年份 | 时间 t | 全社会客运量 y | $S_t^{(1)}$ 各期的一次指数平滑值 | $S_t^{(2)}$ 各期的二次指数平滑值 | $a_t$ | $b_t$ | $y_t = a_t + b_t$ |
|---|---|---|---|---|---|---|---|
| ① | ② | ③ | ④ | ⑤ | ⑥ | ⑦ | ⑧ |
|  |  |  | 253 993 | 253 993 |  |  |  |
| 1978 | 1 | 253 993 | 253 993 | 253 993 | 253 993 | 0 |  |
| 1979 | 2 | 289 665 | 275 396.2 | 266 834.9 | 283 957.5 | 12 841.9 | 253 993 |
| 1980 | 3 | 341 785 | 315 229.5 | 295 871.7 | 334 587.3 | 29 036.7 | 296 799.4 |
| 1981 | 4 | 384 763 | 356 949.6 | 332 518.4 | 381 380.8 | 36 646.8 | 363 624 |
| 1982 | 5 | 428 964 | 400 158.2 | 373 102.3 | 427 214.2 | 40 583.9 | 418 027.5 |
| 1983 | 6 | 470 614 | 442 431.7 | 414 699.9 | 470 163.4 | 41 597.6 | 467 798.1 |
| 1984 | 7 | 530 217 | 495 102.9 | 462 941.7 | 527 264.1 | 48 241.8 | 511 761.1 |
| 1985 | 8 | 620 206 | 570 164.8 | 527 275.5 | 613 054 | 64 333.8 | 575 505.8 |
| 1986 | 9 | 688 212 | 640 993.1 | 595 506.1 | 686 480.1 | 68 230.5 | 677 387.8 |
| 1987 | 10 | 746 422 | 704 250.4 | 660 752.7 | 747 748.2 | 65 246.6 | 754 710.7 |
| 1988 | 11 | 809 592 | 767 455.4 | 724 774.3 | 810 136.4 | 64 021.6 | 812 994.8 |
| 1989 | 12 | 791 376 | 781 807.8 | 758 994.4 | 804 621.1 | 34 220.1 | 874 158.1 |
| 1990 | 13 | 772 682 | 776 332.3 | 769 397.1 | 783 267.5 | 10 402.8 | 838 841.2 |

| 年份 | 时间 t | 全社会客运量 y | $S_t^{(1)}$ 各期的一次指数平滑值 | $S_t^{(2)}$ 各期的二次指数平滑值 | $a_t$ | $b_t$ | $y_t = a_t + b_t$ |
|---|---|---|---|---|---|---|---|
| ① | ② | ③ | ④ | ⑤ | ⑥ | ⑦ | ⑧ |
| 1991 | 14 | 806 048 | 794 161. 7 | 784 255. 9 | 804 067. 6 | 14 858. 8 | 793 670. 2 |
| 1992 | 15 | 860 855 | 834 177. 7 | 814 209 | 854 146. 4 | 29 953. 1 | 818 926. 3 |
| 1993 | 16 | 996 630 | 931 651. 5 | 884 674. 5 | 978 628. 5 | 70 465. 5 | 884 099. 5 |
| 1994 | 17 | 1 092 883 | 1 028 390. 4 | 970 904 | 1 085 876. 8 | 86 229. 6 | 1 049 094 |
| 1995 | 18 | 1 172 596 | 1 114 913. 8 | 1 057 309. 9 | 1 172 517. 6 | 86 405. 8 | 1 172 106. 3 |
| 1996 | 19 | 1 245 356 | 1 193 179. 1 | 1 138 831. 4 | 1 247 526. 8 | 81 521. 5 | 1 258 923. 5 |
| 1997 | 20 | 1 326 094 | 1 272 928 | 1 219 289. 4 | 1 326 566. 7 | 80 458 | 1 329 048. 3 |
| 1998 | 21 | 1 378 717 | 1 336 401. 4 | 1 289 556. 6 | 1 383 246. 2 | 70 267. 2 | 1 407 024. 7 |
| 1999 | 22 | 1 394 413 | 1 371 208. 4 | 1 338 547. 7 | 1 403 869. 1 | 48 991. 1 | 1 453 513. 4 |
| 2000 | 23 | 1 478 573 | 1 435 627. 1 | 1 396 795. 4 | 1 474 458. 9 | 58 247. 7 | 1 452 860. 1 |
| 2001 | 24 | 1 534 122 | 1 494 724. 1 | 1 455 552. 6 | 1 533 895. 5 | 58 757. 2 | 1 532 706. 6 |
| 2002 | 25 | 1 608 150 | 1 562 779. 6 | 1 519 888. 8 | 1 605 670. 4 | 64 336. 2 | 1 592 652. 8 |
| 2003 | 26 | | | | | | 1 670 006. 7 |

第一步,计算一次指数平滑值。取 $a = 0.6$,根据一次指数平滑公式,可计算各期的一次指数平滑预测值:

1978 年: $S_1^{(1)} = 0.6 \times y_1 + 0.4 \times S_0^{(1)} = 0.6 \times 253993 + 0.4 \times 253993 = 253993$

1979 年: $S_2^{(1)} = 0.6 \times y_2 + 0.4 \times S_1^{(1)} = 0.6 \times 289665 + 0.4 \times 253993 = 275396.2$

同理可得各年的一次指数平滑预测值,见表 7 - 4 中第④栏。

第二步,根据(1)式和第一步计算的,计算各期的二次指数平滑值,见表 7 - 4 中第⑤栏。如:

$S_1^{(2)} = 0.6 \times S_1^{(1)} + 0.4 \times S_0^{(2)} = 0.6 \times 253993 + 0.4 \times 253993 = 253993$

$S_2^{(2)} = 0.6 \times S_2^{(1)} + 0.4 \times S_1^{(2)} = 0.6 \times 275396 + 0.4 \times 253993 = 266834.9$

其余各期以此类推。

第三步,计算各期参数变量值 $\alpha$、$b$。根据(3)式,可计算各期的 $\alpha$、$b$,分别见表 7 - 4 第⑥、第⑦栏,如:

$$\begin{cases} a_2 = 2S_2^{(1)} - S_2^{(2)} = 2 \times 275396.\,2 - 266834.\,9 = 283957.\,5 \\ b_2 = \dfrac{a}{1-a}(S_2^{(1)} - S_2^{(2)}) = \dfrac{0.\,6}{0.\,4}(275396.\,2 - 266834.\,9) = 12841.\,9 \end{cases}$$

第四步,根据(4)式和(2)式分别求各期的趋势预测值,见表7-4中最后一栏。如:

2000 年预测值为:

$$\hat{y}_{23} = \hat{y}_{22+1} = a_{22} + (b_{22}) \times 1 = 1403869.\,1 + 148991.\,1 = 1452860$$

进行外推预测,则 2003 年预测值为:

$$\hat{y}_{27} = \hat{y}_{25+1} = a_{25} + (b_{25} \times 1) = 1605670.\,4 + 64336.\,2 = 1670006.\,7$$

2004 年预测值为:

$$\hat{y}_{27} = \hat{y}_{26+1} = a_{25} + (b_{25}) \times 2 = 1605670.\,4 + 64336.\,2 \times 2 = 1734342.\,9$$

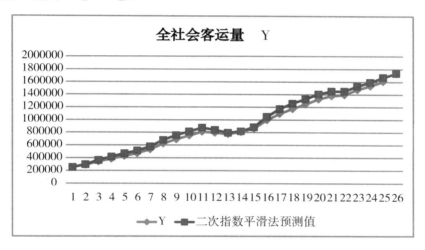

**图7-2 二次指数平滑法预测值折线图**

把各年的预测值绘成曲线与原时间序列的散点图比较(见图7-2),可以看出,二次指数平滑法由于考虑了时间序列在不同时期直线参数的变化,其预测值与原时间序列的拟合程度非常好。上图中也给出了用最小二乘法拟合的趋势直线,相比之下,用二次指数平滑法拟合的趋势线更好地体现了原时间序列在不同时间段的变化趋势。

### 7.3.3 三次指数平滑法

在时间序列中,我们需要基于该时间序列当前已有的数据来预测其在之后的走势,三次指数平滑算法可以很好地进行时间序列的预测。

时间序列数据一般有以下特点:趋势(Trend)和季节性(Seasonality)。

趋势描述的是时间序列的整体走势,比如总体上升或者总体下降。图 7－3 所示的时间序列是总体上升的。

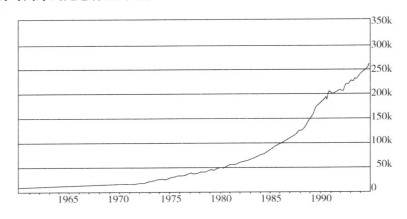

图 7－3　时间序列的整体走势

季节性描述的是数据的周期性波动,比如以年或者周为周期,如图 7－4 所示。

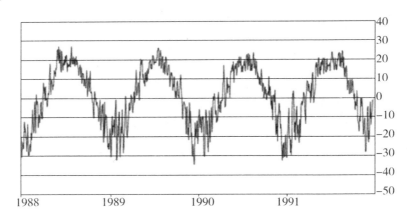

图 7－4　数据的周期性波动

三次指数平滑算法可以对同时含有趋势和季节性的时间序列进行预测,该算法是基于一次指数平滑和二次指数平滑算法的。

一次指数平滑算法基于以下的递推关系:

$$S_t = \alpha Y_{t-1} + (1 - \alpha) S_{t-1}$$

其中,$\alpha$ 是平滑参数,$S_t$ 是之前 $t$ 个数据的平滑值,取值为 $[0,1]$,$\alpha$ 越接近 1,平滑后的值越接近当前时间的数据值,数据越不平滑,$\alpha$ 越接近 0,平滑后的值越接近前 $t$ 个数据的平滑值,数据越平滑,$\alpha$ 的值通常可以多尝试几次以达到最佳效果。

一次指数平滑算法进行预测的公式为:$X_{t+h} = S_t$,其中 $t$ 为当前最后的一个数据记录的坐标,亦即预测的时间序列为一条直线,不能反映时间序列的趋势和季节性。

二次指数平滑保留了趋势的信息,使得预测的时间序列可以包含之前数据的趋势。二次指数平滑通过添加一个新的变量 $t$ 来表示平滑后的趋势:

$$S_t = \alpha X_{t-1} + (1-\alpha)(S_{t-1} + T_{t-1})$$
$$T_t = \beta(S_t - S_{t-1}) + (1+\beta)T_{t-1}$$

二次指数平滑的预测公式为 $X_{t+h} = S_t + hT_t$,二次指数平滑的预测结果是一条斜的直线。

三次指数平滑在二次指数平滑的基础上保留了季节性的信息,使得其可以预测带有季节性的时间序列。三次指数平滑添加了一个新的参数 $p$ 来表示平滑后的趋势。

三次指数平滑有累加和累乘两种方法,下面是累加的三次指数平滑:

$$S_t = \alpha(X_t - P_{t-k}) + (1-\alpha)(S_{t-1} + T_{t-1})$$
$$T_t = \beta(S_t - S_{t-1}) + (1-\beta)T_{t-1}$$
$$P_t = \gamma(X_t - S_t) + (1-\gamma)p_{t-k}$$

其中,$k$ 为周期,累加三次指数平滑的预测公式为:

$$X_{t+h} = S_t + hT_t + P_{t-k+(h \bmod k)}$$

下式为累乘的三次指数平滑:

$$S_t = \alpha X_t(P_{t-k}) + (1-\alpha)(S_{t-1} + T_{t-1})$$
$$T_t = \beta(S_t - S_{t-1}) + (1-\beta)T_{t-1}$$
$$P_t = \gamma(X_t/S_t) + (1-\gamma)p_{t-k}$$

其中,$k$ 为周期,累乘三次指数平滑的预测公式为:

$$X_{t+h} = (S_t + hT_t)P_{t-k+(h \bmod k)}$$

$\alpha$、$\beta$、$\gamma$ 的值都位于 $[0,1]$ 之间,可以多试验几次以达到最佳效果。

$s$、$t$、$p$ 初始值的选取对于算法整体的影响不是特别大,通常的取值为 $s_0 = x_0$,$t_0 = x_1 - x_0$,累加时 $p=0$,累乘时 $p=1$.

使用 Data Market 的 International Airline Passengers 数据来测试累加和累乘三

次指数平滑算法的性能,该数据记录的是每月的国际航线乘客数。

图7-5为使用累加三次指数平滑进行预测的效果:其中粗线为源时间序列,细线为预测的时间序列,$\alpha$,$\beta$,$\gamma$的取值为0.45、0.2、0.95:

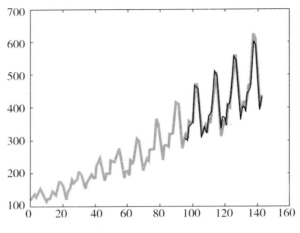

图7-5 累加三次指数平滑预测的效果

图7-6为累乘三次指数平滑进行预测的效果,$\alpha$、$\beta$、$\gamma$的取值为0.4、0.05、0.9:

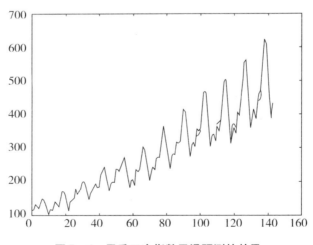

图7-6 累乘三次指数平滑预测的效果

我们可以看到,三次指数平滑算法可以很好地保存时间序列数据的趋势和季节性信息,在International Airline Passengers 数据集上累乘平滑指数算法的效果更好。

# 7.4  趋势外推法

趋势外推法(Trend Extrapolation)是根据过去和现在的发展趋势推断未来的一类方法的总称,用于科技、经济和社会发展的预测,是情报研究法体系的重要部分。趋势外推的基本假设是未来是过去和现在连续发展的结果。趋势外推法的基本理论是:决定事物过去发展的因素,在很大程度上也决定该事物未来的发展,其变化不会太大。事物发展过程一般都是渐进式的变化,而不是跳跃式的变化掌握事物的发展规律,依据这种规律推导,就可以预测出它的未来趋势和状态。

趋势外推法首先由 R. 赖恩(Rhyne)用于科技预测,他认为,应用趋势外推法进行预测,主要包括以下 6 个步骤:

(1)选择预测参数。

(2)收集必要的数据。

(3)拟合曲线。

(4)趋势外推。

(5)预测说明。

(6)研究预测结果在制订规划和决策中的应用。

趋势外推法是在对研究对象过去和现在的发展做了全面分析之后,利用某种模型描述某一参数的变化规律,然后以此规律进行外推。

## 7.4.1  直线趋势延伸法

预测目标的时间序列资料逐期增(减)量大体相等时,长期趋势即基本呈现线性趋势,便可选用直线趋势延伸法进行预测。

遇到时间序列大多数数据点变化呈现线性,个别点有异常现象时,经过质数分析,可以在作数据处理(删除或作调整)后再找线性趋势直线进行预测。

直线趋势延伸法与平滑技术(二次移动平均法和二次指数平滑法)同样是遵循事物发展的连续原则,以预测目标时间序列资料呈现有单位时间增(减)量大体相同的长期趋势变动为适用条件的。它们之间有以下区别:

(1)预测模型的参数计算方法不同。直线趋势延伸法模型参数靠最小二乘法数学推导;平滑技术主要靠经验判断决定。

(2)线性预测模型中的时间变量的取值不同。直线趋势延伸法中时间变量取值决定于未来时间在时间序列中的时序;平滑技术模型中的时间变量的取值决定于未来时间相距建模时点的时间周期数。

（3）模型适应市场的灵活性不同。直线趋势延伸预测模型参数对时间序列资料一律同等看待,在拟合中消除了季节、不规则、循环三类变动因子的影响,反映时间序列资料长期趋势的平均变动水平;平滑技术预测模型参数对时间序列资料则采用重近轻远原则,在拟合中能较灵敏地反映市场变动的总体水平。

（4）随时间的推进,建模参数计算的简便性不同。随着时间推进,时间序列资料增加,直线趋势延伸预测模型参数要重新计算,且与前面预测时点的参数计算无关;平滑技术模型参数同样要重新计算,但与前面预测时点的参数计算是有关系的。

### 7.4.2　曲线趋势法

市场商品的需求与供应,由于受到政策性因素、消费者心理因素、季节性因素等多种因素的影响,其变动趋势并非都是一条直线状态,有时会呈现出不同形状的曲线变动趋势。在这种情形下,就需要用曲线方程式求得曲线趋势变动线,然后加以延伸,确定预测值。

由于影响市场的因素很多,使得曲线方程式多种多样,主要有二次曲线法、三次曲线法、戈珀兹曲线法和指数曲线法。

### 7.4.3　简单的函数模型

为了拟合数据点,实际中最常用的是一些比较简单的函数模型,如线性模型、指数曲线、生长曲线、包络曲线等。

（1）线性外推法

线性趋势外推法是最简单的外推法。这种方法可用来研究随时间按恒定增长率变化的事物。在以时间为横坐标的坐标图中,事物的变化接近一条直线。根据这条直线,可以推断事物未来的变化。

应用线性外推法,首先是收集研究对象的动态数列,然后画数据点分布图,如果散点构成的曲线非常近似于直线,则可按直线规律外推。

（2）指数曲线法

指数曲线法（Exponential curve）是一种重要的趋势外推法。当描述某一客观事物的指标或参数在散点图上的数据点构成指数曲线或近似指数曲线时,表明该事物的发展是按指数规律或近似指数规律变化。如果在预测期限内,有理由说明该事物仍将按此规律发展,则可按指数曲线外推。

许多研究结果表明,技术发展有时包括社会发展,其定量特性往往表现为按指数规律或近似指数规律增长,一种技术的发展通常要经过发生、发展和成熟三个阶段。在技术发展进入阶段之前,有一个高速发展时期。一般地说,在这个时期内,很多技术特性的发展是符合指数增长规律的。例如,运输工具的速度、发动机效率、电站容量、计算机的存储容量和运算速度等,其发展规律均表现为指数增长趋势。

对于处在发生和发展阶段的技术,指数曲线法是一种重要的预测方法,一次指数曲线因与这个阶段的发展趋势相适应,所以比较适合处于发生和发展阶段技术的预测,一次指数曲线也可用于经济预测,因为它与许多经济现象的发展过程相适应,二次指数曲线和修正指数曲线则主要用于经济方面的预测。

(3)生长曲线法

生长曲线模型(Growth curve models)可以描述事物发生、发展和成熟的全过程,是情报研究中常用的一种方法。

生物群体的生长,例如,人口的增加、细胞的繁琐,开始几乎都是按指数函数的规律增长的。在达到一定的生物密度以后,由于自身和环境的制约作用,逐渐趋于稳定状态。通过对技术发展过程的研究,发现也具有类似的规律。由于技术性能的提高与生物群体的生长存在着这种非严谨的类似,因而可用生长曲线模拟技术的发展过程。

生长曲线法几乎可用来研究每个技术领域的发展,它不仅可以描述技术发展的基本倾向,更重要的是,它可以说明一项技术的增长由高速发展变为缓慢发展的转折时期,为规划决策确定开发新技术的恰当时机提供依据。

有些经济现象也符合或近似生长曲线的变化规律,因而它也完全可以用来研究经济领域的问题。

(4)包络曲线法

① 概念

生长曲线描述一项单元技术的发展过程,而包络曲线(Envelop curve)描述整个技术系统的发展过程。一项单元技术有功能特性上限,而由一系列先后相继的单元技术构成的整个技术系统,不会因单元技术达到性能上限而停止发展。例如,把计算机作为整个技术系统,则分别以电子管—晶体管—中小规模集成电路—大规模集成电路作为逻辑元件的相应计算机就是它的单元技术。随着单元技术的更替,计算机技术性能在不断提高。

由于单元技术的连续更替,在时间特性图上表现为一系列的 S 曲线,随时间的推移,后一条 S 曲线的性能比前一条 S 曲线的性能有所提高。如果把这一系列 S 曲线边成一条包络曲线,其形状也往往是一条 S 曲线。R. 艾尔斯(Ayres)通过对整个技术系统实际发展过程的观察和分析,列举了许多实例,用以说明整个技术系统的发展是符合包络曲线规律的。例如,粒子加速器工作能量的增加,白炽灯效率的提高,航空发动机功率的增长,交通工具速度的提高等。

这些事实说明,整个技术系统的发展也是连续的,呈现某种规律性,符合或近似包络曲线规律。这一规律是制订长远科技发展规划的一个依据。

② 用途

用包络曲线外推,可以估计某个技术系统的特性参数在未来某一时间将会达到什么水平,适用于长期技术预测。此外,它还有以下两个方面的实际用途:

(I)用于分析新技术可能出现的时机。根据整个技术系统的特性参数遵循包络曲线发展的规律,当某一单元技术的性能趋于其上限时,通常会有另一新的单元技术出现,推动整个技术系统的发展。按照这个原理,如果将包络曲线法与生长曲线法结合起来使用,当现有技术的性能水平接近其上限时,规划制订者就应该估计,是否会有另一新的单元技术出现,从而相应地做出新技术的科研规划和计划,并加以实施,以保持产品的先进性。

(II)用于验证规划中制订的技术参数指标是否合理,为未来产品设计的功能特性参数提供评价依据。如果目标规定的技术参数值订在外推的包络曲线之上,表明有可能冒进;反之,则可能是偏于保守的。

### 7.4.4 趋势外推法的基本假设

趋势外推预测法和所有的时间序列分析一样,都基于下面两个基本假设:

(1)决定事物过去发展的因素,在很大程度上仍决定事物的未来发展,这些因素作用的机理和数量关系是不变的或变化不大。

(2)未来发展的过周属于渐进过程,不是跳跃式的变化,即促使社会经济现象不规则波动的因素是不稳定的短期起作用的因素,它对社会经济现象只产生局部的偶然影响。

### 7.4.5 趋势外推法的主要目标

趋势外推法的主要目标是根据过去经济现象逐期增减变动的数量或比率,研究经济发展变化的规律性,预测未来发展的趋势。趋势外推法也是一种模型预测法。模型法即数学模型法,就是用一个或一组数学方程(包括代数方程、微分方程或差分方程等)来表示所预测事物随时间变化的形式或客观事物之间的关系,来计算事物未来的变化与状态,达到预测的目的。数学模型代表事物随时间变化的形式,就属于趋势外推预测技术。

### 7.4.6 趋势外推法的研究问题

趋势外推法的数学模型很多,对数学模型的选用,既要分析有关预测对象的历史数据,还要分析其未来发展的趋势过程。主要研究的问题有:

(1)预测参数是单调递增还是单调递减,是有一个或几个极值,极值是稳定的还是周期变动的;

(2)预测参数的极值是极大还是极小;

(3)决定预测对象发展过程的函数有无拐点;

(4)描述预测对象的函数是否具有对称性;

(5)预测对象的发展过程在时间上是否有明显的限制等。

### 7.4.7 趋势外推法的案例分析

趋势外推函数很多,常用的有线性函数、抛物线函数、指数函数、修正指数函数、双曲线函数、罗古斯谛曲线函数、戈帕斯曲线函数及幂函数等。这里采用指数曲线模型预测法。

(1)预测模型的建立

在一个较长的时期里,分规格分工部的标准可比成本应该呈下降趋势,并逐步逼近一个极限值。

因为这种标准可比成本实际上是由物耗直接得出,各时期比较的是物耗,所以随着生产技能的提高及生产设备的改进,生产定量的某种产品的物耗必然会降低,但是又不可能无限降低,所以,长期来看应符合图中曲线走向(如图7-7所示)。

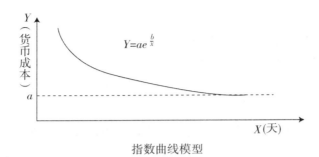

指数曲线模型

**图 7 - 7　指数曲线模型**

上述曲线的方程 $Y = ae^{\frac{b}{x}}$ 就是指数曲线模型。当 $a > 0$、$b > 0$ 时，$Y$ 随 $X$ 增大单调递减上凹，具有渐近线 $X = 0$ 和 $Y = a$。当 $a > 0$、$b < 0$ 时，$Y$ 单调递增；在 $X$ 的区间 $(0, -2/b)$ 上，曲线上凹，且当 $X = 0$ 时，$Y = 0$；$X = -2/b$，$Y = a\exp(-b^2/2)$ 为曲线拐点坐标；在 $X$ 的开区间 $(-2/b, +\infty)$ 上，曲线下凹，且以 $Y = a$ 为渐近线。其中，$a$、$b$ 为参数；$X$ 是时间，可以以天为单位，也可以周、月为单位，但必须统一（这里统一为天数）。为实际的综合成本或可比成本，我们用历史数据求出参数 $a$、$b$ 的确定模型，然后就可计算出趋势值 $Yi$。方法如下：

将 $Y = ae^{\frac{b}{x}}$ 划归为线性方程，两边取对数得：

$$\ln Y = \ln a + \frac{b}{x} \qquad (1)$$

令 $u = \ln Y, A = \ln a, v = \frac{1}{x}$，得：$A + bv = u$。（1）式可看作是趋势外推法中的直线模型，直线模型的关键是如何确定 $a$、$b$ 参数，使其误差最小。这里选用最小二乘法。

最小二乘法是使实际值和趋势值之差的平方和最小：$\sum_{i=1}^{n}(Y - Y_i)^2$ 最小，即 $\sum_{i=1}^{n}(Y - a - b_x)^2$ 为最小。假设这里的 $Y$ 就是 $u$，即 $\ln Y$；$x$ 是 $v$，即 $1/X$；要求的参数 $a$、$b$ 就是对应的 $a$、$b$，根据求最小值原理，对 $a$、$b$ 求导数，并令其为 0，即：

$$\begin{cases} \sum_{i=1}^{n}(Y - a - bx) = 0 \\ \sum_{i=1}^{n}(Y - a - bx)x = 0 \end{cases} \qquad (2)$$

$$\begin{cases} \sum_{i=1}^{n}Y = na - b\sum_{i=1}^{n}x \\ \sum_{i=1}^{n}x \cdot Y = a\sum_{i=1}^{n}x + \sum_{i=1}^{n}x^2 \end{cases} \qquad (3)$$

$n$ 为时间序列的项数,解此联立方程,可求得 $a$、$b$ 为:

$$\begin{cases} a = \dfrac{\sum\limits_{i=1}^{n} x^2 \cdot \sum\limits_{i=1}^{n} Y - \sum\limits_{i=1}^{n} x \cdot \sum x \cdot y}{2} \\ b = \dfrac{n\sum\limits_{i=1}^{n} xY - \sum\limits_{i=1}^{n} x \cdot \sum\limits_{i=1}^{n} Y}{n\sum\limits_{i=1}^{n} x^2 - (\sum\limits_{i=1}^{n} x)^2} \end{cases} \quad (4)$$

以上计算 $a$、$b$ 时,代表天数的 $x$ 值为"$0,1,2,\cdots$",起点为 $0$,计算比较复杂。为了简化计算,改变 $x$ 值为"$\cdots, -3, -2, -1, 0, 1, 2, 3, \cdots$",当天数为偶数时,用中间两天的中点为零,即 $x$ 值为"$\cdots, -5, -3, -1, 1, 3, 5, \cdots$"。由此可得 $\sum\limits_{i=1}^{n} x$ 总是为 $0$。于是(4)式可简化为:

$$\begin{cases} a = \dfrac{\sum\limits_{i=1}^{n} Y}{n} \\ b = \dfrac{\sum\limits_{i=1}^{n} xy}{\sum\limits_{i=1}^{n} x^2} \end{cases} \quad (5)$$

上述计算完成后,在用相应的参数 $A$、$b$ 替换 $a$、$b$,然后带入解方程求出成本值。

(2)程序流程

程序流程如图 7-8 所示。

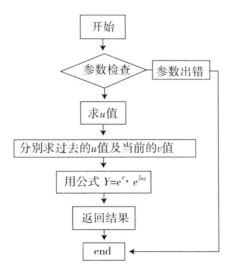

图 7-8 预测程序流程图

（3）预测实例

取某钢铁铸管集团在 2001 年 6 月份的日生产数据,如表 7 - 5 所示。

表 7 - 5　生产数据及单位参数计算结果

| 日期 | 天次 $V$ (1)式中 $x$ | 综合成本 $Y$ | $u(Y)\ln Y$ (1)式中的 $Y$ | $xY(uv)$ | $x^2(v^2)$ |
|---|---|---|---|---|---|
| 6 - 1 | - 4 | 2 911.63 | 7.98 | - 31.92 | 16 |
| 6 - 2 | - 3 | 2 904.29 | 7.97 | - 23.91 | 9 |
| 6 - 3 | - 2 | 2 648.81 | 7.88 | - 15.76 | 4 |
| 6 - 4 | - 1 | 2 600.53 | 7.86 | - 7.86 | 1 |
| 6 - 5 | 0 | 2 597.06 | 7.86 | 0 | 0 |
| 6 - 6 | 1 | 2 708.88 | 7.9 | 7.9 | 1 |
| 6 - 7 | 2 | 2 729.91 | 7.91 | 15.82 | 4 |
| 6 - 8 | 3 | 2 672.01 | 7.89 | 23.67 | 9 |
| 6 - 9 | 4 | 2 672.3 | 7.89 | 31.56 | 16 |
| $\sum\limits_{i=1}^{n}$ | 0 | 24445.42 | 71.14 | - 0.5 | 60 |

首先解出 $\sum\limits_{i=1}^{n}Y=71.14,\sum\limits_{i=1}^{n}xY=-0.5,\sum\limits_{i=1}^{n}x^2=60$,与 $n=9$ 代入(5)式可得:

$$a=\frac{\sum\limits_{i=1}^{n}Y}{n}frac71.149=7.9$$

$$b=\frac{\sum\limits_{i=1}^{n}xY}{\sum\limits_{i=1}^{n}x^2}=\frac{-0.5}{60}=-0.0083$$

根据 $A$ 的值及代换公式 $A=\ln a$,可得 $a=2\,697.28,b$ 不变,为方便起见,$v$ 不代换。要预测 6 月 10 日的值,可带入公式:$Y=2\,697.28e^{-0.0083v}$,6 月 10 日的自变量 $v$ 的值应该是 5,因此,$Y=2\,697.28\times e^{-0.0083\times5}=2\,697.28\times1.042=2\,810.57$,实际上 6 月 10 日的综合成本是 2 718.15,误差是 3.4%,预测结果比较准确。

## 7.5  时间序列分析法应用实例

时间序列数据挖掘是数据挖掘算法中应用最广的几种算法之一,被广泛应用于宏观经济的分析与预测和股票价格变动的分析与预测。时间序列分析把各种分析的变量 $X$ 建立与时间 $T$ 的函数关系 $Xt = aXt-1(T)$,通过掌握历史数据变动的规律,分析变量未来的运动趋势。在宏观经济的分析中,其主要的理论依据有经济周期理论以及宏观经济学中所讲的 IS – ML 模型(Investment Saving & Liquidity Money 投资与储蓄市场均衡,流动性即货币需求与货币供给均衡模型,又称产品市场与货币市场均衡模型)。

股票价格因为远高于其每股净资产价格而处于一种大幅度的变动之中,给二级市场投资者带来了很多投资机会和风险。关于股票价格的决定因素是多方面的,最主要的决定因素是宏观经济环境和公司基本面以及市场参与者对这两种因素的预期。当然,股票价格高低跟股票供给和市场资金充裕情况有密切的关系,也符合一般商品所遵守的一价定律。市场参与者对未来股市走势的预期直接影响投资者行为,投资者行为的直接反映就是股票价格和成交量随时间 T 的变动,所以,"市场行为蕴涵一切"是技术分析的理论基础,而时间序列分析作为技术分析中一种重要的分析方法被普遍采用。个人认为,把该分析方法进行标准化的程序实现有助于提高证券分析师和投资者的工作效率,具有一定的商业价值。当然,一种数据挖掘技术的运用必须同要分析事物的自身规律结合才能得到正确的结论,股市跌多了会涨,涨过分了会跌,具体跌到什么程度才会止跌回稳,具体涨到什么程度才会回落,要给出一个定量判断标准,这个标准可以从历史数据中总结,也可以从资金面和各种市场行为中判断,只要掌握了股票市场运行的时间序列特征,那么我们就可以用时间序列挖掘算法来辅助证券投资分析。

**参考文献**

[1]李琦,陈玉新.移动平均法的滞后问题[J].统计与决策,2008(22):152 – 153.

[2]华伯泉.统计预测中的二次移动平均法[J].统计研究,1995,(02):70 – 73.

[3]杨立勋.关于合理运用移动平均法的三点建议[J].江苏统计,1997

(07):8-9.

[4]李云刚.基于移动平均法的改进[J].统计与决策,2009,(19):158-159.

[5]马进军.关于移动平均法的探讨[J].广西商专学报,1991,(04):51-55.

[6]汤岩.时间序列分析的研究与应用[D].哈尔滨:东北农业大学,2007.

[7]刘干中.一次指数平滑模型预测法及实际应用[J].科技信息,2006 (07).

[8]高洪深.决策支持系统(DSS):理论、方法、案例[M].北京:清华大学出版社,2005.

[9]吴翊.应用数理统计[M].北京:国防科技大学出版社,1995.

[10]李伟华.多媒体群决策支持系统理论、方法、应用[M].西安:西北工业大学出版社,2001.

[11]陈桦,赵晓,齐慧.基于决策支持系统的预测模型研究[J].微电子学与计算机,2004(12).

# 第8章

# 科学计量学

## 8.1 科学计量学概述

科学计量学(Scientometrics)是应用数理统计和计算技术等数学方法对科学活动的投入(如,科研人员、研究经费)、产出(如,论文数量、被引数量)和过程(如,信息传播、交流网络的形成)进行定量分析,从中找出科学活动规律性的一门科学学分支学科。

### 8.1.1 科学计量学的定义

科学计量学是一门以科学自身为研究对象,进行定量研究的学科。其借助科学计量学指标,运用数学方法计量科学研究的成果、描述科学体系的结构、分析科学系统的内在运行机制,揭示科学发展的时空特征,也探讨在整个社会大背景下科学活动的定量规律性。可以说,科学计量学是一种科学中的科学。自20世纪60年代初创立至今,科学计量学已被广泛应用于科研主体实力考察、学术期刊质量评估、科技发展规划制订以及科学基金项目管理等许多方面。科学计量学是一门对科学文献进行定量统计分析的学科,其目的之一就是创建评价科学的指标。

### 8.1.2 科学计量学的发展历程

马克思是最早揭示出数学方法在科学研究中的重要作用,他认为:"一种科学只有在成功地运用数学时,才算达到了真正完善的地步。"这一光辉论断已经被自然科学和社会科学的发展逐步验证。科学学是在现代科学技术恶名的背景中诞生和发展的,它的研究始于20世纪二三十年代,第二次世界大战后获得迅速发展。科学学的创始人贝尔纳和莫顿在他们奠定科学学理论基础的名著《科学的社会功能》和《十七世纪英国的科学、技术与社会》中,也大量运用统计数据和图表,在数量分析的基础上阐述他们的观点。在科学的数字化趋势的推动下,科学学的研究逐渐走上了定量化的道路,这种定量研究融合了早期对科学的零散统计分析,并日益发展壮大,最后形成了科学计量学这门学科。1979 年,加菲尔德在《科学计量学日趋成熟》一文中,回顾了科学计量学的起源及发展。他认为,科学计量学是由科学史家和科学社会学家对科学活动计量研究的关注和科学学中对科技政策的定量研究产生的。在加菲尔德看来,科学计量学一直在呈指数型发展。1972 年,美国国家科学委员会发布了首部《科学指标》,其定量地描述了美国科学研究的现状,相继出版的《文献计量学评价:将文献和引文分析用于科学活动的评价》也是一本很好的科学计量学的综述性文献。1984 年,赵红州、蒋国华从科学计量学的代表性人物、代表性时间、代表性著作几个方面较为详细地阐述了科学计量学的历史现状。1994 年,著名匈牙利科学计量学家格伦采尔和德国马普学会的邵普夫林,向第四届国际文献计量学、科学计量学和情报计量学讨论会提交的论文《小科学计量学,大科学计量学》指出,尽管科学计量学领域发展很快,并且对科学计量学指标的兴趣正在持续增长,但是在"成功历史"的背后,科学计量学领域实际上处于深重的危机之中。而在这之后,科学计量学在方法论、理论模型、新的研究方向的开辟等方面似乎显得停滞不前,各个领域的交流逐渐停止,主题的重复研究受到科学政策与规划的直接利益左右,一些计量学理论家开始脱离实际,是指超越了基础研究与思辨的界限,甚至已经出现了所谓的"巴比伦混乱"的术语的使用。他们进一步指出了危机的根源,并且探讨了解决危机的办法。这篇论文的发表引发了异常关于小科学计量学和大科学计量学的论战,这场论战至今仍未平息,其引发的关于科学计量学发展模式的讨论,使得科学计量学进入了全面反思阶段。1977 年,瑞安分析了科学计量学的技术发展水平以及他的应用科学传统;2001 年,荷兰著名科学计量学家雷迭斯多夫指出了科学计量学所面对的挑战,他认为:"科学计量学的技术发展水平是'前科学范式'。它仅仅在自身的主题交融上是一门交叉学科,并且对于多种对它有贡献的学科来讲是一个应用领域。"2004 年,他进一步对科学计量学与科研评价二者之间关系进行了重新定义,并描述了其历史演变过程。他认为,自 1994 年以来,科学计量学的危机变得明显化了,对于科学计量学的反思变得比以前更加不确定,反思的主题也开始发生改变。2002 年,庞景安详细地介绍了科学计量学的产生和发展历史以及我国科学计量学的研究现状,给出了科学计量学的概念,比较了科学计量学、文献计量学和情报计量学的区别与联系,同时对科学计量学的研究对象、研究领域和研究方法做了系统介绍,指出了科学计量学的局限性。

### 8.1.3 科学计量学、文献计量学与信息计量学

(1)三种计量科学之间的联系

三种计量学科的联系最突出的表现是在研究对象方面,都以文献作为计量研究对象。由于这三种计量学科都要以文献作为各自的研究对象,从而决定了它们在研究方法、研究内容方面也有许多相似、搭界和重合之处,主要包括下面几个方面:(1)语言、词和词组的频率统计;(2)作者论文生产率测度;(3)出版源特征,如某一学科的论文在全部学术杂志上的最显著分布;(4)引文分析,包括作者、论文、团体、杂志和国家的分布;(5)计量模型(定律),包括布拉德福模型、洛特卡定律、半衰期模型等。同时,三种计量学均以数学方法作为基本研究方法,对文献的计量研究是三者的共同任务。

(2)三种计量科学之间的区别

文献计量学、科学计量学和信息计量学的相似、搭界和重合之处,容易使人迷惑。事实上,我们从三种计量学科的研究对象和研究目的这两个方面就可以区分开来。科学计量学的研究内容不仅包括文献指标,还涉及科技人才、科研经费、科学共同体、科学能力等方面。因此,科学计量学和科学发展的关系更为密切,也更易进入科学决策。

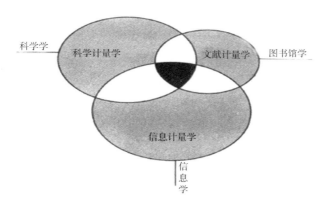

图 8-1 文献计量学、科学计量学和信息计量学的区别和联系

## 8.2 科学计量学的三大定律

在科学计量学中,洛特卡定律、布拉德福定律、齐普夫定律是三个最基本的定律。值得一提的是,这三个定律之间有很多相似之处,存在着一定的联系。下面就为大家介绍一下这三大定律。

洛特卡定律、布拉德福定律、齐普夫定律都是在 20 世纪上半叶提出的,揭示了某一具体对象在其主体来源中的集中与离散的规律,即所考察的具体对象的少部分都分散在大多数的主体来源之中。

布拉德福定律是 1935 年布拉德福在一篇论文中提出来的,他认为:"在数量很大的文献体中,文献按某一规律的模型分布。如果将科技期刊按其刊载某专业的论文数量递减排序,那么可以分出一个核心区域以及几个相继区域,每区刊载的论文量相等,此时核心期刊和相继区域期刊数量成 $1 : a : a^2$ 的关系。"

齐普夫定律是 1948 年齐普夫在他的专著《人类行为与最省力法则——人类生态学引论》一书中提出的,他指出,如果将文章中的词提取出来,并按其出现的频率大小排列,然后依次给予等级序号 $r$,则 $P(r)$ 将近似为一个常数,用公式可以表示为:$P(r) = Rr^{-1}(r = 1,2,3\cdots)$。式中,$R$ 为一个常数,这就是后来十分著名的齐普夫词频分布规律。

洛特卡定律是 1926 年洛特卡在自己所著的一篇论文中提出的科学生产频率的频次分布规律。他描述的是科学工作者人数与其所著论文之间的关系的:写两篇论文作者数量约为写一篇作者数量的 1/4;写三篇论文的作者数量约为写一篇论文作者数量的 1/9;写一篇论文作者的数量约为所有作者数量的 60%。

我们可以看出,科学计量学三大定律的计量分析单元是具有共性的,即杂志量、单词数、作者群。其计量方法都是对这些分析单元进行调查和统计,取得数据之后再进行分析归纳,以便最终定量地认识文献情报流。

## 8.3 引文分析法

引文分析法就是利用各种数学及统计学的方法进行比较、归纳、抽象、概括等的逻辑方法,对科学期刊、论文、著者等分析对象的引用和被引用现象进行分析,以揭示其数量特征和内在规律的一种信息计量研究方法。

### 8.3.1 引文分析法的分类

(1)从获取引文数据的方式来看,有直接法和间接法之分。前者是直接从来源期刊中统计原始论文所附的被引文献,从而取得数据并进行引文分析的方法;后者则是通过"科学引文索引"(SCI)、"期刊引用报告"(JCR)等引文分析工具,查得引文数据再进行分析的一种方法。

(2)从文献引证的相关程度来看,则有自引分析、双引分析、三引分析等类型。

(3)从分析的出发点和内容来看,引文分析大致有三种基本类型。

① 引文数量分析:主要用于评价期刊和论文、研究文献情报流的规律等。

② 引文网状分析:主要用于揭示科学结构、学科相关程度和进行文献检索等。

③ 引文链状分析:科技论文间存在着一种"引文链",如文献 A 被文献 B 引,B 被文献 C 引,C 又被文献 D 引,等等。对这种引文的链状结构进行研究,可以揭示科学的发展过程并展望未来的前景。

### 8.3.2 引文分析法的内容

从不同的角度或从各种基本要素出发,对科学引文的分布结构进行描述和分析,便形成了引文分析的基本内容,一般包括引文年代分析、引文量分析、引文的集中与离散规律分析、引文类型分析、引文语种分析和引文国别分析。

(1)引文年代分析

一般来说,随着年度的由远而近,引文量呈增长趋势,即时间愈近,被引用的文献愈多,文献被利用的峰值是该文章发生以后的第二年。如果以引文年代为横轴,各年引文量为纵轴,在坐标图上描绘各年数据点,然后用一条线连接起来,便可得到一条引文年代分布曲线。通过对该曲线的分析,不仅可以了解被引文献的出版、传播和利用情况,而且可以研究科学发展的进程和规律,特别是在文献老化和科技史的研究中,引文年代分析更是一种广泛应用的有效方法。

(2)引文量分析

引文量是某一主体对象含有的参考文献数量,它是引文链的基本特征之一。通过引文数量的分析,不仅可以揭示文献引证与被引证双方的相互联系,而且还可以从定量的角度反映出主体之间的联系强度。如果两篇论文或两种期刊之间的引文数量大,就可以认为它们之间的引证强度大,说明其联系较紧密。引文量的分布规律可从下列几个方面分析:

① 引文量的理论分布:我们将一定量的论文的引文量数据进行分析比较,发现其变化规律表现为以平均数为中点,接近中点的频数最多,离平均数远的频数趋于减少,形成中间高两极低的正态理论分布。

② 引文篇数分布:即每篇研究论文平均占有的引文篇数的分布,它不仅反映了论文作者引用文献的广度和深度,而且还能说明引文与被引文的学科内容之间的联系强度。

③ 引文的集中与离散规律分析:引文分布的集中性与离散性是相对于一定的测度指标而言的,引文按来源期刊的分布,引文篇数的频数以平均数为中心的分布,引文按年度、语种、文献类型等的分布,都表现出这种集中与离散的趋势。

④ 引文类型分析:科学研究中引用的文献很广,有期刊论文、图书和特种文献,对被引文献的类型进行分析,将有利于确定文献情报搜集的重点。

⑤ 引文语种分析:引用文献是由不同语种的文献构成的,某一语种的文献被引用量愈大,则说明该语种比较常用和重要,考察和分析引文语种的分布,对于人们有计划地引进外文文献、译文选题、外语教育等,颇有参考价值。

⑥ 引文国别分析:对引文的国别分析,特别是各国文献互引情况的统计分析,可以探明各国互引文献的状况,弄清国际文献交流的数量和流向。

### 8.3.3  引文分析法的测度指标

对科学期刊进行分析时常用的测度指标有五种:即自引率、被自引率、影响因子、引证率与当年指标。在对专业和学科结构进行研究时,除用引证率外,还可用引文耦合和同被引等测度指标。

(1)自引率。在引用文献的过程中,限于主体本身范围内的引用称为"自引"。包括同一类学科文献的自引、同一期刊文献的自引、同一著者文献的自引、同一机构文献的自引、同一种文献的自引、同一时期文献的自引、同一地区文献的自引。自引率就是对主体本身范围内文献引用的次数与主体引用的文献总数的比值。

(2)被自引率。这是被引用现象的一个测度,被自引率就是主体文献被自引的次数与主体被引用的总次数的比值。它反映出被引用中有多少是被自己引用的。

(3)影响因子。主要在研究科技期刊时使用,等于期刊在规定时间内(一般是两年)论文被引量与可引论文总数之比。

(4)引证率。期刊引证率等于该刊中参考文献量除以期刊载文量。这是衡量吸收文献能力的一个相对指标。

（5）即时指标。这是测度期刊被引用速度的指标，它是期刊某年发表的论文当年被引用的次数，除以该刊这一年所发表文章的总数，是衡量期刊重要性的一种依据。

（6）引文耦合。当两篇文章同时引用一篇或多篇相同的文献时，这种现象称为引文耦合，这两篇文献就具有耦合关系。引文耦合的文献之间总存在着这样或那样的联系，其联系的程度称为耦合强度。

（7）同被引。当两篇（多篇）论文同时被别的论文引用时，则称这两篇论文具有"同被引"关系，引用它们的论文的多少，即同被引程度，称为同被引强度。

### 8.3.4 引文分析法的局限

（1）引文关系上假联系的影响

引用文献的原因多种多样，两篇论文可能出于完全不同的原因或从不同的角度引用同一篇早期文献，一篇可能是引用其方法，另一篇可能是引用其结果，那么这两篇文献在内容上的联系就有可能是虚假的。引文有些是发生在前言和篇名中，有些是发生在正文中，有些发生在结论或讨论中。在这些情况下，作者对原著的引用内容和程度是不相同的。引文对原著的关系和重要性也各不相同，但引文分析中，对它们都是同等看待，不加区分的。这样也容易造成假关系。新刊的论文得不到大量引用，小型期刊被引率往往低于大型期刊，引而未用或用而未引的情况也时有发生，文献引用中的这些现象都会影响引文分析方法的应用和效果。

（2）文献被引用并不完全等于重要

例如，有些具有错误观点或结论的论文，后人出于批评商榷，被引次数可能很多。另一方面，被引次数较少的文献也不能一概认为不重要。它受到许多因素的限制，如发表的时间、语种、学科专业等等。被引次数上的微小差别也不能完全说明质量上的优劣，它有很大的随机性，只有当这一差别很大时，才能说明问题。

（3）著者选用引文受到可获得性的影响

索普（M. E. Soper）研究指出，著者引用的文献，大部分是个人收藏的文献，少部分是本部门和就近图书馆的资料，而其他城市或其他国家的文献所占比例甚小。这说明著者选用参考文献以方便为准则，以占有为前提，同时还要受到著者语言能力、文献本身年龄和流通周期以及二次出版物报道的影响。

（4）马太效应的影响

有的研究者认为，在文献引用方面也存在着马太效应的影响。人们往往以

"名著""权威"作为选择引文的标准,有的确实出于需要,也有的则是为了装饰门面,抬高自己论文的身价。一种期刊因为发表名人的文章而为众人所引用,以至引起连锁反应,结果其引文率很高。这种马太效应的心理作用,掩盖和影响着文献引用的真实性。

### 8.3.5　引文分析法的应用领域

引文分析技术日趋完善,应用不断扩大,已发展成为文献计量学的重要方法之一。引文分析方法的应用主要有以下七个方面:

（1）测定学科的影响和重要性

通过文献引用频率的分析研究,可以测定某一学科的影响和某一国家某些学科的重要性。

（2）研究学科结构

通过引文聚类分析,特别是从引文间的网状关系进行研究,能够探明有关学科之间的亲缘关系和结构,划定某学科的作者集体,分析推测学科间的交叉、渗透和衍生趋势,还能对某一学科的产生背景、发展概貌、突破性成就、相互渗透和今后发展方向进行分析,从而揭示科学的动态结构和某些发展规律。

（3）研究学科信息源分布

通过文献间的相互引证关系,分析某学科（或专业）文献的参考文献的来源和学科特性,不仅可以了解该学科与哪些学科有联系,而且还能探明其信息的来源及分布特征,从而为制定本学科的信息管理方案和发展规划提供依据。

（4）确定核心期刊

引文分析方法是确定核心期刊的常用方法之一。这种方法的主要特点是从文献被利用的角度来评价和选择期刊的,比较客观。加菲尔德通过引文分析,研究了文献的聚类规律。他将期刊按照期刊引用率的次序排列,发现每门学科的文献都包含有其他学科的核心文献。这样,所有学科的文献加在一起就可构成一个整体的、多学科的核心文献,而刊载这些核心文献的期刊不过 1 000 种左右。利用期刊引文的这种集中性规律可以确定学科的核心期刊。

（5）研究文献老化规律

有关文献老化的研究一般是从文献被利用角度出发的。D. 普赖斯曾利用引文分析探讨文献的老化规律。通过对"当年指标"和"期刊平均引用率"的分析,他认为期刊论文是由半衰期决然不同的两大类文献构成的,即档案性文献和有现时作用的文献。科学文献之间引文关系的一种基本形式是引文的时间序列。对引文的年代分布曲线进行分析,可以测定各学科期刊的"半衰期"和"最大引文年限",从而为制定文献的最佳收藏年限、对文献利用进行定量分析提供依据。同时,一个学科的引文年代分布曲线与其老化曲线极为相似。这有力地说明文献引文分布反映了文献老化的规律性。因此,从文献引用的角度研究文献老化规律是一种有效的途径和方法。

(6)研究信息用户的需求特点

利用引文分析方法进行信息用户研究是一种重要途径。根据科学文献的引文可以研究用户的信息需求特点。一般来说,附在论文末尾的被引用文献是用户(作者)所需要和利用的最有代表性的文献。因此,引文的特点可基本反映出用户利用正式渠道获得信息的主要特点,尤其是某信息中心对其所服务的用户所发表的论文的引文分析,更具有直接的指导意义。通过对同一专业的用户所发表的论文的大量引文统计,可以获得与信息需求有关的许多指标,如引文数量、引文的文献类型、引文的语种分布、引文的时间分布、引文的出处等。

(7)评价人才

在人才评价方面,常采用引文分析方法。这是因为某著者的论文被别人引用的程度可以是衡量该论文学术价值和影响的一种测度,同时,也从科研成果被利用的角度反映了该著者在本学科领域内的影响和地位。因此,引文数据为人才评价提供了定量依据。从对历年诺贝尔奖获得者的论文被引用情况的统计来看,物理学、化学、医学领域的诺贝尔奖获得者中,其论文被引次数最高者( L. D. Landan )为 1 888 次,最低的也有 79 次( J. H. D. Jensen ) ,只有 6 名低于 200 次。可见,这些科学界精英的论文被引用次数是很高的。

# 8.4　共现分析法

共现分析法是将各种信息载体中的共现信息定量化的分析方法,以揭示信息的内容关联和特征项所隐含的寓意。科技论文中的共现是指相同或不同类型特征项共同出现的现象。如多篇论文之间共同出现的主题(关键词)、合作者、合作机构,以及论文与关键词、机构与作者共同出现等,都属于共现研究的范畴。

## 8.4.1　共现分析法的理论基础

共现分析的方法论基础是心理学的邻近联系法则和知识结构及映射原则。

心理学的邻近联系法则是指曾经在一起感受过的对象往往在想象中也联系在一起,以至于想起它们中的某一个的时候,其他的对象也会以曾经同时出现时的顺序想起。

文献计量研究中,共同出现的特征项之间一定存在着某种关联,关联程度可用共现频次来测度。例如,两位作者共同出现在同一篇论文中,说明两位作者存在合作关系,共同出现的频次越高,说明两位作者合作的强度越高,关联程度越大。同样,一篇论文中共同出现的多个关键词在研究内容上具有相关性,作者在撰写论文时用到的关键词与作者的研究内容密切相关。

### 8.4.2 共现类型

共现分为相同类型特征项的共现和不同类型特征项的共现两种。

相同类型特征项的共现包括:

(1)论文共现:文献耦合、文献同被引、共篇。

(2)关键词共现。

(3)作者共现:作者同被引、作者合作、机构国家合作。

(4)期刊共现。

不同类型特征项的共现包括:

(1)直接关联,如论文与论文作者。

(2)间接关联,如机构与关键词共现。

### 8.4.3 论文共现

在文献的引证关系中,除了文献之间单一的相互引证关系之外,还存在两篇或两篇以上文献同时引证同一篇文献,或两篇文献同时被别的文献共同引证等多种复杂各异的网络或聚类关系。

(1)文献耦合

在科技文献的被引文献中,人们经常可以看到不同文章的作者不约而同地引证某篇或某几篇完全相同的文献。越是学科、专业内容相近的论文,他们参考文献中相同文献的数量就越多。两篇(或多篇)论文同时引证一篇论文的称为耦合论文,并把它们之间的这种关系成为文献耦合。

① 耦合强度。具有耦合关系的论文可以认为它们必然在学科内容上存在某种联系或相关性,其耦合程度可以用"耦合强度"指标来衡量。"耦合强度"的量度单位是 A 和 B 共有的参考文献的篇数。耦合程度越高,意味着两篇文献在学科

内容与专业性质上越接近,文献间联系也越紧密。引文耦合是相对而言的。随着耦合的对象不同,耦合标准也有不同,可形成具有不同特点的引文耦合群。其耦合范围可用"耦合幅度"这一指标来衡量。因此,引文耦合现象使大量科学文献分群聚类。

② "耦合"的扩展。"耦合"概念不仅仅局限于同时引证的两篇论文本身之间的关系,它揭示的是一类普遍存在的关系,及两个(或两个以上)不同主体与同一客体之间的关系。因此,可以将开斯勒提出的"文献耦合"概念予以推广,相对于文献的学科主题、期刊、著作、语种、国别、机构、发表时间等特征对象来说,都可以发生耦合关系。例如,如果我们不以文献为单位,而以期刊为主体,若两刊同时引证了另一期刊的论文,则称这两种期刊具有耦合关系。

③ 特点。文献耦合作为检索工具有以下独特的优点:

第一,不依赖于任何人工检索语言和词汇,所有的处理都由计算机自动匹配计算完成,因而避免了由于语言、语法、词汇习惯不一致所造成的种种困难,提高了检索率和质量。

第二,与其他类型的引文索引检索一样,文献耦合不需要专家阅读或判断,这给图书情报部门检索管理带来很大便利。

第三,文献耦合作为检索工具,可以突破传统静态分类的限制,同时,基础论文继续被别人引证,逻辑参考文献簇也会不断地扩大,论文数量不断增加,反映出科学研究新的变化和方向。

(2)文献同被引

在分析文献的引证关系时,不仅可以从论文具有相同参考文献的角度来看,而且还可以从一篇论文被后来的文献共同引证的角度来研究文献结构的动态规律。在研究文献的引证结构和文献分类时提出了文献"同被引"的概念,作为测度文献间关系程度的另一种方法。

① 定义。两篇(或多篇)论文同时被后来的一篇或多篇论文所引证,则称这两篇论文(被引证论文)具有"同被引"关系。换言之,如果 A 和 B 两篇文献,不管其发表的时间如何,只要同时被后来一篇或多篇论文引证,则称 A 和 B 两篇文献具有"同被引"关系。

② 同被引强度。以引证它们的论文(引证文献的数量)多少来测度其同被引程度,同时引证这两篇论文的论文篇数为同被引强度或同被引频率。若同时引证这两篇论文的文章越多,则它们的同被引频率越高,说明它们之间的关系越密切。同时,文献的同被引相关簇的跨度可用"同被引幅度"指标来衡量,若簇内的同被

引文献越多,则其"同被引幅度"就越大。

③ 同被引的扩展。与文献耦合的概念相类似,同样可以将"同被引"的概念推广到与文献相关的各种特征对象方面,从而形成各种类型的"同被引"概念,例如,期刊同被引、著者同被引、主题同被引等。

(3)文献耦合与文献同被引的推广

因为文献耦合所揭示的是一类普遍存在的主客体之间的引证与被引证关系,因此,可以将"文献耦合"的概念予以推广,利用耦合概念反映诸如学科、期刊、著者、语种、国别、机构、时期等多种特征对象的相似耦合关系。

(4)文献耦合与文献同被引的类型

① 文献耦合的类型

期刊耦合。期刊耦合现象在客观上把众多的期刊按照引证关系结合为一个有序的相关群,在一定程度上揭示出期刊之间的相互关系,为研究文献情报流的结构和规律以及学科之间的联系提供了客观的基础和条件。

著者耦合。著者耦合分析反映了著者之间的客观联系,在一定程度上揭示了学科专业人员的组织结构,这种分析方法在图书情报学、科学学和人才学领域都有广泛的应用。

学科耦合。通过学科耦合分析,可以判断学科之间的关系和联系程度、分支层次关系及其交叉渗透趋势;同时,也可以从学科耦合关系的变化了解学科发展的状况和变化规律,进一步预测学科分化组合的发展趋势。

② 文献同被引的类型

期刊同被引。期刊同被引关系把数量众多的期刊按被引证关系联系起来,进而从利用的角度揭示了各学科之间的相互关系和结构特征。

著者同被引。通过同被引文献的著者建立同被引关系,使众多的著者按照同被引关系形成一个著者相关群,揭示出学科专业人员的组织结构、联系程度,进而反映出学科专业之间的联系及其发展变化情况。

学科同被引。通过学科同被引分析,可以宏观把握逻辑科学体系的学科构成和结构特征,推测学科发展趋势,了解科学知识与信息的交流规律。

(5)共篇(Co－text)

共篇分析属于论文关系研究,论文之间基于相同关键词会产生关联,认为两篇论文共同拥有(出现)相同关键词的数量越多,两篇论文的内容相关性越强。

### 8.4.4　共词分析法

（1）共词分析的原理

共词分析法利用文献集中词汇对或名词短语共同出现的情况,来确定该文献集所代表学科中各主题之间的关系。一般认为,词汇对在同一篇文献中出现的次数越多,则代表这两个主题的关系越紧密。统计一组文献的主题词两两之间在同一篇文献出现的频率,便可形成一个由这些词对关联所组成的共词网络,网络内节点之间的远近便可以反映主题内容的亲疏关系。

（2）共词分析的过程

① 确定分析的问题:研究热点,学科发展过程。

② 确定分析的单元:最好是受控的、被统一标引的主题词。

③ 高频词的选定:结合研究者的经验在选词个数和词频高度上平衡主观,结合齐普夫第二定律辅助判定高频词的界限。

④ 共词出现频率。

⑤ 共词分析中统计方法:聚类法、关联法、词频法、突发词监测法等。

⑥ 对共词结果的分析:结合相关学科知识对统计的结果进行科学分析。

（3）共词分析的不足

共词分析对词的选择非常敏感,作者的取词习惯、未经规范的关键词、关键词在表征论文内容的完整性及其他原因都会造成结论的模糊、晦涩。

一些研究认为,共词分析存在随意性较大、不确定性的缺陷。

### 8.4.5　科技论文的主要共现类型

表 8 - 1　科技论文的主要共现类型

| 序号 | 特征项一 | 特征项二 | 特征项一、二之间的关系 | 共现类型 |
|---|---|---|---|---|
| 1 | 论文 | 关键词 | 论文中使用了关键词 | 异共现 |
| 2 | 论文 | 期刊 | 论文发表的期刊 | 异共现 |
| 3 | 论文 | 作者 | 作者撰写了论文 | 异共现 |
| 4 | 论文 | 引文 | 论文引用了引文 | 异共现 |
| 5 | 作者 | 作者机构 | 作者与作者所隶属的机构 | 异共现 |
| 6 | 引文 | 引文作者 | 引文作者撰写了引文 | 异共现 |
| 7 | 引文 | 引文期刊 | 引文发表的期刊 | 异共现 |

| 序号 | 特征项一 | 特征项二 | 特征项一、二之间的关系 | 共现类型 |
|------|---------|---------|----------------------|---------|
| 8 | 引文 | 引文 | 引文之间的关联(论文同被引) | 同共现 |
| 9 | 论文 | 论文 | 论文之间的关联(文献耦合) | 同共现 |
| 10 | 作者 | 作者 | 作者之间的关联(作者合作) | 同共现 |
| 11 | 引文作者 | 引文作者 | 引文作者之间的关联(作者同被引) | 同共现 |
| 12 | 关键词 | 关键词 | 内容相关的关键词 | 同共现 |
| 13 | 关键词 | 作者机构 | 机构论文涉及的研究词汇 | 异共现 |
| 14 | 关键词 | 期刊 | 期刊论文涉及的研究词汇 | 异共现 |

## 8.5　科学计量学应用实例

众所周知,科学计量学是一门被广泛应用于各个领域的学科,在这里我们主要以科学知识管理中对于科学计量学的应用做深入地分析,并且归纳科学计量学在科学知识管理中用到的工具和方法以及其发展。科学计量学在科学知识管理中的应用主要包括科学知识结构分析和科学知识演化分析,本节从作者网络和共词网络的角度论述了科学计量学如何实现科学知识结构分析,从引文时序网络和作者、词等其他特征项网络角度论述了当前科学计量学实现科学知识演化分析的主要内容,认为利用科学计量学能够有效实现科学知识管理。

### 8.5.1　应用于科学知识管理中的科学计量学方法和工具

传统的科学计量方法主要有出版物统计、著者统计、词频分析、内容分析等,这些方法已经相对成熟。随着研究的深入和学科的不断交叉,共词分析、共被引分析、复杂网络和社会网络分析、多元统计分析、信息可视化等许多新的方法逐渐被引入到科学计量学研究中。

(1)共词分析

共词分析是通过分析在同一文本中的词或词对共同出现的形式,确定文本代表的学科领域中相关主题的关系,进而探索学科的发展的一种科学计量学方法。Calon 等人在 1983 年将共词分析法引入图书情报研究领域进行内容分析,通过高频主题词的聚类发现学科的研究热点。国外的共词分析研究分成了基于包容指数和临近指数,基于战略坐标和以数据库内容结构为特征的共词分析三个不同的阶段。Swanson 和 Smalheise 利用单词词频统计方法挖掘隐藏于医学文献中的有价值的知识,开创了非相关文献的知识发现。目前,共词分析正逐步从自然语言处理等技术相结合拓展到语义分析层面。

（2）共被引分析

同时被引用的文献一般被认为在主题上具有一定的相似性,因此,共被引强度可以用来测度文献内容主题的相似度。在文献的基础上,作者共被引、期刊共被引等方法也逐渐被提出。在采用此方法分析过程中,一般首先选定一定数量的文献（或作者、期刊等）作为分析对象,采集数据构建共现矩阵,然后利用多元统计分析方法将分析对象之间错综复杂的网络关系简化为较少的若干类群之间的关系,最终以图形的方式展示。近年来,全文本分析技术也逐渐在共被引分析中推广应用。

（3）多元统计分析

科学计量学中应用的多元统计分析主要是降维分析技术,如主成分分析、因子分析和多维尺度分析。其基本思路都是从较为复杂的数据维度中抽取少数能够反映整体情况的主要维度进行结果解释。目前,主成分分析、多维尺度分析或因子分析的结果常与聚类分析和社区发现结果相结合,这些方法在科学知识结构研究中应用广泛。

（4）复杂网络和社会网络分析

复杂网络分析和社会网络分析方法的主要分析对象为网络数据,由于表达网络数据的矩阵和科学计量中共现矩阵表现形式一致,因此,社会网络分析被广泛应用于科学计量学。社会网络分析可分为个体、二方关系对、三方关系组、子图与多关系结构分析、整体网络五个层次,能够从宏观、中观和微观多个层面对科学知识结构进行揭示。

（5）信息可视化分析

信息可视化是指利用计算机实现对抽象数据的图像化表示,从而增强人们对这些抽象信息的认知,其结果也常被称作科学地图或知识图谱。可视化分析的一个重要的突出特点在于,对于具有一定规模的数据而言,以图像的形式展现分析结果具有比其他方式更加良好的效果,能够有效地为科学知识管理提供支持。

（6）新的评价指标和 Altmetrics

2005 年,美国物理学家提出,$h$ 指数用来测度个人的科研绩效,$h$ 指数改善了以前的计量指标只关注数量而不关注质量的不足,引发了新一波的评价指标研究热潮。同时,针对传统学术成果重要性评价存在的缺陷,社交网络环境下的 Altmetrics 成为一项重要的发展方向。Altmetrics 植根于社交网络,其对象包括人、期刊、图书、数据集、报告、视频、源代码库和网页等各种类型的知识载体,重点关注作品本身产生的影响。目前,关于 Altmetrics 的研究已经引起了学术界的重视,相关研究也将为在线环境下的科学知识管理提供重要支持。

科学计量学研究过程中,作为分析对象的数据来源广泛,如 ISI Web of Knowledge、工程索引(Engineering Index,简称 EI)、Scopus、中文社会科学引文索引(Chinese Social Sciences Citation Index,简称 CSSCI)等,在这些系统平台初步的统计分析结果的基础上,结合非嵌入性的分析工具所得到的科学计量学研究结果,能够有效支持科学知识管理。

科学计量学中的常用工具依据专业性不断提升大致上可以分为四种类型。第一种类型是数据存储和简单的表格工具,如 Microsoft Excel、Access 和 SQL 等,由于具备一定的编程功能,通过这些工具能够实现科学计量分析,例如,储节旺、郭春侠等阐述了利用 Excel VBA 实现共词分析的基本原理和实现方法。第二种类型是在科学计量学过程中,需要对数据进行进一步的统计分析所采用的工具,最常见的如 SPSS、SAS 和 MATLAB 等。第三种类型是交叉学科领域的专用软件,如社会网络分析工具 Ucinet、Pajek 等。这类工具最初主要应用于人际网络分析,由于科学知识交流中的大量网络和社交网络采取同样的数学表达形式,因此,这类软件也在科学计量学研究中被广泛使用。第四种类型主要包括了一些专门为进行科学计量学研究目的所设计的软件,这些软件往往由专业的科学计量学研究人员开发,例如,2011 年普赖斯奖得主、瑞典计量学家 Olle Persson 开发的 Bibexcel,Thomson Reuters 公司开发的文本挖掘软件 Thomson Data Analyzer,荷兰阿姆斯特丹大学的科学计量学教授 Loet Leydesdorff 开发的系列专门软件,美国印第安纳大学 Katy Börner 教授及其团队所开发的 Science of Science(Sci2)等,这些工具可以在多个层面进行计量分析,从而有效地支持了科学知识的管理。

### 8.5.2　利用科学计量学实现科学知识管理的途径:科学知识结构分析

要实现科学知识管理,必须要对科学发展有足够的认识。利用科学计量来进行科学知识结构的研究,是科学计量学服务于科学知识管理的一项重要内容。科学文献是科学发展的客观记录,科学文献的作者、关键词等特征项实体从更加精确的角度为科学知识的结构研究提供了途径。作为科学知识产生的主体,作者之间的知识关联网络类型包括合作、引用、共被引、耦合等多种类型,这些网络类型基本上涵盖了其他特征项实体,如机构、期刊、国家等其他特征项的可能构建的网络类型,关键词以及在关键词基础上进一步提炼出来的主题则直观地反映了科学知识。

### 8.5.3 作者知识关联网络分析

作者是科学研究的主体,也是科学知识的创造者。作者之间因交流所产生的网络是知识体系的重要表现方式。如果将特征项之间的关联网络按照其是否加权和是否有方向对所有的网络进行分类,作者之间的关联网络基本上涵盖了可能出现的所有类型。作者之间的网络主要包括合作、引用、共被引和耦合四种类型。

科学合作是大科学时代科学研究的一项重要特征,科学家的研究工作并不孤立,每个研究人员都是整个科学研究团体的成员,他们或许处于不同的地区,或隶属于不同的机构,但都在共同探索科学。进入 21 世纪以后,复杂网络的研究进一步推动了对作者基于大范围合作网络的研究,合作网络被广泛地用于挖掘科学的智力结构,许多新技术也被应用于研究合作网络的结构动力学,相关成果极大地推动了对于科研创作规律以及学术交流模式的认知。美国情报学家 White 和加拿大贝尔实验室的学者 Nazer 对作者之间的社会网络和知识网络之间的相关性进行了研究,他们采集了一个名为 Globalnet 的科学家团体的社会交往数据,结合他们之间的合作、引用、共被引(统称为知识关联)数据发现,研究人员之间知识关联的产生主要依赖于知识内容的共享和交流,而非社会关联。Ding 以作者合作和引用网络进行为载体,深入探讨了科学合作和科学支持的问题。其研究结果表明,高产作者的确偏好直接与具有相同研究兴趣点的人进行合作,但是在引用上面却没有对这个群体具有明显的偏好;高被引作者间和彼此合作的兴趣较低,但是在引用上却更加具有倾向。

作者之间的引用关联和文献之间的引用关联所形成的网络间最大的不同点在于,科学文献之间的引文网络是二值的,而作者之间的引用网络则是累计的。作者之间的引用关联网络是作者知识关联中唯一的有向关系网络,其中更包含了计量研究中另外两种重要的关联类型——共被引关联和耦合关联。作者之间的共被引关联是指两个作者同时出现与某篇文献的参考文献集合中,而作者之间的文献耦合关系是指两个作者同时参考了某一篇文献。这两种关联被从单元结构拓展到更大范围的群体结构时,就形成了作者之间共被引网络和作者文献耦合网络。

在基于引用所产生的三类网络中,作者之间的互引网络被关注的较少,邱均平,王菲菲等学者曾利用作者之间的互引网络对《Scientometrics》杂志1978年至2011年的数据进行分析,通过挖掘网络结构发现,作者的互引关系能够有效地对作者进行分类,总结研究规律、寻找研究同行、发现研究热点。

作者共被引自产生以来就被广泛用于科学知识结构的探测,例如,White和McCain的图情领域知识结构分析,Chen和Lien进行的e-learning领域的知识结构分析等。此外,对作者共被引分析方法本身的研究也一直都被学者们所关注,例如,共被引分析中的相似性测度问题、可视化问题、网络环境下作者共被引分析、全部作者共被引分析等。

作者之间的耦合网络是基于引用的另一种重要网络,赵党志和马瑞敏分别同时提出了利用作者之间的文献耦合网络进行科学结构分析的设想,并进行了实证研究。从网络形成的角度来看,耦合关系是最具拓展性的一类关系,构成两个作者之间耦合的衔接要素可以是多种资源实体属性。传统的作者文献耦合是作者双方基于利用同一篇文献,作者之间使用同一个词语也可以产生耦合关联,作者同在某些出版物上发表自己创作成果也能够产生作者彼此之间的耦合关联。前者可以称之为作者关键词耦合或基于关键词的作者耦合,后者则可以称之为作者出版物耦合或基于出版物的作者耦合。不同类型的耦合关联研究是未来作者网络关联研究的重要发展方向。

### 8.5.4　总结

科学计量学自诞生以来已经历了近半个世纪的发展,随着科学研究系统发展到高度分化和综合的阶段,对科学知识的管理逐渐成为科研管理人员和决策机构关注的重点。作为一种针对科学事业的定量分析方法,科学计量学在科学知识管理和科研事业管理中所起的作用也越来越重要。针对科学计量学的定义众说纷纭的现状,本书认为,科学计量学是一门以描述科学发展过程、揭示科学发展内机理、预测科学发展趋势、以科学管理工作提供支持依据为目的、通过定量分析方法研究科学事业及其主体和客体的应用性学科,论述了应用于科学知识管理的科学计量方法和工具的新发展。科学计量学的应用性特征在科学知识的管理过程中表现尤其突出。

利用科学计量学进行科学知识的管理主要包括两个部分,从静态的角度对科学知识的结构研究和从动态的角度对科学知识的演化研究。结构分析能够揭示科学知识的学科、地理分布,学科内部的主题、学派结构,跨学科交叉、融合情况等内容。对于研究人员来说,这些分析结果对科学知识的管理具有重要意义;对于科研政策制定者和管理者来说,这种布局结果则是他们进行决策的重要参考依据。科学知识的演化分析在以往的研究中被广泛用于描述科学知识的发展史,这种发展过程的刻画能够实现对更具普遍意义的科学知识发展规律的归纳和总结,依据这些结论则能够实现对未来发展趋势的分析,有效支持科研决策。对于科学知识结构的分析,本研究主要选择了从作者和词两类网络的角度进行了论述,其原因是从上述两个角度的研究基本上涵盖了可能会用到的方法。虽然利用引文或者其衍生的共被引、耦合等方法也能够实现结构分析,但引文的本质是代表了科学知识的扩散和传承,因此,本文将引文网络作为演化分析的重要途径进行了单独的论述。而当其他特征项网络结构分析结果加入时间维度时,同样可以实现演化分析的目的,因此,演化分析部分也主要分成两个部分。

目前的研究中,越来越多的新指标和新方法被逐渐应用于科学计量分析,从而实现科学知识的管理,随之而来也产生了许多需要注意的内容,例如,大规模数据环境下,大多数研究样本都会存在覆盖范围和数据质量的问题,数据清洗工作应该引起足够的重视;许多新的测度方法和指标的应用缺乏机理性的解释,例如,社会网络分析中的中心性目前已经被广泛应用于计量分析中,但这类指标大多产生于人际网络分析的研究中,科学知识网络所具有的特点能否保证这些指标的适用性,还需要给出更加全面的机理性解释。随着研究的不断深入,这些问题将会逐步得到解答,最终促进科学计量学在科学知识管理中的有效应用。

# 第 9 章

# 信息可视化方法

## 9.1 信息可视化概述

### 9.1.1 起源

信息可视化技术(Information Visualization,简称 IV),就是利用计算机实现对抽象数据的交互式可视表示,来增强人们对这些抽象信息的认知。可视化技术起源于 20 世纪 80 年代出现的科学计算可视化,而"信息可视化"一词最早出现在 Robertson 等人于 1989 年发表的文章《用于交互性用户界面的认知协处理器》中。

可视化技术将信息以视觉的形式表现出来,利用人们视觉通道的快速感知能力去观察、识别和加工信息,可以增强数据呈现效果,让用户以直观交互的方式实现对数据的观察和浏览,从而发现数据中隐藏的特征、关系和模式。

18 世纪,信息可视化以图表形式进入人们眼球,历史和政治学家 Playfair 和数学家 Lambert 首次创建了可视化图表,他们认为,将复杂的数据转化为可以帮助人们了解数据图表。19 世纪的法国科学家 Minard 和 Marey 首次采用非纯手工方式绘制了图表。进入 20 世纪,计算机技术的进步拓展了数据处理的能力,并且可以提供多种交互方式,使得用户可以更便利地观察自己感兴趣的数据。

### 9.1.2 处理阶段及领域

根据 Card 可视化模型可以将信息可视化的过程分为以下几个阶段:数据预处理、绘制、显示和交互阶段。根据 Shneiderman 的分类,信息可视化的数据分为以下几类:一维数据、二维数据、三维数据、多维数据、时态数据、层次数据和网络数据。其中针对后四种数据的可视化是当前研究的热点。可视化应用非常广泛，主要涉及的领域有数据挖掘可视化、网络数据可视化、社交可视化、交通可视化、文本可视化、生物医药可视化等等。

### 9.1.3 研究方向

信息可视化的未来研究方向主要包括以下几个内容：

（1）信息可视化和数据挖掘的紧密结合。为提高处理海量数据时的速度及效率和解决视觉混淆现象，必须运用数据挖掘的公式和算法，对数据分析的过程及结果进行可视化展现。

（2）协同可视化。协同可视化领域的研究方向可以包括可视化接口设计、基于Web的可视化协同平台开发、协同可视化工作的视图设计、协同可视化中的工作流管理及协同可视化技术的应用等。

（3）更多领域的应用技术开发。包括统计可视化：需要研究使用几何、动画、图像等工具对数据统计的过程和结果进行加工和处理的技术；新闻可视化：对新闻内容进行抓取、清洗和提取的可视化展示；社交网络可视化：可视化方式显示社交网络的数据，对社交网络中节点、关系及时空数据的集成展示；搜索日志可视化：针对在使用搜索引擎时产生的海量搜索日志，可视化的展现用户的搜索行为、关系和模式等。

## 9.2 信息可视化的相关技术

信息可视化技术及应用有多种分析角度和分析方法。例如，针对金融数据、Web网页上的医院数据、微博数据和统计数据等可视化与分析方法。

下面以几个实际应用为例来分析几种可视化分析方法：

（1）提出一种新的基于引力场聚类的金融数据可视化分析方法，为用户提供了一种快捷、方便地金融数据可视化及分析工具。首先，利用无监督的自组织映射对初始金融数据进行预分类，然后在平行坐标可视化过程中引入引力场的物理模型，对平行坐标可视化的结果进行一次视觉聚类。同时，根据金融数据分析的特殊性，用户可以调节吸引力的尺度因子，亦可以对不同属性轴设置权重值，进而获得自己感兴趣的平行坐标可视化结果。为进一步增强可视化效果，采用传输函数以及交互的可视化技术，以便更好地分析初始金融数据，给予投资者一定的参考信息。为了验证本算法的有效性,采用真实的金融数据案例作为研究对象。实验结果表明,基于引力场聚类的平行坐标技术可以快捷地对公司的财务状况进行显示与分析,进而有效地对公司进行分类和排序。用户可以方便地选择出财务状况优秀和有投资价值的公司,做出投资决策。

(2)提出一种本体指导的 Web 信息提取方法,并对其结果进行可视化分析,主要思想是利用本体中定义的概念、概念属性、概念间的分类关系和非分类关系中蕴含的语义信息来进行信息提取,然后结合 Google Map 对从提取出的 Web 信息进行可视化显示,从而方便用户理解数据挖掘得到的信息,发现其中隐藏的特征、关系、模式和趋势等。

(3)提出一种基于粒子群优化算法的微博数据可视化方法,以解决在社交网络可视化中由于节点过于集中而导致难于发现节点间关系的问题。首先,根据微博用户在微博中的影响力把用户分为 $n$ 层,以此来表示微博用户在网络中对信息的传播影响力的等级。其次,基于数据的关联关系对数据进行子群划分,然后采用粒子群优化算法,设计目标函数,使粒子群优化算法适应社交网络的布局要求,并使节点的分布更加均衡,减少线段的交叉,从而减少布局的杂乱度,使节点的连接关系更加清晰。为了验证本算法的有效性,采用了从新浪微博、腾讯微博中获得的数据。实验结果表明,该方法可以形成清晰的可视化结果,更好地分析微博用户之间的关系。

(4)提出了一种混合可视化方法,可以系统地显示统计数据,与地理信息数据相结合,更好地展现了统计数据的时空变化规律。该方法通过结合平行坐标、地理分布图、动态散点图和 Tree Map 等多种可视化技术,并对可视化结果进行增强,方便用户能够从不同角度观察各种指标数据。同时,为了进一步对感兴趣的部分数据进行分析研究,我们设计并实现了多种可视化技术的协同交互方法。通过交互可视地挖掘空间、时间及多维属性统计数据之间的关系,达到了对感兴趣的统计数据规律的深入分析和揭示的目的。实例证明,采用混合可视化技术可以为用户提供一种快捷、方便的统计数据可视化及分析途径。

信息可视化作为一个新兴的科学领域,还面临着各种各样的问题。下面将介绍几种在当前信息可视化领域中比较新兴的研究方向和相关技术。

### 9.2.1 层次信息可视化

抽象信息之间最普遍的一种关系就是层次关系,例如,Windows 操作系统中的资源管理器、图书馆对图书的分类管理、家族中祖先和子孙的关系等都是具有层次结构的数据。因为层次关系几乎无处不在,所以,很多数据信息都可以通过一定的抽象转化为层次信息口。层次信息可视化是信息可视化领域的研究热点之一。

树是用来存储层次信息最常见的结构。因此,许多显示这种信息的可视化技术被提出。这些技术可以分成两类:空间填充方法和非空间填充方法。

(1)空间填充方法

空间填充方法是一种能最大限度地利用显示空间的方法。这种方法可以通过使用并列的方式来表示数据之间的关系,也可以通过使用物体间连接线段来表示数据之间的关系。其中,空间填充方法一般都是采用矩形或者辐射型布局。

Tree Map 是最常见的矩形空间填充方法,适合于观察大数量的层次数据集,并且能够有效地利用显示空间。Tree Map 的基本思想是根据数据的层次结构将屏幕空间划分成一个个子空间,子空间大小由节点大小决定。对于每一个划分的区域可以进行相应的颜色匹配或必要的说明。同样,可根据不同的优化原则对 Tree Map 进行布局。

随后,一些更有效的布局算法被提出。例如,Cushion Tree Maps,它采用了阴影技术,使得数据的层次结构更清晰。其他有关 Tree Map 的工作大多聚焦在划分子矩形的同时,改进矩形单元的形状或者位置。

上述方法都是通过使用横向纵向切割来表达层次结构关系的。除此之外,还有很多可行的方法,比如辐射型划分空间。辐射型空间填充方法的主要思想是层次结构的根在显示结果的中间,使用嵌套的圆环来表达层次结构中的各层,并且根据每个层次上的节点数来划分每个用来表示该层次的那个圆环。这种技术和 Tree Map 方法是相似的,然而,与 Tree Map 不同的是,Tree Map 分配大多数屏幕空间来显示终端节点,而辐射型技术还显示了非终端节点。

对于空间填充技术,可以使用颜色来表达许多属性,比如与节点相关的数值(如类别)或者强调层次关系,比如兄弟和父母可能在颜色上类似,符号和其他标识也可以嵌入到矩形或者圆环中,来表达其他数据特征。

(2)非空间填充方法

最常见的用来可视化层次关系的可视化表达方式是节点连接图。组织图标、家庭树以及联赛配对仅仅是节点连接图最常见的一些应用。树的绘制受两个因素影响最大:扇形出度(如一个父节点所能有的兄弟结点的个数)以及深度(如距离根节点最远的节点)。

研究节点连接图布局算法时必须考虑三个指导原则:传统、约束、美学。

　　传统原则包括规定节点间连线是单一的直线、折线还是曲线。同时，还要规定节点是放置在固定的位置上，或是放置在与所有的兄弟节点共享垂直位置上。约束原则则包括规定将特定的节点放置在显示空间的中间位置，还是将一组节点放置在彼此距离较近的位置，还是按照某种从上到下、从左到右的连接顺序。上述每一条原则都可以作为设计算法的相应条件。然而，美学原则经常在树或者图的解释能力上起着至关重要的作用。典型的美学原则包括交叉边最少、长宽比恰当、绘制的总面积最小、边的总长度最小、边的弯曲数最小、大角度或者曲率数量最小、尽量是对称结构。对于大规模的树结构数据，常用的方法是利用三维空间来显示，并增加旋转、变换以及缩放等交互技术。其中，最著名的技术是 Cone Trees，节点的子节点以等角度辐射型地放置在平面上，并将该平面垂直偏移原节点。两个相关参数是半径和偏移距离。通过改变这两个参数来影响布局的密度以及遮挡的层次。同时，需要给它们设定最小值，以避免树的分支落入相同的 3D 扇形空间。

### 9.2.2　文本信息可视化

　　文本信息无处不在，譬如，邮件、新闻、工作报告等都是日常处理的信息。面对文本信息的爆炸式增长和日益加快的工作节奏，通过人工阅读大量文字来获取信息暗藏着信息理解速度滞后的问题，利用可视化增强人类对文本和文档的理解正是在这样的背景下应运而生。一图胜千言，这句谚语告诉我们：一张图像传达的信息等同于相当多文字的堆积描述。考虑到图像和图形在信息表达的优势和效率，文本可视化技术采用可视表达技术刻画文本和文档，直观呈现文档中的有效信息。通过感知和辨析可视图元，提取信息。因而，如何辅助用户准确无误地从文本中提取并简洁直观地展示信息，是常用的文本可视表达的原则之一。

　　可视化还与其他领域相结合，如信息检索技术，即可视地表达信息检索过程、传达信息检索结果。

　　人类理解文本信息的需求是文本可视化的研究动机。一篇文档中的文本信息包括词汇、语法和语义三个层级。此外，文本文档的类别多种多样，包括单文本、文档集合和时序文本数据三大类别，这使得文本信息的分析需求因类别的差异更为丰富。

### 9.2.3　文本内容可视化

　　文本内容的可视化是以文本内容作为信息对象的可视化。通常，文本内容的表达包括关键词、短语、句子和主题;文档集合包括层次性文本内容;时序性文本集合包括时序性变化的文本内容。

（1）基于关键词的文本内容总结可视化。关键词可视化指基于关键字词可视地表达文本内容。关键词是从文本的文字描述中提取的语义单元,可反映文本内容的侧重点。关键词的提取原则多种多样,常见的方法是词频,即越是重要的单词,其在文档中出现的频率越高。

标签云(Tag Clouds,又名 Text Clouds、Word Clouds)是最简单最常用的关键词可视化技术,它直接抽取文本中的关键词,并将其按照一定顺序、规律和约束整齐美观地排列在屏幕上。关键词在文本中具有分布的差异,有的重要性大,有的重要性小。通常认为,越是重要的字词越能反映其文本的内容。标签云利用颜色和字体字号反映关键词在文本分布的差异化,譬如,重要性用颜色或字体大小来表示,或者颜色和字体结合起来表示,越是重要的词汇,其字体越大,颜色越显著,反之亦然。标签云可视化将经过颜色(和字体)映射后的字词按照其在文本中原有的位置或某种布局算法放置这些词。

（2）时序性的文本内容可视化。对于具有时间和顺序属性的文本,文本内容具有有序演化特点。

（3）文本特征的分布模式可视化。除了关键字、主题等总结性文本内容,文本可视化还可用于呈现文本特征在单篇文档或文档集合中的分布模式,如句子的平均长度、词汇量等。文本弧方法可视化一篇文档中的词频和词的分布情况。整篇文档的句子按照文档的组织顺序可视化为一条盘旋的螺线,螺线上布局文档的句子。画布中间填充的是文档的单词,字体和颜色饱和度编码字的词频。单词的放置按照单词出现的位置和频率,即出现频繁的词汇靠近画布中心,而局部出现的单词靠近其相应的螺线区域。

文本特征透镜法就是可视化文本特征在文档集合中不同粒度的层级的分布情况,辅助用户观察和对比文本特征。这种方法常采用直方图度量词项的频率情况,并将其统计结果可视化。

### 9.2.4 文本关系可视化

基于文本关系的可视化旨在可视表达文本或文本集合内蕴含的关系信息,包括文档之间的引用、网页之间的超链接等关系,从文档内提取的深层次的关系,如文档内容的相似性、层次性等。文本关系的可视化中,各种图布局和投影是常用的表达文本关系的方法。

（1）基于图的单文本关系可视化

短语网络（Phrase Net）法采用节点链接图展示无结构文本中的语义单元彼此间的关系，譬如"XisY"。其中，节点代表语义单元，譬如，词或短语、边代表用户指定的关系、箭头指示关系的有向性、边的宽度指示这对短语关系在文中出现的频率。通过短语网络方法，用户可直观地总览文本中各个实体的关联关系。短语及短语间的关系信息是通过文本挖掘算法提取的词汇级或语法级别的信息。为了降低边的交叉，短语的布局是通过力引导布局的。

（2）基于投影的文档集合关系可视化

多个文档之间的相似和差异是人们对于一个文档集合非常感兴趣的问题。由于逐一显示每个文档中的特征或词语并不现实，通常对单个文档定义一个特征向量，计算文档间的相似性，并采用文档投影技术呈现文档集合的关系。星系视图（Galaxy View）采用仿生的方法可视地表达文档间的相似性。每一篇文档被看成星系中一颗星星。通过投影的方法将所有文档按照其主题的相似性投影为二维空间的点集，点之间的二维距离与其主题相似性成正比，即主题越相似的文本投影在越相近的位置主题相似的文本所对应的点位置越相近，反之亦然。文本的多层面信息的可视表达文本集合存在着多种层面的信息和上下文，如时间、地点等，这些信息通常具有不同的结构和含义，解读需要一定的经验和专业背景。用户分析文本时需要同时考查这些多层面信息，以便挖掘其中的规律和异常。为了辅助用户的分析任务，文本的可视表达如何有效地整合多层面的信息，是文本可视化的研究方向，从文本信息的内容与关系的角度出发，分析并解释了多层面的文本信息。

## 9.3　信息可视化工具

### 9.3.1　CiteSpace

CiteSpace 软件系统最早开发于 2004 年，是由美国德雷塞尔大学信息科学与技术学院的华人学者陈超美博士开发的一款主要用于计量和分析科学文献数据的信息可视化软件，可以用来绘制科学和技术领域发展的知识图谱，直观地展现科学知识领域的信息全景，识别某一科学领域中的关键文献、热点研究和前沿方向。它利用分时动态的可视化图谱展示科学知识的宏观结构及其发展脉络的方式,是科学和艺术的完美结合。大连理工大学 WISE 实验室的刘则渊教授曾用"四个一"对 CiteSpace 软件系统进行了概括,"一图展春秋,一览无余;一图胜万言,一目了然。"

（1）核心功能

CiteSpace 是应用 Java 语言开发的一款信息可视化软件,它主要基于共引分析理论。

CiteSpace 的核心功能是借助一个知识领域演进的可视化图谱,以更高抽象程度的"二阶科学"范畴和更为生动直观的形象化图像,从整体上更加深刻地反映和逼近物理世界一个具体领域的科学发展规律,不仅有助于解释现有科学发现,而且有利于基于文献的科学发现。基于 CiteSpace 的可解释性与可计算性科学发现理论,就是这方面的一个范例。

（2）理论功能

包括 CiteSpace 的所有信息可视化工具都是旨在改变人类看世界的方式,在科学图谱中,"看"包括"搜索"和"解读"两个步骤。针对科学知识图谱的 CiteSpace 工具的设计主要基于库恩的科学发展模式理论、普赖斯的科学前沿理论、社会网络分析的结构洞理论、科学传播的信息觅食理论和知识单元离散与重组理论。这些理论基础的意义在于强化图谱的可解读性、解读的合理性和正确性,通过图谱解读,实现理论两大功能,即领域现状的解释功能与领域未来前景的预见功能。

CiteSpace 在此基础上,创造性地将引证分析（历时性）和共引分析（结构性）综合起来,创建了从"知识基础"映射到"研究前沿"的理论模型,即"如果我们把研究前沿定义为一个研究领域的发展状况（如研究思路）,那么研究前沿的引文就形成了相应的知识基础。一个研究领域可以被概念化成一个从研究前沿 $\Psi(t)$ 到知识基础 $\Omega(t)$ 的时间映射 $\Phi(t)$,即 $\Phi(t):\Psi(t)\rightarrow\Omega(t)$"。

（3）应用流程

一般说来,CiteSpace 知识图谱的合格满意标准主要是数据完整、程序正确、图谱美观、解读合理,并在图谱制作中能够贯穿和体现 CiteSpace 的核心功能与理论功能。这两方面是 CiteSpace 知识图谱方法论功能中的关键与基础。包括这两方面在内的方法论功能要得以实现,必须通过 CiteSpace 的一系列应用流程来保证。

这里汇集了 CiteSpace 当前版本使用中,能够达到知识图谱合格满意标准的主要流程,包括软件安装、数据采集、数据处理、参数功能选择、可视化和解读。

在安装和启动 CiteSpace 软件之前,首先应确保电脑装有相匹配的 Java Runtime(JRE),如果电脑系统是 32 位的,需安装 Windows x86 的 JRE,如电脑系统是 64 位的,需安装 Windows x64 的 JRE。当前版本(CiteSpace3.8.R3)最优化的是用于装有 Java7 的 64 位 Windows 系统。当 CiteSpace 运行速度非常慢时,除了考虑数据量的原因外,也应该考虑计算机的系统配置。

CiteSpace 软件对数据格式的要求是以 Web of Science 数据库的文本数据格式为标准,并随着 ISI 数据库中数据格式的变化而不断更新。该软件可直接导入 Web of Science 和 arXiv 数据库中的数据,直接进行可视化分析,并对于来源于 CNKI、CSSCI、Derwent、NSF、Scopus、SDSS 和 ProjectDX 的数据提供了数据格式转换器。CiteSpace 更适用于研究某个主题的演进,所以,有针对性的主题检索效果相对更好,由于该工具基于数据的聚类而形成可视化图谱,因而数据量应达到一定的规模,如果一次检索的数据量较少,可以以此为"种子",进行引文的二次检索,数据将会更完整,这可以在一定程度上提高可视化效果。

CiteSpace 是一个开源软件,它有强大的数据处理功能,我们可以在数据的搜集和检索方面做更多的努力。数据准备好之后,进入 CiteSpace 运行阶段,该阶段包括一系列的选择,即时区选择、阈值选择、剪枝选择和功能选择。时区选择是 CiteSpace 工具的一大特色,但当研究内容并不在于反映"演化"时,就可以灵活地将数据划为一个时区。阈值选择提供了多种数据筛选的策略。首推最简单的 Top N 选择;次推 Top N% 选择;第三种比较复杂,是通过前、中、后三个时间段的被引或出现的频次设置来筛选数据的方式,具体运行过程中通过线性插值的方法对各个时间段进行阈值控制,这意味着我们对出现频率较高的两点的共现频率的要求也相应提高;第四种选择是要与上述三种选择策略配合使用。

在 CiteSpace 运行过程中,后台的数据处理状况都能够显示出来,我们可以根据数据运行状况进行阈值调整。如果可视化初期结果杂乱难以解读,CiteSpace 提供了寻径和最小生成树两种剪枝方式的选择,寻径的作用是简化网络并突出其重要的结构特征,它的优点是具有完备性(唯一解),MST 的优点是运算简捷,能很快出结果。CiteSpace 提供了 11 种功能选择,针对施引文献的合作图谱(作者合作、国家合作和机构合作)和共现图谱(特征词、关键词、学科类别),以及针对被引文献的共引图谱(文献共被引、作者共被引和期刊共被引),这些图谱都可以用来揭示科学结构的发展现状乃至变化情况,并进而用于前沿分析、领域分析、科研评价等,但针对具体的研究问题,应根据不同图谱的绘制原理来进行选择。

完成这一系列选择,按下运行按钮,CiteSpace 将在后台进行创建矩阵、降维和聚类的过程,数据筛选和运行情况会显示在运行窗口的左侧。随后进入可视化阶段。CiteSpace 提供了三种可视化方式的选择,其中默认的是聚类视图,它侧重于体现聚类间的结构特征,突出关键节点及重要连接,时间线视图侧重于勾画聚类之间的关系和某个聚类中文献的历史跨度,时区视图是另一种侧重于从时间维度上来表示知识演进的视图,它可以清晰地展示出文献的更新和相互影响。在聚类视图的基础上,我们还可以选择双图叠加以寻求两个图谱之间的关联,或是以 Google Maps 为基础图,绘制一幅空间知识图谱。CiteSpace 依据谱聚类算法提供了自动聚类的功能,并提供了从聚类施引文献中提取聚类主题词的三种算法,默认的自动标签词是依据 TF-IDF 加权算法而给出的。绘制图谱的要求之一是要美观并易解读。

CiteSpace 依据网络结构和聚类的清晰度,提供了模块值(Q 值)和平均轮廓值(S 值)两个指标,它可以作为我们评判图谱绘制效果的一个依据。

(4)功能拓展

① 基于 Google Maps 的知识图谱。

② CiteSpace 的数据处理功能。CiteSpace 软件内置了 MySQL 数据库,可以导入 WOS 格式的 txt 数据。通过菜单按钮或直接输入 SQL 语句,可以对生成的数据库进行查询和更新,实现对数据的统计、过滤和清洗。

③ 鱼眼图。鱼眼视图技术,一方面把人们感兴趣的研究区域放大显示,另一方面使焦点周围的信息内容逐渐缩小,而且保持着整体视图的可见性,这是一种 Focus + Context 技术。CiteSpace 为便于用户的分析,提供了基于时间线图的鱼眼图功能。

④ 双图叠加。双图叠加功能是将一幅 CiteSpace 图谱叠加到另一幅图谱之上,可以展现一张图谱所代表的知识领域在另一张图谱所代表的知识领域中的分布和地位。

### 9.3.2 UCINET

(1)简介

UCINET(University of California at Irvine NETwork)是一种功能强大的社会网络分析软件,它最初由加州大学尔湾分校的 Linton Freeman 编写,后来主要由美国波士顿大学的 Steve Borgatti 和英国威斯敏斯特大学的 Martin Everett 维护更新。

它包括大量的网络分析指标(如中心度、二方关系凝聚力测度、位置分析算法、派系的探查等)、随机二方关系模型(stochastic dyad models)以及对网络假设进行检验的程序(包括 QAP 矩阵相关和回归,定类数据和连续数据的自相关检验等);还包括一般的统计和多元统计分析工具,如多维量表、二模标度(奇异值分解、对应分析、因子分析)、聚类分析、多元回归、角色和地位分析(结构、角色和正则对等性)、拟合中心边缘模型等。除此之外,UCINET还提供大量数据管理和转换的工具,可以从图论程序转换为矩阵代数语言。

(2)软件信息

UCINET光盘(或者下载下来的安装版UCINET)中还包含一个用户手册,UCINET for Windows 在 Windows 95/98/NT/2000/XP 平台上运行,至少需要 8 兆的内存。

UCINET包括一维与二维数据分析的NetDraw,还有正在发展应用的三维展示分析软件 Mage 等,同时集成了 Pajek 用于大型网络分析的 Free 应用软件程序。

利用 UCINET 软件可以读取文本文件、KrackPlot、Pajek、Negopy、VNA 等格式的文件,它能处理32767 个网络节点。从实际操作来看,当节点数在5000~10000之间时,一些程序的运行就会很慢。

(注:在 UCINET 6 中全部数据都用矩阵的形式来存储、展示和描述)

(3)操作与应用

① UCINET 的数据输入和输出

UCINET能够处理的原始数据,为矩阵格式提供了大量数据管理和转化工具。该程序本身不包含网络可视化的图形程序,但可将数据和处理结果输出至 NetDraw、Pajek、Mage 和 KrackPlot 等软件作图。UCINET 包含大量包括探测凝聚子群和区域、中心性分析、个人网络分析和结构洞分析在内的网络分析程序。

UCINET 的数据输入方式有:初始数据(Raw)、Excel 数据和数据语言数据。

(注:UCINET 处理的 Excel 数据最多只能有 255 列,输入路径是数据—输入—Excel 矩阵)

输出的方式有:数据语言数据、原始数据、Excel 数据和图形方式。

(注:输出路径是数据—输出—Excel 矩阵)

图 9 – 1　输入界面

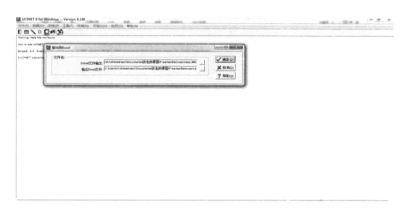

图 9 – 2　输出界面

部分具体操作如下：

① 将多值关系数据转换成二值关系数据,路径:变换→对分。

② 密度分析,路径:网络→凝聚力→密度→密度。

③ 利用 NetDraw 程序生成可视化结构图,路径:可视化→NetDraw→Open→UCINET Dataset→Network。

④ 中心性的可视化分析,路径:Analysis→Centrality Measures。

⑤ 节点中心度分析,路径:网络→中心度→度。

⑥ 接近中心度分析,路径:网络→中心度→接近性。

⑦ 中间中心度分析,路径:网络→中心度→Freeman 中间度→节点中间度。

⑧ 凝聚子群分析,路径:网络→角色 & 位置→结构→CONCOR。

⑨ 同时计算出各个点的四种中心度指数,路径:网络→中心度→多重方式。

⑩ 相关关系分析,路径:工具→检验假设→二进(QAP)→QAP 相互关系。

⑪ 回归分析,路径:工具→检验假设→二进(QAP)→QAP 回归→双倍 Dekker Semi‐Partialling MRQAP(D)(Ctrl+R)。点击后出现的对话框为如下,键入作为因变量的矩阵 DIPLOMATIC_EXCHANGE,分别输入作为自变量的四个矩阵的名称 CRUDE_MATERIALS、FOODS、MANUFACTURED_GOODS 和 MINERALS,点击 OK 后得到结果。

⑫ 属性变量与关系矩阵之间关系的 QAP 检验。

(Ⅰ)利用 UCINET 中的"自相关"分析法。这需要根据 UCINET 中的路径:工具→检验假设→混合二进/节点→绝对属性→Join count。点击之后,出现如下对话框,键入(或选出)输入数据"advice"和分区向量 sex,点击 OK 后即计算出结果。

(Ⅱ)也可以利用 QAP,但是需要构建"性别关系矩阵",然后就可以利用 QAP 计算二者之间的相关关系了。

上述两种方法的比较:第一种方法给出组内和组间的检验结果,计算出显著性水平;第二种只给出组建检验,另外计算出相关系数和显著性水平。

⑬ 在针对具体数据分析其派系构成的时候,可以利用 UCINET 中的程序(沿着"网络→子群→派系"这个路径)对关系数据矩阵进行派系分析,找到其中有多少个派系以及每个派系包含哪些成员等。

⑭ 计算 k‐核。在 UCINET 中,沿着"网络→宗派→k‐核"这条分析的途径,选择待分析的数据,就可以计算出 k‐核来。

⑮ Lambda 集合分析。在 UCINET 中,沿着"网络→子群→Lambda 设置"这条路径,选择需要加以分析的数据,即可分析该数据中的 Lambda 集合。

⑯ E‐I 秩数。在 UCINET 中,沿着"网络→凝聚力→E‐I 指数"这条路径,就可以分析矩阵的 E‐I 秩数了。

⑰ 结构洞。路径:网络→个体中心网络→结构洞。

⑱ 在 UCINET 中,利用"NetDraw→File→Open→UCINET Dataset→2-Mode Network 工具"可用来针对小网络生成一个有用的图,这就是二部 2‐模图(Bipartite "Two‐Mode" graphs)。

⑲ SVD 实现程序。路径:工具→二模缩放比例→SVD(S)。奇异值分解法(Singular value decomposition,缩写为 SVD)是一种用来区分出 2‐模(多值)网络数据背后的一些因子的方法。

⑳ 因子分析。路径:工具→二模缩放比例→因子分析。

㉑ 对二值行动者事件的测量方法可采用对应分析,路径:工具→二模缩放比

例→相应。对应分析很类似于潜类分析,其运算基础是多变量二值列联表分析,有关它的分布假设更适用于二值数据。

㉒2－模核心－边缘分区。在 UCINET 中,网络→二模→绝对核、外围(C),算法利用数量方法来搜索行动者和事件的分区,使之与理想的像尽量接近。

㉓ 在 UCINET 中,沿着 Networks→Subgroups→Factions 程序可分析 1－模数据,可针对指定的分派数量(如4派)进行分析。

对于 2－模数据来说,我们则要利用 Network→2－Mode→2－Mode Factions 算法来分析,但是要注意,它只能分出两派。

(注:UCINET 具体操作可以参考哈尔滨工程大学社会学系主任刘军教授的《整体网分析讲义——UCINET 软件应用》一文)

### 9.3.3　VOSviewer

VOSviewer(VOS)是由 Van Eck 与 Waltman 研发的一款免费软件,他们在荷兰鹿特丹大学工作期间就开始研发该软件,从 2009 年中期开始,两人在荷兰莱顿大学工作并在该校的科学与技术研究中心(CWTS)的支持下继续开发 VOSviewer。VOSviewer 是专门用于构造和可视化文献计量图谱的软件工具,其在图谱展现,尤其在聚类方面有独特优势。

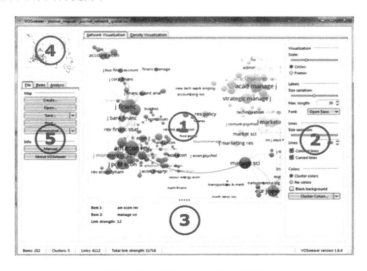

**图9－3　VOSviewer 的主窗口**

页面布局:① 为主面板,② 为选择面板,③ 为信息面板,④ 为概览面板,⑤ 为操作面板(如图 9－3 所示)。

（1）数据检索

数字学术资源的迅速增长使大规模地研究科学结构和进化成为可能，在线数据库使我们能检索和下载大量的题录、专利和基金数据。但并不是所有的分析工具都能使用这些数据库中的数据，由于输入数据格式的限制，许多分析工具只能使用部分数据库中的数据。

VOS 要求输入的基本数据格式是文本形式的网络文件（network file）和地图文件（map file）或 Pajek 文件，VOS 也可以从语料库中抽取词条创建共词矩阵。因此，VOS 需要利用其他软件，如 Pajek 或 UCINET 等将 WOS、SCOUPS、Google scholar 等数据库下载的数据转化成 VOS 可接受的文件格式。目前，VOS 也能直接从 WOS 下载的文本文件中抽取数据。

（2）数据预处理

一般从数据库中下载的数据存在各种错误，而数据的质量直接关系到图谱分析结果的准确性，因此对这些数据预处理是必不可少的步骤。

VOS 本身并没有数据预处理模块，不能为后续分析准备数据，数据的预处理需要借助别的软件实现，这也是软件巨大的缺陷。

（3）确定分析单元、抽取网络

知识图谱的绘制是基于单元的关系网络，因此，首先应根据分析目的确定分析单元，基本的分析单元包括作者、参考文献、期刊、机构和关键词等，利用这些分析单元可分别形成共现、共被引、耦合等关系矩阵。尽管 VOS 可以构建和可视化任何共现的数据，但是其本身除能从 WOS 下载的文本文件中抽取网络矩阵外，其他来源的数据需借助其他软件程序抽取网络，从 WOS 文件中能抽取文献、期刊、作者和机构耦合以及文献、期刊和作者共被引网络。

（4）计算单元之间相似性

当被选分析单元之间的网络关系被建立后，一般来说要首先计算这些数据之间的相似性，将原始矩阵转换为相似矩阵的常用方法有余弦和 Jaccard 系数。但是 VOSviewer 使用了相关强度计算图谱中单元 i 和 j 之间的相似性 $S_{ij}$：

$$S_{ij} = \frac{c_{ij}}{w_i w_j}$$

（5）图谱的可视化

前期数据准备妥当后，接下来利用绘图算法将前面生成的相似矩阵以图形的方式展示在软件界面上。可视化经常生成两种图谱——基于距离的图和基于图的图谱。基于距离的图谱单元之间的距离反应单元的强度关系，一般距离越近关系越强。基于图像的图谱单元之间的距离不反映强度而单元之间的连线粗细反应关系的强弱。VOS 只支持基于距离的图谱,其可视化技术采用的是 VOS 绘图技术,该技术要求输入的是一个相似矩阵,因此,原始矩阵先经过相关强度标准化。算法转换为相似矩阵,然后 VOS 绘图技术创建一个二维图谱,项目之间的距离反映着两者之间的相似性,相似性高的两个项目之间距离很近。而 NWB Tool 既可以形成基于距离,也可以形成基于图的图谱,其有多个算法,如 VxOrd、Kama-da – kawai、path – finder networks、Fruchterman – Reingold 等用来对网络地图化和对图谱分析。

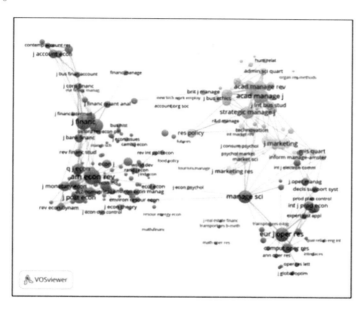

**图 9 – 4　网络可视化**

(6)图谱的分析

知识图谱构建的最终目的是直观地显示科学知识的发展进程和结构关系,从中抽取出有用的知识,因此要对构建的图谱进行分析。目前,常用的分析方法包括网络分析、地理空间检测、主题分析或概念分析、频谱分析等。VOS 工具中用到了网络分析和概念分析,通过网络中节点的颜色、大小、聚类结果来揭示项目强度及其相互关系。

### 9.3.4　Pajek

（1）基本概念及功能

Pajek 软件是网络分析软件工具的一种，它凭借出色的大型网络处理能力、强大的可视化功能以及便捷的取方式引起了研究者的关注。

Pajek（斯洛文尼亚语中意为蜘蛛）软件，是一款基于 Windows 的大型网络分析和可视化软件，由 A. Mrvar 和 V. Batagelj 于 1996 年开发。该软件仅限于非商业用途，可以通过网络免费获取最新版本。不同于一般的网络分析软件，Pajek 可以处理拥有多达几百万节点的大型网络，突破了很多网络分析软件只能处理较小规模数据的瓶颈。它可以从大规模网络中提取出若干小网络，以便于使用经典算法实现更加细致的研究，并通过强大的可视化功能将网络及分析结果展示出来。

Pajek 的输入方式比较灵活，可以直接定义一个小网络，也可以从外面导入数据生成网络，除了本身的数据格式之外，它还支持很多其他软件数据格式的导入。软件的结构是建立在网络、分类、向量、排序、群和层级 6 种数据结构之上的。

主窗口的 16 个菜单说明了 Pajek 可以进行的所有操作，包括网络、分类、向量和绘图（如图 9 - 5 所示）。具体来说，"网络"菜单包括网络变换、生成随机网络和层次分解等功能；"分类"菜单则包括生成随机分类、规范化分类以及从分类中生成网络等操作；"向量"菜单包括生成选定维数的识别向量、从给定向量中抽取子向量和将给定向量变形等与向量相关的内容；"绘图"菜单在进行绘图操作时，屏幕上会弹出一个独立的绘图窗口，其中有很多关于绘制、修改和导出网络图的详细操作，可以帮助我们绘制出所需的网络图并导出成为多种格式的文件。

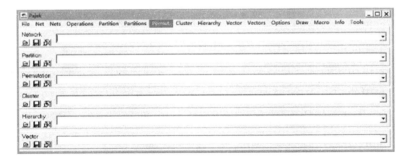

**图 9 - 5　Pajek 主界面**

（2）Pajek 的可视化特点

在众多网络分析和可视化工具中，Pajek 软件以其强大的图像处理能力和多样的图像导出格式赢得了研究者的青睐,越来越多地应用于各种网络的分析和可视化中。

① 绘制网络图

Pajek 的图像处理功能非常强大,在生成网络图方面,它支持自动网络布局和手动网络布局两类操作。自动布局程序非常适合绘制基础的网络图,这样可以避免使用者个人的偏好和失误,使布局更加准确。此外,自动布局的速度通常比较快,绘制出的网络图也更漂亮。Pajek 的绘图窗口中有两个产生自动布局的命令:Kamada2 Kawai 和 Fruchter man Reingold。

执行 Kamada2 Kawai 命令可以产生节点间隔比较均匀的网络图,通常用于生成连通网络的布局。与另外一个命令 Fruchter man Reingold 相比,Kamada2 Kawai 的布局结果更加稳定,但是速度相对较慢,只能处理小型的网络。Fruchter man Reingold 理拥有更多节点的大型网络。在执行过程中,可以很好地分离网络中不连通的各部分,将它们分隔出来,并且可以选择生成二维或三维的网络图。

使用 Pajek 的自动布局命令可以生成一个漂亮的网络图,但难免会有一些细节不够理想,这个缺憾可以靠手动布局来弥补。利用 Pajek 的手动布局功能调整网络布局是一件很简单的事情,只要用鼠标拖动节点移动位置即可。如果需要限制节点的移动,可以在绘图窗口的"Move"菜单中,通过选择"X""Y"或"Radius"限制节点在水平方向、垂直方向或规定半径的圆上移动。此外,绘图窗口的其他菜单中也提供了很多改变网络图外观的选项,这些都可以帮助我们更好地改进网络图。

自动布局和手动布局命令各有优缺点,使用时需要将两者很好地结合起来,才能生成更理想的网络图。在进行网络布局时,只依靠一个自动布局命令的一次运行无法得到满意的结果。我们需要根据网络的特点选择相应的自动布局命令,或是综合运用两个命令,生成初步的网络布局,再结合手动调整不断完善,才能生成理想的网络图。另外,还有使用者建议在处理小型网络时,首先使用 Fruchter man Reingold 命令进行自动布局,并调整距离以达到稳定的效果,之后通过 Kamada2 Kawai 命令调整节点位置,以改进网络布局,最后结合手动调整,达到理想的效果。

② 图形导出

绘制好的网络图需要以正确的格式导出,才能呈现给读者。Pajek 软件生成的网络图可以导出 6 种格式:Bitmap,EPS/PS、SVG、VRML、MDLMOL file 和 Kinemages。在绘图窗口的"Export"菜单中,执行 Bitmap、EPS/PS 和 SVG 三个命令可以将网络图导出为对应格式的二维图像,执行 VRML、MDLMOL file 和 Kinemages 三个命令可以将网络图导出为对应格式的三维图像。本文以二维图像导出为例进行简要介绍。执行"Export > Bitmap"可以将网络图导出为 Bitmap 格式,这种格式是微软公司为其 Windows 环境设置的标准图像格式,使用普遍,读取也比较方便。但是 Bitmap 格式导出图像的修改比较烦琐,需要单独编辑每一个像素,而不能移动整个节点、连线或是标签。此外,这种格式的图像质量不够理想,在放大时会引起失真,并且文件占用空间比较大。这种格式主要用于快速灵活读取图像和对网络进行简单分析的情况。

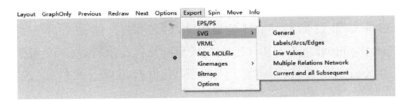

图 9 – 6　图片导出界面

　　相比之下,以 EPS/PS 和 SVG 格式导出的矢量图具有图像质量高、缩放不失真和便于编辑修改的优点。这两种格式的不足在于,大部分 Windows 应用软件不能直接读取,需要将图像转化成其他格式或是安装特殊的软件、插件来读取。PS 和 EPS 的格式都是 Adobe 公司开发的矢量文件格式,EPS 是 PostScript 文件的一种变体。EPS 文件格式以它在图像品质、精确度和色彩处理能力方面的优秀表现赢得了使用者的好评,加上它可以方便地与一些软件进行文件交换,在使用 Pajek 软件进行更深入的网络分析的过程中,较多使用的是这种导出格式。SVG 是一种基于可扩展标记语言(XML),用于描述二维矢量图形的导出格式,它使用文本格式的描述性语言来描述图像内容,用记事本就可以打开并进行修改,操作简单。此外,它还是一种与图像分辨率无关的格式,使用任何分辨率的打印机都能够打印出高质量的画面。更吸引人的是,使用者可以将交互元素加入到 SVG 文档中,使其可以对用户的输入做出响应。

## 9.4 信息可视化实例

信息可视化囊括了数据可视化、信息图形、知识可视化、科学可视化以及视觉设计方面的所有发展与进步。那么如何制作信息可视化？

第一步，确定表意正确明确。信息图表达内容，确定最主要的表现内容。

第二步，优化展现形式。内容正确还不够，还要易懂，我们需要在这个步骤里寻找信息图最优表现形式，让读者一目了然，降低理解难度。

第三步，探索视觉风格。在探索视觉风格时要注意抓大放小，先定下来最主要模块的风格，再做延展。

第四步，完善细节。视觉风格确定后，可根据需要添加、完善细节。

第五步，风格延展。"一致"的视觉设定有助于用户理解，也能更好地提升品牌形象，所以，主风格确定后，我们需要把它延展到其他有需要的页面上。

下面是来源于应酷设计网站的信息可视化的案例分享：

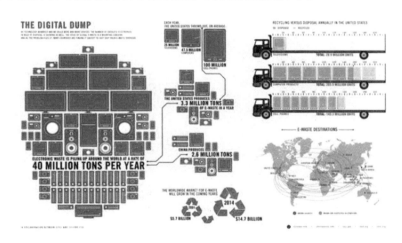

图 9 - 7　数字垃圾处理

（来源：http://visual.ly/digital - dump）

**图 9 - 8　Diagrams Rule 图标的规则:可视化数据呈现**

（来源:http://visual. ly/diagrams - rule - satirical - look - infographics）

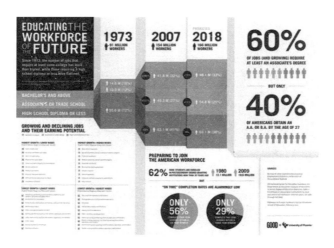

**图 9 - 9　未来的劳动力的受教育模式**

（来源:http://visual. ly/educating - workforce - future）

　　基于数据生成的数据可视化和信息可视化,这两者在现实应用中非常接近,并且有时能够互相替换使用。但是这两者其实是不同的,数据可视化是指那些用程序生成的图形图像,这个程序可以被应用到很多不同的数据上。信息可视化是指为某一数据定制的图形图像,它往往是设计者手工定制的,只能应用在那个数据中。信息可视化的代表特征是具体化的、自解释性的和独立的。为了满足这些特征,这个图是需要手工定制的。并没有任何一个可视化程序能够基于任一数据生成这样具体化的图片,并在上面标注所有的解释性文字。

数据可视化是普适的,比如,平行坐标图并不因为数据的不同而改变自己的可视化设计。可视化强大的普适性能够使用户快速应用某种可视化技术在一些新的数据上,并且通过可视化结果图像理解新数据,与针对已知特定数据进行信息可视化设计绘制相比,用户更像是通过对数据进行可视化的应用来学习和挖掘数据,而普适性的数据可视化技术本身并没有解释数据的功能。

**参考文献**

[1]程时伟,孙守迁. 信息可视化研究综述[C]. 中国科技论文,2001.

[2]周宁,张玉峰,张李义. 信息可视化与知识检索[M]. 北京:科学出版社,2005.

[3]冯艺东,汪国平,董士海. 信息可视化[J]. 工程图学学报,2001(增刊).

[4]杨彦波,刘月,祁明月. 信息可视化研究综述[J]. 河北科技大学学报,2014.

[5]刘大海. 海量数据可视化研究方法[D]. 天津:天津大学,2009.

[6]刘芳. 信息可视化技术及应用研究[D]. 浙江:浙江大学. 2013.

[7]侯剑华,胡志刚. CiteSpace 软件应用研究的回顾与展望[J]. 现代情报,2013(04).

[8]陈悦,陈超美,刘则渊,胡志刚,王贤文. CiteSpace 知识图谱的方法论功能[J]. 科学学研究,2015.

[9]刘军. 整体网分析讲义——UCINET 软件应用[M]. 上海:格致出版社,2009.

# 第 10 章

# 数据挖掘方法

## 10.1　数据挖掘简介

### 10.1.1　数据挖掘产生的背景

20 世纪 90 年代,随着数据库系统的广泛应用和网络技术的高速发展,数据库技术也进入一个全新的阶段,即从过去仅管理一些简单数据发展到管理由各种计算机所产生的图形、图像、音频、视频、电子档案、Web 页面等多种类型的复杂数据,并且数据量也越来越大。数据库在给我们提供丰富信息的同时,也体现出明显的海量信息特征。信息爆炸时代,海量信息给人们带来许多负面影响,最主要的就是有效信息难以提炼,过多无用的信息必然会产生信息距离(信息状态转移距离)是对一个事物信息状态转移所遇到障碍的测度,简称 DIST 或 DIT)和有用知识的丢失。这也就是约翰·内斯伯特(John Nalsbert)称为的"信息丰富而知识贫乏"窘境。因此,人们迫切希望能对海量数据进行深入分析,发现并提取隐藏在其中的信息,以更好地利用这些数据。但仅以数据库系统的录入、查询、统计等功能,无法发现数据中存在的关系和规则,无法根据现有的数据预测未来的发展趋势,更缺乏挖掘数据背后隐藏知识的手段。正是在这样的条件下,数据挖掘技术应运而生。

### 10.1.2　数据挖掘的步骤

在实施数据挖掘之前,先制定采取什么样的步骤,每一步都做什么,达到什么样的目标是必要的,有了好的计划才能保证数据挖掘有条不紊地实施并取得成功。很多软件供应商和数据挖掘顾问公司投提供了一些数据挖掘过程模型,来指导他们的用户一步步地进行数据挖掘工作。比如,SPSS 公司的 5A 和 SAS 公司的 SEMMA。

数据挖掘过程模型步骤主要包括定义商业问题、建立数据挖掘库、分析数据、准备数据、建立模型、评价模型和实施。下面让我们来具体看一下每个步骤的具体内容:

(1)定义商业问题。在开始知识发现之前最先的也是最重要的要求就是了解数据和业务问题。必须要对目标有一个清晰明确的定义,即决定到底想干什么。比如,想提高电子信箱的利用率时,想做的可能是"提高用户使用率",也可能是"提高一次用户使用的价值",要解决这两个问题而建立的模型几乎是完全不同的,必须做出决定。

(2)建立数据挖掘库。建立数据挖掘库包括以下几个步骤:数据收集,数据描述,选择,数据质量评估和数据清理,合并与整合,构建元数据,加载数据挖掘库,维护数据挖掘库。

(3)分析数据。分析的目的是找到对预测输出影响最大的数据字段,和决定是否需要定义导出字段。如果数据集包含成百上千的字段,那么浏览分析这些数据将是一件非常耗时和累人的事情,这时需要选择一个具有好的界面和功能强大的工具软件来协助你完成这些事情。

(4)准备数据。这是建立模型之前的最后一步数据准备工作。可以把此步骤分为四个部分:选择变量,选择记录,创建新变量,转换变量。

(5)建立模型。建立模型是一个反复的过程。需要仔细考察不同的模型以判断哪个模型对面对的商业问题最有用。先用一部分数据建立模型,然后再用剩下的数据来测试和验证这个得到的模型。有时还有第三个数据集,称为验证集,因为测试集可能受模型的特性的影响,这时需要一个独立的数据集来验证模型的准确性。训练和测试数据挖掘模型需要把数据至少分成两个部分,一个用于模型训练,另一个用于模型测试。

(6)评价模型。模型建立好之后,必须评价得到的结果、解释模型的价值。从测试集中得到的准确率只对用于建立模型的数据有意义。在实际应用中,需要进一步了解错误的类型和由此带来的相关费用的多少。经验证明,有效的模型并不一定是正确的模型。造成这一点的直接原因就是模型建立中隐含的各种假定,因此,直接在现实世界中测试模型很重要。先在小范围内应用,取得测试数据,觉得满意之后再向大范围推广。

（7）实施。模型建立并经验证之后,可以有两种主要的使用方法:第一种是提供给分析人员做参考;另一种是把此模型应用到不同的数据集上。

因为事物在不断发展变化,很可能过一段时间之后,模型就不再起作用。销售人员都知道,人们的购买方式随着社会的发展而变化。因此,随着使用时间的增加,要不断地对模型做重新测试,有时甚至需要重新建立模型。

### 10.1.3 数据挖掘的基本技术

（1）预言型数据挖掘

① 分类

分类要解决的问题是为一个事件或对象归类。在使用上,既可以用此模型分析已有的数据,也可以用它来预测未来的数据。例如,用分类来预测哪些客户最倾向于对电子信箱的销售做出回应,又有哪些客户可能会换他的手机服务提供商,或在医疗领域遇到一个病例时,用分类来判断一下从哪些药品着手比较好。

② 回归

回归是通过具有已知值的变量来预测其他变量的值。在最简单的情况下,回归采用的是象线性回归这样的标准统计技术。但在大多数现实世界中的问题是不能用简单的线性回归所能预测的。为此,人们又发明了许多新的手段来试图解决这个问题,如逻辑回归、决策树、神经网络等。

③ 时间序列

时间序列是用变量过去的值来预测未来的值。与回归一样,也是用已知的值来预测未来的值,只不过这些值的区别是变量所处时间的不同。时间序列采用的方法一般是在连续的时间流中截取一个时间窗口(一个时间段),窗口内的数据作为一个数据单元,然后让这个时间窗口在时间流上滑动,以获得建立模型所需要的训练集。

（2）描述型数据挖掘

图形和可视化工具在数据准备阶段尤其重要,它能使人们快速直观地分析数据,而不只是枯燥乏味的文本和数字。我们不仅要看到整个森林,还要拉近每一棵树来察看细节。在图形模式下,人们很容易找到数据中可能存在的模式、关系、异常等,直接看数字则很难。

① 聚类

聚类是把整个数据库分成不同的类,类与类之间差别要很明显,而同一个类之间的数据则尽量相似。与分类不同,在开始聚类之前我们不知道要把数据分成几组,也不知道怎么分。因此,在聚类之后要有一个对专业很熟悉的人来解释分类的意义。

② 关联分析

关联分析是寻找数据库中值的相关性。两种常用的技术是关联规则和序列模式。关联规则是寻找在同一个事件中出现的不同项的相关性,比如,在一次购买活动中所买不同商品的相关性;序列模式与此类似,他寻找的是事件之间时间上的相关性。

### 10.1.4 数据挖掘的算法

数据挖掘的核心是为数据建立模型的过程。所有的数据挖掘产品都有这个建模过程,不同的是它们构造模型的方式互不相同。进行数据挖掘时可采用许多不同的算法。

决策树是一种经常要用到的技术,可以用于分析数据,同样也可以用来作预测。常用的算法有 CHAID、CART、ID3 和 C4.5。决策树方法很直观,这是它的最大优点;缺点是随着数据复杂性的提高,分支数增多,管理起来很困难。ANGOSS 公司的 KnowledgeSEEKER 产品采用了混合算法的决策树。

神经网络近来越来越受到人们的关注,因为它为解决大复杂度问题提供了一种相对来说比较有效的简单方法。神经网络常用于两类问题:分类和回归。它的最大优点是能精确地对复杂问题进行预测。神经网络的缺点是,网络模型是个黑盒子,预测值难于理解,神经网络有过拟合的现象。IBM、SAS、SPSS、HNC、AN-GOSS 等公司是这个产品的供应者。

遗传算法是一种基于进化过程的组合优化方法。它的基本思想是随着时间的更替,只有最适合的物种才得以进化。遗传算法能够解决其他技术难以解决的问题,然而,它也是一种最难于理解和最开放的方法。遗传算法通常与神经网络结合使用。

采用上述技术的某些专门的分析工具已经发展了大约十年的时间,不过这些工具所面对的数据量通常较小。而现在这些技术已经被直接集成到许多大型的工业标准的数据仓库和联机分析系统中去了。

### 10.1.5 数据挖掘的应用

目前,数据挖掘的典型应用领域包括:(1)市场分析和预测。如英国 BBC 广播公司进行的收视率调查、大型超市销售分析与预测、销售渠道与价格分析等。

（2）工业生产。主要用于发现最佳生产过程。（3）金融。采用统计回归式神经网络构造预测模型，如自动投资系统、可预测最佳投资时机。（4）科学研究。贝克对于天文定理的发现、地震发现者用于分析地壳的构造活动等。（5）Web 数据挖掘。站点访问模式分析、网页内容自动分类、聚类等。（6）工程诊断。数据挖掘作为一种新的知识发现手段，还引起了工程诊断领域的重视，许多国家和研究机构都在监测诊断项目中加入了对数据挖掘的研究。

　　除此之外，也有一些相关数据挖掘产品的报道，如复旦德门公司开发的ARMiner 和 CIAS、东北大学开发的面向先进制造企业的综合数据挖掘系统 Scope Miner、东北大学软件中心基于 SAS 开发的 Open Miner 以及长春工业大学开发的数据挖掘工具软件等。

### 10.1.6　数据挖掘的发展趋势

　　（1）数据仓库日益普及。尽管数据挖掘并不一定要有数据仓库的支持，但它仍然经常被看成数据仓库的后期产品，因为，那些努力建立数据仓库的人有最丰富的数据资源可供挖掘。

　　（2）Internet 数据挖掘。许多供应商将数据挖掘技术用于电子商务，以提高Internet 战点和客户的关联行。如 IBM 公司发布 Web 为中心的数据挖掘解决方案SurAid。

　　（3）EIS 工具供应商也在集成数据挖掘功能。将数据挖掘工具和查询及 EIS工具集成起来将导致一个基于发现的过程，由此发现过程最终用户能获得最有用的东西，进而根据这些新的信息对有关问题进行更明确的阐述。

　　（4）数据挖掘供应商更注重纵向市场。数据挖掘涉及对数据内在本质的理解，因此，供应商们更注重纵向市场。比如，DataMind 公司的重点是电信业的跳槽，电信业竞争的不规范和白热化已使保持客户成为一个备受关注的热点问题。

## 10.2　数据挖掘过程

　　数据挖掘是一个多领域知识交叉的研究与应用领域，设计的领域包括数据库技术、人工智能、机器学习、神经网络、统计学、模式识别、信息检索、高性能计算等。数据挖掘的过程大致分为问题定义、数据收集与预处理、数据挖掘实施以及挖掘结果的解释与评估。

### 10.2.1　问题定义

数据挖掘是为了从大量数据中发现有用的令人感兴趣的信息,因此,发现何种知识就成为整个过程中的第一个也是最重要的一个阶段。在这个过程中,必须明确数据挖掘任务的具体需求,同时确定数据挖掘所需要采用的具体方法。

### 10.2.2　数据收集与预处理

这个过程主要包括数据选择、数据预处理和数据转换。数据选择的目的就是确定数据挖掘任务所涉及的操作数据对象(目标数据),也就是根据数据挖掘任务的具体要求,从相关数据源中抽取与挖掘任务相关的数据集。数据预处理通常包括消除噪音、遗漏数据处理、消除重复数据、数据类型转换等处理。数据转换的主要目的是消减数据集合和特征维数(简称降维),即从初始特征中筛选出真正的与挖掘任务相关的特征,以提高数据挖掘的效率。

### 10.2.3　数据挖掘的实施

根据挖掘任务定义及已有的方法(分类、聚类、关联等)选择数据挖掘实施算法。

数据挖掘的实施仅仅是整个数据挖掘过程的一个步骤。影响数据挖掘质量的两个因素分别是:所采用的数据挖掘方法的有效性;用于数据挖掘的数据质量和数据规模。如果选择的数据集合不合适,或进行了不恰当的转换,就不能获得好的挖掘结果。

整个数据挖掘是一个不断反馈修正的过程。当用户在挖掘过程中,发现所选择的数据不合适,或使用的挖掘方法无法获得期望结果,则用户就需要重复进行挖掘过程,甚至需要从头开始。

### 10.2.4　结果解释与评估

实施数据挖掘所获得的挖掘结果,需要进行评估分析,以便有效发现有意义的知识模式。因为,数据挖掘所获得初始结果中可能存在冗余或者无意义的模式,也可能所获得的模式不满足挖掘任务的需要,这是就需要退回到前面的挖掘阶段,重新选择数据、采用新的数据变换方法、设定新的参数值,甚至换一种数据挖掘算法等。此外,还需要对所发现的模式进行可视化,表示将挖掘结果转换为用户易懂的另一种表示方法。

## 10.3 聚类分析

通常,我们在研究与处理事物时,经常需要将事物进行分类,例如,地质勘探中根据物探、化探的指标将样本进行分类;古生物研究中根据挖掘出的骨骼形状和尺寸分类;大坝监控中由于所得的观测数据量十分庞大,有时亦需将它们分类归并,获得其典型代表再进行深入分析等。对事物进行分类,进而归纳并发现其规律已成为人们认识世界、改造世界的一种重要方法。

由于对象的复杂性,仅凭经验和专业知识有时不能确切地分类,随着多元统计技术的发展和计算机技术的普及,利用数学方法进行更科学的分类不仅非常必要而且完全可能。

近些年来,数值分类学逐渐形成了一个新的分支,称为聚类分析,聚类分析适用于很多不同类型的数据集合,很多研究领域,如工程、生物、医药、语言、人类学、心理学和市场学等,都对聚类技术的发展和应用起到了推动作用。

### 10.3.1 什么是聚类分析

聚类分析也称群分析或点群分析,它是研究多要素事物分类问题的数量方法,是一种新兴的多元统计方法,是当代分类学与多元分析的结合。其基本原理是,根据样本自身的属性,用数学方法按照某种相似性或差异性指标,定量地确定样本之间的亲疏关系,并按这种亲疏关系程度对样本进行聚类。

聚类分析是将分类对象置于一个多维空间中,按照它们空间关系的亲疏程度进行分类。

通俗地讲,聚类分析就是根据事物彼此不同的属性进行辨认,将具有相似属性的事物聚为一类,使得同一类的事物具有高度的相似性。

聚类分析方法,是定量地研究地理事物分类问题和地理分区问题的重要方法,常见的聚类分析方法有系统聚类法、动态聚类法和模糊聚类法等。

### 10.3.2 聚类分析方法的特征

(1)聚类分析简单、直观。

(2)聚类分析主要应用于探索性的研究,其分析的结果可以提供多个可能的解,选择最终的解需要研究者的主观判断和后续的分析。

（3）不管实际数据中是否真正存在不同的类别,利用聚类分析都能得到分成若干类别的解。

（4）聚类分析的解完全依赖于研究者所选择的聚类变量,增加或删除一些变量对最终的解都可能产生实质性的影响。

（5）研究者在使用聚类分析时应特别注意可能影响结果的各个因素。

（6）异常值和特殊的变量对聚类有较大影响,当分类变量的测量尺度不一致时,需要事先做标准化处理。

### 10.3.3 聚类分析的发展历程

在过去的几年中,聚类分析发展方向有两个:加强现有的聚类算法和发明新的聚类算法。现在已经有一些加强的算法用来处理大型数据库和高维度数据,例如小波变换使用多分辨率算法,网格从粗糙到密集从而提高聚类簇的质量。

然而,对于数据量大、维度高并且包含许多噪声的集合,要找到一个"全能"的聚类算法是非常困难的。某些算法只能解决其中的两个问题,同时能很好解决三个问题的算法还没有,现在最大的困难是高维度（同时包含大量噪声）数据的处理。

算法的可伸缩性是一个重要的指标,通过采用各种技术,一些算法具有很好的伸缩性。这些技术包括数据采样、信息浓缩、网格和索引。

CLARANS 是最早使用数据采样的算法,CURE 使用优选的采样点,信息浓缩技术在 BIRCH 方法和 DECLIJE 方法中得到应用。

许多算法都使用了索引技术,典型的有:BIRCH 方法、DBSCAN 方法、小波变换方法、DENCLUE 方法、STING 方法和 CLIQUE 方法使用了网格技术。但是以上方法仍然不能很好地处理高维度并且大数据量的集合。

近来,人们还发现了一些新的技术,如 STING 方法引入动态数据挖掘触发器;mAFIA 方法引入间距尺寸自适应网格分割算法;OptiGrid 算法使用迭代和网格等技术处理高维度数据。

新技术的引进大大加强了聚类算法的效能,尤其提升了处理高维度数据的能力,但是由于这些算法刚刚形成,所以在某些地方还有待完善。

### 10.3.4 系统聚类分析法

系统聚类法是目前国内外使用最多的一种方法,有关它的研究极为丰富。其基本思想是:先将 11 个样本各自看成一类,然后,规定样本之间的距离和类与类之间的距离;其次选择距离最小的一对并成一个新类,计算新类和其他类的距离;再将距离最小的两类合并,这样每次减少一类,直至所有的样本都成为一类为止。

系统聚类法的优点在于:利用样本之间的距离最近原则进行聚类。这种系统归类过程与所规定的归类指数有关,同时也与具体的归类方法有关系,整个聚类过程可用一张聚类图(树)形象表示。

在聚类分析中,聚类要素的选择是十分重要的,它直接影响分类结果的准确性和可靠性,在地理分类和研究分区中,被聚类的对象常常是多个要素构成的。

不同要素的数据往往具有不同的单位和量纲,其数值的变异可能是很大的,这就会对分类结果产生影响,因此,当分类要素的对象确定之后,在进行聚类分析之前,首先要对数据要素进行处理。在聚类分析中,常用的聚类要素的数据处理方法有如下几种:① 总和标准化;② 标准差标准化;③ 极大值标准化;④ 极差的标准化。经过这种标准化所得的新数据,各要素的极大值为1,极小值为0,其余的数值均在0与1之间。距离是事物之间差异性的测度,差异性越大,则相似性越小,所以距离是系统聚类分析的依据和基础。

### 10.3.5 聚类分析的 3 种方法

聚类分析是数据挖掘中的一个很活跃的研究领域,并提出了许多聚类算法。

(1)直接聚类法

直接聚类法是根据距离矩阵的结构一次并类得到结果,其基本步骤如下:

① 把各个分类对象单独视为一类。

② 根据距离最小的原则,依次选出一对分类对象,并成新类。

③ 如果其中一个分类对象已归于一类,则把另一个也归入该类;如果一对分类对象正好属于已归的两类,则把这两类并为一类。每一次归并,都划去该对象所在的列与列序相同的行。

④ 那么,经过 m - 1 次就可以把全部分类对象归为一类,这样就可以根据归并的先后顺序做出聚类谱系图。直接聚类法虽然简便,但在归并过程中是划去行和列的,因而难免有信息损失,因此,直接聚类法并不是最好的系统聚类方法。

(2)最短距离聚类法

最短距离聚类法是在原来的 m × m 距离矩阵的非对角元素中找出,把分类对象 Gp 和 Gq 归并为一新类 Gr,然后按计算公式计算原来各类与新类之间的距离,这样就得到一个新的(m - 1)阶的距离矩阵。

再从新的距离矩阵中选出最小者,把 Gi 和 Gj 归并成新类,再计算各类与新类的距离,这样一直下去,直至各分类对象被归为一类为止。

（3）最远距离聚类法

最远距离聚类法与最短距离聚类法的区别在于,计算原来的类与新类距离采用的公式不同。

### 10.3.6　系统聚类方法的步骤

（1）对数据进行变换处理;(不是必须的,只有当数量级相差很大或指标变量具有不同单位时是必要的)。

（2）构造 n 个类,每个类只包含一个样本。

（3）计算 n 个样本两两间的距离。

（4）合并距离最近的两类为一新类。

（5）计算新类与当前各类的距离,若类的个数等于1,转到6,否则回4。

（6）画聚类图。

（7）决定类的个数,从而得出分类结果。

### 10.3.7　聚类分析的主要应用

对于聚类分析的应用,马海祥简单地从以下 6 个领域为大家总结了一下。

（1）商业

聚类分析被用来发现不同的客户群,并且通过购买模式刻画不同的客户群的特征。聚类分析是细分市场的有效工具,同时也可用于研究消费者行为,寻找新的潜在市场、选择实验的市场,并作为多元分析的预处理。

（2）生物

聚类分析被用来对动植物分类和对基因进行分类,获取对种群固有结构的认识。

（3）地理

聚类能够帮助在地球中被观察的数据库商趋于的相似性。

（4）保险行业

聚类分析通过一个高的平均消费来鉴定汽车保险单持有者的分组,同时根据住宅类型、价值、地理位置来鉴定一个城市的房产分组。

（5）因特网

聚类分析被用来在网上进行文档归类来修复信息。

(6)电子商务

聚类分析在电子商务中网站建设数据挖掘中也是很重要的一个方面,通过分组聚类出具有相似浏览行为的客户,并分析客户的共同特征,可以更好地帮助电子商务的用户了解自己的客户,向客户提供更合适的服务。

# 10. 4 关联分析

## 10. 4. 1 定义及概述

关联分析又称关联挖掘,是数据挖掘中常用的一种数据分析方法。它就是在交易数据、关系数据或其他信息载体中,查找存在于项目集合或对象集合之间的频繁模式、关联、相关性或因果结构。或者说,关联分析是发现交易数据库中不同项(项集)之间的联系。

关联分析是从大量数据中发现项集之间有趣的关联和相关联系。关联分析的一个典型例子是购物篮分析。该过程通过发现顾客放入其赆物篮中的不同商品之间的联系,分析顾客的购买习惯。通过了解哪些商品频繁地被顾客购买,这种关联的发现可以帮助零售商制定营销策略。其他的应用还包括价目表设计、商品促销、商品的排放和基于购买模式的顾客划分。

## 10. 4. 2 相关算法的解析

(1)Apriori 算法

① Apriori 算法简介

Apriori 算法是一种挖掘关联规则的频繁项集算法,其核心思想是通过候选集生成和情节的向下封闭检测两个阶段来挖掘频繁项集。Apriori 算法应用广泛,可用于消费市场价格分析、猜测顾客的消费习惯、网络安全领域中的入侵检测技术等。

② 挖掘步骤

(I)依据支持度找出所有频繁项集(频度)。

(II)依据置信度产生关联规则(强度)。

③ 基本概念

对于 A－>B 的情况有:

（Ⅰ）支持度：P( A ∩ B )，既有 A 又有 B 的概率。

（Ⅱ）置信度：P( B|A )，在 A 发生的事件中同时发生 B 的概率 p( AB )/P( A )。

以购物篮为例：牛奶面包其中实例的支持度为 3%，置信度为 40%（支持度 3% 意味着有 3% 顾客同时购买牛奶和面包，置信度 40% 意味着购买牛奶的顾客里面有 40% 也购买了面包）。

（Ⅲ）如果事件 A 中包含 k 个元素，那么称这个事件 A 为 k 项集事件。其中满足最小支持度阈值的事件称为事件 A 的频繁 k 项集。

（Ⅳ）同时满足最小支持度阈值和最小置信度阈值的规则称为强规则。

④ 实现步骤

Apriori 算法是一种最有影响的挖掘布尔关联规则频繁项集的算法。Apriori 使用一种称作逐层搜索的迭代方法，即用"K - 1 项集"去搜索"K 项集"。

首先，找出频繁"1 项集"的集合，该集合记作 L1。L1 用于找频繁"2 项集"的集合 L2，而 L2 用于找 L3。如此下去，直到不能找到"K 项集"。找每个 Lk 都需要一次数据库扫描。

其核心思想是连接步和剪枝步。连接步是自连接，原则是保证前 k - 2 项相同，并按照字典顺序连接。剪枝步，是使任一频繁项集的所有非空子集也必须是频繁的。反之，如果某个候选的非空子集不是频繁的，那么该候选肯定不是频繁的，从而可以将其从 K 中删除。简单的可分为以下几步：

（Ⅰ）发现频繁项集，过程为扫描、计数、比较、产生频繁项集、连接、剪枝，产生候选项集重复步骤以上各步骤直到不能发现更大的频集。

（Ⅱ）产生关联规则，过程为根据前面提到的置信度的定义，产生满足置信度条件的关联规则。

⑤ 关于算法的总结分析

关联分析是用于发现大数据集中元素间有趣关系的一个工具集，可以采用两种方式来量化这些有趣的关系。第一种方式是使用频繁项集，它会给出经常在一起出现的元素项。第二种方式是关联规则，每条关联规则意味着元素项之间的"如果……那么"关系。

关联分析可以用在许多不同物品上。商店中的商品以及网站的访问页面是其中比较常见的例子。

每次增加频繁项集的大小，Apriori 算法都会重新扫描整个数据集。当数据集很大时，这会显著降低频繁项集发现的速度。下面会介绍 FD - Tree 算法，和 Apriori 算法相比，该算法只需要对数据库进行两次遍历，能够显著加快发现频繁项集的速度。

（2）FP – Growth 算法

① FP – Growth 算法简介

2000 年,韩家炜等人提出了基于频繁模式树(Frequent Pattern Tree,简称为 FP – Tree)的发现频繁模式的算法 FP – Growth。在 FP – Growth 算法中,通过两次扫描事物数据库,把每个事物所包含的频繁项目按其支持度降序压缩存储到FP – Growth 中。在以后发现频繁模式的过程中,不需要再扫描事务数据库,而仅在 FP – Tree 中进行查找即可,并通过递归调用 FP – Growth 的方法来直接产生频繁模式,因此,在整个发现过程中也不需产生候选模式。该算法克服了 Apriori 算法中存在的问题,在执行效率上也明显好于 Apriori 算法。

② FP – Growth 算法的步骤分析

Apriori 通过不断地构造、筛选候选集挖掘出频繁项集,需要多次扫描原始数据,当原始数据较大时,磁盘 I/O 次数太多,效率比较低下。FP – Growth 算法则只需扫描原始数据两遍,通过 FP – Tree 数据结构对原始数据进行压缩,效率较高。

FP – Growth 算法主要分为两个步骤:FP – Tree 构建,递归挖掘 FP – Tree。FP – Tree 构建通过两次数据扫描,将原始数据中的事物压缩到一个 FP – Tree 中,该 FP – Tree 类似于前缀树,相同前缀的路径可以共用,从而达到压缩数据的目的。接着通过 FP – Tree 找出每个 item 的条件模式基、条件 FP – Tree、递归的挖掘条件 FP – Tree 得到所有的频繁项集。算法的主要计算瓶颈在 FP – Tree 的递归挖掘上,下面详细介绍 FP – Growth 算法的主要步骤。

（I）FP – Tree 构建

第一遍扫描数据,找出频繁 1 项集 L,按降序排序。

第二遍扫描数据:对每个 transaction 过滤不频繁集合,剩下的频繁项集按 L 顺序排序,把每个 transaction 的频繁 1 项集插入到 FP – Tree 中,相同前缀的路径可以共用,同时增加一个 Header Table,把 FP – Tree 中相同 item 连接起来,也是降序排序,如图 10 – 1、10 – 2 所示。

| TID | Items bought | (ordered) frequent items |
|---|---|---|
| 100 | {f, a, c, d, g, i, m, p} | {f, c, a, m, p} |
| 200 | {a, b, c, f, l, m, o} | {f, c, a, b, m} |
| 300 | {b, f, h, j, o} | {f, b} |
| 400 | {b, c, k, s, p} | {c, b, p} |
| 500 | {a, f, c, e, l, p, m, n} | {f, c, a, m, p} |

图 10 - 1　扫描排序

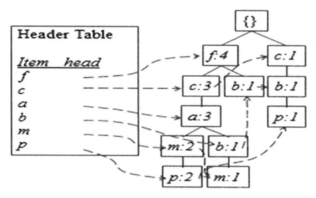

图 10 - 2　FP - tree 构建

（Ⅱ）频繁项挖掘

从 Header Table 最下面的 item 开始,构造每个 item 的条件模式基。

顺着 Header Table 中 item 的链表,找出所有包含该 item 的前缀路径,这些前缀路径就是该 item 的条件模式基(CPB)。所有这些 CPB 的频繁度(计数)为该路径上 item 的频繁度(计数),如包含 p 的其中一条路径是 fcamp,该路径中 p 的频繁度为 2,则该 CPB fcam 的频繁度为 2,如图 10 - 3 所示。

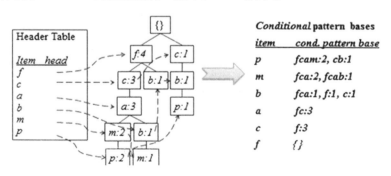

图 10 - 3　频繁项挖掘

225

（Ⅲ）构造条件 FP – Tree(conditional FP – Tree)

累加每个 CPB 上的 item 的频繁度(计数),过滤低于阈值的 item,构建 FP – Tree。

如 m 的 CPB{ < fca:2 > , < fcab:1 > },f:3,c:3,a:3,b:1,阈值假设为 3,过滤掉 b。

FP – Growth:递归的挖掘每个条件 FP – Tree,累加后缀频繁项集,直到找到 FP – Tree 为空或者 FP – Tree 只有一条路径(只有一条路径情况下,所有路径上 item 的组合都是频繁项集),如图 10 – 4 所示。

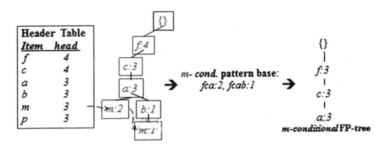

图 10 – 4　构造条件 FP – Tree

## 10.5　文本挖掘

### 10.5.1　文本挖掘的定义

文本挖掘作为数据挖掘的一个新主题,目前其定义尚无统一的结论,我们对文本挖掘做如下定义。

文本挖掘是指从大量文本数据中抽取事先未知的可理解的最终可用的信息或知识的过程。直观地说,当数据挖掘的对象完全由文本这种数据类型组成时,这个过程就称为文本挖掘。

### 10.5.2　文本挖掘的研究现状

国外对于文本挖掘的研究开展较早,20 世纪 50 年代末,H. P. Luhn 在这一领域进行了开创性的研究,提出了词频统计思想于自动分类。1960 年,Maron 发表了关于自动分类的第一篇论文,随后,众多学者在这一领域进行了卓有成效的研究工作。研究主要有围绕文本的挖掘模型、文本特征抽取与文本中间表示、文本挖掘算法(如关联规则抽取、语义关系挖掘、文本聚类与主题分析、趋势分析)、文本挖掘工具等,其中首次将 KDD 中的只是发现模型运用于 KDT。

我国学术界正式引入文本挖掘的概念并开展针对中文的文本挖掘是从最近几年才开始的。从公开发表的有代表性的研究成果来看,目前我国文本挖掘研究还处于消化吸收国外相关的理论和技术与小规模实验阶段,还存在一些不足和问题。

(1)没有形成完整的适合中文信息处理的文本挖掘理论与技术框架。目前的中文文本挖掘研究只是在某些方面和某些狭窄的应用领域展开。

(2)中文文本的特征提取与表示大多数采用"词袋"法,"词袋"法即提取文本高词频构成特征向量来表达文本特征。这样忽略了词在文本(句子)中担当的语法和语义角色,同样也忽略了词与词之间的顺序,致使大量有用信息丢失。

### 10.5.3  文本挖掘的主要内容

(1)文本分类

文本分类指按照预先定义的主题类别,为文档集合中的每个文档确定一个类别。目前,用于英文文本分类的分类方法较多,用于中文文本分类的方法较少,主要有朴素贝叶斯分类、向量空间模型以及线性最小二乘。

(2)文本聚类

聚类与分类的不同之处在于,聚类没有预先定义好的主体类别,它的目标是将文档集合分成若干个簇,要求同一簇内文档内容的相似度尽可能的大,而不同簇之间的相似度尽可能的小。

(3)文本结构分析

其目的是为了更好地理解文本的主题思想,了解文本表达的内容以及采用的方式,最终结果是建立文本的逻辑结构,即文本结构树,根结点是文本主题,依次为层次和段落。

(4)Web 文本数据挖掘

在 Web 迅猛发展的同时,不能忽视"信息爆炸"的问题,即信息极大丰富而知识相对匮乏。据估计,Web 已经发展成为拥有 3 亿个页面的分布式信息空间,而且这个数字仍以每 4~6 个月翻 1 倍的速度增加,在这些大量、异质的 Web 信息资源中,蕴含着具有巨大潜在价值的知识。人们迫切需要能够从 Web 上快速、有效地发现资源和知识的工具。

文本挖掘目前面临的问题有挖掘算法的效率和可扩展性、遗漏及噪声数据的处理、私有数据的保护与数据安全性等。

### 10.5.4　文本挖掘的技术

文本挖掘不但要处理大量的结构化和非结构化的文档数据,而且还要处理其中复杂的语义关系,因此,现有的数据挖掘技术无法直接应用于其上。我们按照文本挖掘过程介绍其涉及的主要技术及其主要进展。

(1)文本数据预处理技术

预处理技术包括 Stemming(英文)/分词(中文)、特征表示和特征提取。与数据库中的结构化数据相比,文本具有有限的结构,或者根本就没有结构。

① 分词技术

在对文档进行特征提取前,需要先进行文本信息的预处理,对英文而言需要进行 Stemming 处理,中文的情况则不同,因为中文词与词之间没有固定的间隔符(空格),需要进行分词处理。目前主要有基于词库的分词算法和无词典的分词技术两种。

基于词库的分词算法包括正向最大匹配、正向最小匹配、逆向匹配及逐次遍历匹配法等。这类算法的特点是易于实现,设计简单,但分词的正确性很大程度上取决于所建的词库。因此,基于词库的分词技术对于歧义和未登录词的切分有很大的困难。

基于无词典的分词技术的基本思想是:基于词频的统计,将原文中任意前后紧邻的两个字作为一个词进行出现频率的统计,出现的次数越高,成为一个词的可能性就越大,在频率超过某个预先设定的阈值时,就将其作为一个词进行索引。这种方法能够有效地提出未登录词。

② 特征表示

文本特征指的是关于文本的元数据,分为描述性特征(如文本的名称、日期、大小、类型等)和语义性特征(如文本的作者、机构、标题、内容等)。特征表示是指一定特征项(如词条或描述)来代表文档,在文本挖掘时只需对这些特征项进行处理,从而实现对非结构化的文本处理。这是一个非结构化向结构化转换的处理步骤。特征表示的构造过程就是挖掘模型的构造过程。特征表示模型有多种,常用的有布尔逻辑型、向量空间模型、概率型以及混合型等。万维网联盟(W3C)近来制定的 XML、RDF 等规范,提供了对 Web 文档资源进行描述的语言和框架。

③ 特征提取

用向量空间模型得到的特征向量的维数往往会达到数十万维,如此高维的特征对即将进行的分类学习未必全是重要的、有益的(一般只选择 2% ~ 5% 的最佳特征作为分类数据),而且高维的特征会大大增加机器的学习时间,这便是特征提取所要完成的工作。

特征提取算法一般是构造一个评价函数,对每个特征进行评估,然后把特征按分值高低排队,预定数目分数最高的特征被选取。在文本处理中,常用的评估函数有信息增益、互信息、文本证据权和词频。

(2)文本挖掘分析技术

文本转换为向量形式并经特征提取后,便可以进行挖掘分析了。常用的文本挖掘分析技术有文本结构分析、文本摘要、文本分类、文本聚类、文本关联分析、分布分析和趋势预测等。

① 文本结构分析

其目的是为了更好地理解文本的主题思想,了解文本所表达的内容以及采用的方式。最终结果是建立文本的逻辑结构,即文本结构树,根节点是文本主题,依次为层次和段落。

② 文本摘要

文本摘要是指从文档中抽取关键信息,用简洁的形式对文档内容进行解释和概括。这样,用户不需要浏览全文就可以了解文档或文档集合的总体内容。

任何一篇文章总有一些主题句,大部分位于整篇文章的开头或结尾部分,而且往往是在段首或段尾,因此,文本摘要自动生成算法主要考察文本的开头、结尾,而且在构造句子的权值函数时,相应的给标题、子标题、段首和段尾的句子较大的权值,按权值大小选择句子组成相应的摘要。

③ 文本分类

文本分类的目的是让机器学会一个分类函数或分类模型,该模型能把文本映射到已存在的多个类别中的某一类,使检索或查询的速度更快、准确率更高。训练方法和分类算法是分类系统的核心部分。用于文本分类的分类方法较多,主要有朴素贝叶斯分类、向量空间模型、决策树、支持向量机、后向传播分类、遗传算法、基于案例的推理、K - 最邻近、基于中心点的分类方法、粗糙集、模糊集以及线性最小二乘等。

④ 文本聚类

文本分类是将文档归入到已经存在的类中,文本聚类的目标和文本分类是一样的,只是实现的方法不同。文本聚类是无教师的机器学习,聚类没有预先定义好的主题类别,它的目标是将文档集合分成若干个簇,要求同一簇内文档内容的相似度尽可能大,而不同簇间的相似度尽可能小。Hearst 等人的研究已经证明了"聚类假设",即与用户查询相关的文档通常会聚类的比较靠近,而远离与用户查询不相关的文档。

⑤ 关联分析

关联分析是指从文档集合中找出不同词语之间的关系。Feldman 和 Hirsh 研究了文本数据库中关联规则的挖掘,提出了一种从大量文档中发现数千本在 Amazon 网站上找不到的新书籍;王珂等人以 Web 上的电影介绍作为测试文档,通过使用 OEM 模型从这些半结构化的页面中抽取词语项,进而得到一些关于电影名称、导演、演员、编剧的出现模式。

⑥ 分布分析与趋势预测

分布分析与趋势预测是指通过对文档的分析,得到特定数据在某个历史时刻的情况或将来的取值趋势。Feldman 等人使用多种分布模型对路透社的两万多篇新闻进行了挖掘,得到主题、国家、组织、人、股票交易之间的相对分布,揭示了一些有趣的趋势。Wuthrich 等人通过分析 Web 上出版的权威性经济文章,对每天的股票市场指数进行预测,取得了良好的效果。

⑦ 可视化技术

数据可视化技术(Data Visualization)指的是运用计算机图形学和图像处理技术,将数据转换为图形或图像在屏幕上显示出来,并进行交互处理的理论、方法和技术。它涉及计算机图形学、图像处理、计算机辅助设计、计算机视觉及人机交互技术等多个领域。国内外学者已经对信息可视化技术进行了大量的研究,运用最小张力计算、多维标度法、语义分析、内容图谱分析、引文网络分析及神经网络技术,进行了信息和数据的可视化表达。

### 10.5.5 文本挖掘的应用

文本挖掘是指利用数据挖掘技术,从大量的文本数据中提取感兴趣的、潜在的有用模式和隐藏信息。

## 10.6 基于 STCS 的新型信息搜索引擎

人们已经进入信息极大丰富的时代,一方面,信息来源广泛,包括 Web 文档图书文献数字化资料等,这些异构的信息分布在 Internet 空间中;另一方面,信息量巨大。面对信息的海洋,人们觉得力不从心,往往花费了很多时间却所获甚少。在这种情况下,如何有效地提供基于 Internet 的资源发现服务,以帮助用户从大量信息资源的集合中找到与给定的查询请求相关的、恰当数目的资源子集,也就成为一项重要而迫切的研究课题。

传统的搜索引擎,如 Alta 、Vista、Yahoo 等,试图解决 Internet 上的资源发现问题,但是,从资源覆盖度、检索精度、检索结果可视化、可维护性等诸多方面来看,其效果远不能够令人满意。

我们注意到,搜索引擎采用的是典型的集中方式,它们试图遍历整个 Web,对其上所有的文档生成索引,供用户检索。这种集中方式有一些严重的弊端,主要表现在覆盖度有限、维护困难、消耗太大(网络带宽、搜索引擎自身昂贵的硬件设施)等。

有学者认为,Internet 上的资源发现更适于采取分布协作的策略。目前,分布计算以及多 Agent 系统等领域的研究已经取得了丰硕的成果,可以用于集成某些自制、异构的协作资源发现系统,这正是人们设计新型信息搜索引擎的出发点。下面给出新型信息搜索引擎的原型,该模型基于 STCS 设计,如图 10−5 所示。

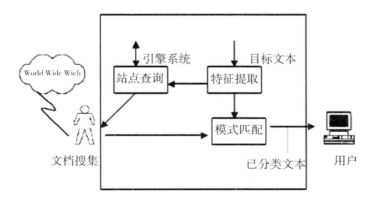

**图 10−5　新型信息搜索引擎的原型**

231

系统的工作流程如下:

（1）特征提取:对用户提交的目标样本(欲查询的文档样本)进行特征提取,生成挖掘目标的特征矢量。

（2）站点查询:在特征矢量中取权值最大的 5 个特征项作为查询关键字,向多个资源索引系统发送查询请求,将返回的结果 URL 作为文档采集的起点。

（3）信息采集:运行 Robot 程序从查询到的源 URL 开始进行文档采集。

（4）模式匹配:提取出源文档的特征矢量,并进行特征匹配,把符合阈值条件的文档提交给用户。

采用分布协作的资源发现策略后,各个资源发现子系统所要管理的信息资源相对缩小,消耗降低,便于维护。同时,通过各系统之间的相互协作,覆盖度扩大,这也正是新型信息搜索引擎的优点。

## 10.7 Web 挖掘

### 10.7.1 Web 数据挖掘的定义

Web 数据挖掘是数据挖掘技术在 Web 环境下的应用,是涉及 Web 技术、数据挖掘、计算机技术、信息科学等多个领域的一项技术。Web 数据挖掘是指从大量的 Web 文档集合中发现蕴涵的、未知的、有潜在应用价值的、非平凡的模式。它所处理的对象包括静态网页、Web 数据库、Web 结构、用户使用记录等信息。通过对这些信息的挖掘,可以得到仅通过文字检索所不能得到的信息。

其中,基于 Web 的数据挖掘和传统的基于数据仓库的数据挖掘有着不同的含义。一般的数据挖掘指从大型数据库的数据中提取人们感兴趣的知识,而这些知识是隐含的、事先未知的、潜在的有用信息,它侧重于从已有的信息中提取规律性的知识。而 Web 数据挖掘的研究对象是以半结构化和无结构文档为中心的 Web,这些数据没有统一的模式,数据的内容和表示互相交织,数据内容基本上没有语义信息进行描述,仅仅依靠 HTML 语法对数据进行结构上的描述。为了对这种半结构化数据进行分析和处理,Web 数据挖掘必须与其研究手段结合起来。由于涉及很多的知识领域,Web 数据挖掘是数据库、信息获取、人工智能、机器学习、模式识别、统计学、自然语言处理等多个研究方向的交汇点。

### 10.7.2　Web 数据挖掘的分类

传统数据挖掘和文本挖掘技术在理论上已经比较成熟,这些技术的发展和积累使 Web 信息资源挖掘成为可能。Web 数据挖掘是一个利用数据挖掘技术从 Web 文档和服务中自动发现和获取信息,对 Web 上的有用信息进行分析,发掘特定用户感兴趣的、有用的和以前不知道的信息或知识的过程。它可以将 Web 文档分类、抽取主题、分析用户浏览站点的行为特点,以帮助用户获取、归纳信息,改进站点结构,为用户提供个性化服务等。所处理的信息包括 Web 文本、Web 图片、Web 视频和 Web 日志等各种媒体信息。

Web 上信息的多样性决定了 Web 挖掘任务的多样性。Web 数据挖掘的分类方法也很多,如按 Web 文本的语言分和按挖掘站点的属性分等。根据挖掘对象的不同,可以分为 Web 内容挖掘、Web 结构挖掘和 Web 使用挖掘三类,如图 10 – 6 所示。

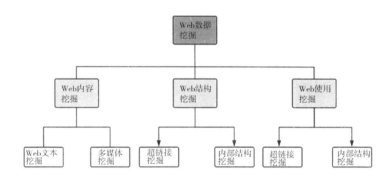

图 10 – 6　Web 数据挖掘的分类

### 10.7.3　Web 文本挖掘

Web 文本挖掘可以对 Web 上的大量文档集合的内容进行总结、分类、聚类、关联分析以及利用 Web 文档进行趋势预测。在 Internet 上的文本数据一般是一组 HTML 格式的文档集,要将这些文档转化成一种类似关系数据库中记录的规整且能反映文档内容特征的表示,一般采用文档特征向量,但目前所采用的文档表示方法中都存在一个弊端就是,文档特征向量具有非常大的维数,使得特征子集的选取成为 Internet 上文本数据挖掘过程中的必不可少的一个环节。在完成文档特征向量维数的缩减后,便可利用数据挖掘的各种方法,如分类、聚类、关联分析等来提取面向特定应用的知识模式,最后对挖掘结果进行评价,若评价结果满足一定的要求则输出,否则返回到以前的某个环节,分析改进后进行新一轮的挖掘工作。关联规则模式是数据描述型模式,发现关联规则的算法属于无监督学习的方法。发现关联规则通常要经过以下 3 个步骤:① 连接数据,做数据准备;② 给定最小支持度和最小可信度,利用数据挖掘工具提供的算法发现关联规则;③ 可视化显示、理解、评估关联规则。

目前,Web 内容挖掘研究主要集中在基于文本内容的检索、信息过滤的提炼、重复数据消除、数据模式抽取、中间形式表示、异构集成、文本分类和聚类、文档总结和结构提取、数据仓库及 OLAP 等几个方面,尤其是基于 XML 的上述专题研究。

对分类挖掘而言,在预处理阶段要做的事情就是把这个 Web 页面集合文本信息转化成一个二维的数据库表,其中每一列是一个特征,每一行为一个 Web 页面的特征集合。在文本学习中常用的方法是 TF – IDF 向量表示法,它是一种文档的词集表示法,所有的词从文档中抽取出来,而不考虑词间的次序和文本的结构。构造这种二维表的方法是:每一列为一个词,列集(特征集)为辞典中的所有有区分价值的词,所以整个列集可能有几十万列之多。每一行存储一个页面内词的信息,这时,该页面中的所有词对应到列集(特征集)上。列集中的每一个列(词),如果在该页面中不出现,则其值为 0;如果出现 k 次,那么其值就为 k。这样就可以表征出页面中词的频度。这样构造的二维表表示的是 Web 页面集合的词的统计信息,最终就可以采用朴素贝叶斯方法或 KNN 算法进行分类挖掘。

Web SQL 是一个用于 Web 页重构的查询语言,利用 Web 文档的图树表示形式,可从在线的文档站点或导游指南中获取信息。而 Ahoy 则利用像搜索引擎一类的互联网服务来获取与个人有关的服务,利用试探法识别文档中显示该文档作为个人主页的句法特征。

### 10.7.4　Web 多媒体挖掘

Web 多媒体挖掘与 Web 文本挖掘的不同点在于需要提取的特征不同。Web 多媒体挖掘需要提取的特征一般包括图像或视频的文件名 URL、类型、键值表、颜色向量等。然后可以对这些特征进行挖掘工作,如关联分析发现类似"如果图像是'大'而且与关键词'草原'有关,那么它是绿色的概率是 0.8"的关联规则。当然也可以对多媒体进行分类、聚类等操作。多媒体数据挖掘的方法主要有:① 多媒体数据中的相似搜索,包括多媒体标引和检索技术,是基于描述的检索系统和基于内容的检索系统;② 多媒体数据的多维分析,可以按传统的从关系数据中构造数据立方体的方法,设计和构造多媒体数据立方体;③ 分类和预测分析,主要应用于天文学、地震学和地理科学的研究,决策树分类是最常用的方法;④ 多媒体数据的关联规则挖掘,关联规则的挖掘主要包括三类规则,即图像内容和非图像内容之间的关联、与空间关系无关的图像内容的关联、与空间关系有关的图像内容的关联。

整个 Web 空间中,有用知识不仅包含在 Web 页面内容中,也包含在 Web 页间超链接结构与 Web 页面结构之中。挖掘 Web 结构的目的是发现页面的结构和 Web 间的结构,在此基础上对页面进行分类和聚类,从而找到权威页面,这种方法可以用来改进搜索引擎。

在搜索引擎中存贮了数以亿计的页面,很容易得到它们的链接结构。需要做到的是寻找一种好的利用链接结构来评价页面重要性的方法。Page Rank 的基本思想是:一个页面被多次引用,则这个页面很可能是重要的;一个页面尽管没有被多次引用,但被一个重要页面引用,该页面也可能是很重要的;一个页面的重要性被均分并被传递到它所引用的页面。在 Page Rank 方法中,Page Rank 被定义为设 $u$ 为一个 Web 页,$F_u$ 为所有的 $u$ 指向的页面的集合,$B_u$ 为所有的指向 $u$ 的页面的集合。设 $N_u = |F_u|$ 为从 $u$ 发出的链接的个数,$C(C_1)$ 为一个归一化的因子(因此所有页面的总的 Page Rank 为一个常数),那么 $u$ 页面的 Page Rank 被定义为(简化的版本):一个页面的 Page Rank 被分配到所有它所指向的页面,每一个页面求和所有指向它的链接所带来的 Page Rank,得到它的新的 Page Rank。该公式是一个递归公式,在计算时可以从任何一个页面开始,反复计算直到其收敛。对于搜索引擎的键值搜索结果来说,Page Rank 是一个好的评价结果的方法,查询的结果可以按照 Page Rank 从大到小依次排列。

从 Web 结构挖掘的现状来看,纯粹的网络结构挖掘研究很少,多数是和其他 Web 挖掘形式结合起来。主要的研究集中在网络虚拟视图生成与网络导航、信息分类与索引结构重组、文本分类、文本重要性确定等几个方面。

关键页/权威页(Hub/ Authority)方法页面的超链接关系十分复杂,例如,有的链接是为了导航,因此不能简单认为超链接即是引用关系;此外,由于商业的需要,很少有页面会把其竞争对手的页面作为链接。正是由于超链接结构中存在着以上的缺陷,出现了关键页/权威页方法。所谓关键页指的是自身不一定为多个页面所链接,但是它的页面上存在着就某个专业领域而言最重要的站点链接。对于这种关键页,它起到了隐含说明其他 Web 文档页面重要性的作用。一个权威页应当是被多个关键页所链接的,而一个关键页应当包含很多权威页的链接。将关键页与权威页的这种联系按照算法计算出来,就是关键页/权威页方法的主要思想。

HITS 和 Page Rank 以及在链接结构中增加了 Web 内容信息的 HITS 改进算法等,主要用于模拟 Web 站点的拓扑结构,计算 Web 页面的等级和 Web 页面之间的关联度,典型的例子是 Clever System 和 Google。

### 10.7.5 Web 使用挖掘

Web 使用挖掘又叫 Web 使用记录挖掘,是指通过挖掘 Web 日志记录来发现用户访问 Web 页面的模式。可以通过分析和研究 Web 日志记录中的规律,来识别电子商务的潜在客户;可以用基于扩展有向树模型来识别用户浏览模式,从而进行 Web 日志挖掘;可以根据用户访问 Web 的记录挖掘用户的兴趣关联规则,存放在兴趣关联知识库中,作为对用户行为进行预测的依据,从而为用户预取一些 Web 页面,加快用户获取页面的速度。Web 日志挖掘过程一般分为三个阶段:预处理阶段、挖掘算法实施阶段、模式分析阶段。Web 服务器日志记录了用户访问本站点的信息,其中包括 IP 地址、请求时间、方法、被请求文件的 URL、返回码、传输字节数、引用页的 URL 和代理等。这些信息中有的对 Web 挖掘并没有作用,因此要进行数据预处理。预处理包括数据净化、用户识别、事务识别等过程。通过对 Web 日志预处理后,就可以根据具体的分析需求选择访问模式发现的技术,如路径分析、关联分析、时序模式识别以及分类和聚类技术等。模式挖掘出来以后还要进行分析,使之得到很好的利用。

常用的有两种方法发现用户使用记录信息。一种方法是通过对日志文件进行分析,包含两种方式,一是访问前先进行预处理,即将日志数据映射为关系表并采用相应的数据挖掘技术,如关联规则或聚类技术来访问日志数据,二是对日志数据进行直接访问,以获取用户的导航信息;另一种方法是通过对用户点击事件的搜集和分析发现用户导航行为。从研究目标的角度看,已有的基于 Web 服务器日志数据的研究大致可以分为三类:以分析系统性能为目标,以改进系统设计为目标,以理解用户意图为目标。由于各目标针对的功能不同,采取的主要技术也不同。用户使用记录的挖掘通常要经过下面三个步骤:① 数据预处理阶段。这是使用记录信息挖掘最关键的阶段,数据预处理包括关于用户使用记录的预处理、关于内容预处理和结构的预处理;② 模式识别阶段。该阶段采用的方法包括统计法、机器学习和模式识别等方法。实现算法可以是统计分析、聚类、分类、关联规则、序列模式识别等;③ 模式分析阶段。该阶段的任务是从上一阶段收集的数据集中过滤掉不感兴趣和无关联的数据及模式。具体的实现方法要依具体采用 Web 挖掘技术而定,通常采用的方法有两种:一种是采用 SQL 查询语句进行分析;另外一种是将数据导入多维数据立方体中,而后利用 OLAP 工具进行分析并提供可视化的结构输出。对挖掘用户使用记录的研究早期多采用的是统计的方法,当用户通过浏览器对 Web 站点进行访问时,建立统计模型对用户访问模式进行多种简单的统计,如频繁访问页、单位事件访问数、访问数据量随时间分布图等。早期使用的方法为以广度优先算法为主的统计模型,还有一种启发式的 HPG(Hypertext Probabilistic Grammar)模型用于用户导航行为的发现,它也是一种基于统计的方法,由于 HPG 模型与 k 阶马尔可夫模型相当,所以,近来也有人提出用马尔可夫模型挖掘用户的使用记录。

Web 日志的挖掘方法可以分为:① 以韩家炜为代表的基于数据立方体的方法,即将 Web 日志保存为数据立方体,然后在其上进行数据挖掘和 OLAP 操作;② 以 Ming-Syan Chen 为代表的基于 Web 事物的方法,他们首先提出了最大向前引用序列(MFR)的概念,用 MFR 将用户会话分割成一系列的事物,然后采用与关联规则相似的方法挖掘频繁浏览路径。

Web 行为挖掘在电子商务中得到了广泛的应用,在对事务进行了划分后,就可以根据具体的分析需求选择访问模式发现的技术(路径分析、关联、规则挖掘、时序模式以及聚类和分类技术等)。

Web 使用挖掘中的模式分析,主要是为了在模式发现算法找到的模式集合中发现有趣模式。开发各种 Web 分析技术和工具,可辅助分析人员加深理解并使各种挖掘方法得到的模式获得充分利用。如 Webwiz 系统可将 www 的访问模式可视化;Webminer 则采用类 SQL 语言的知识查询机制。另外,也可以利用存储 Web 使用数据的数据仓库,采用 OLAP 方法发现数据中的特定模式。


## 10.8  数据挖掘实例


数据挖掘应用目前在国内的基本结论是"大企业成功案例少,中小企业需求小"。但是对于市场来说,如果不是真的"没有人买"所以"没有人卖",那一定是创新的机会所在。一个数据库只要有几十万以上记录,就有数据挖掘的价值。以下案例揭示了数据挖掘在我们生活中的实例应用。

（1）哪些商品放在一起比较好卖？

这是沃尔玛的经典案例。一般看来，啤酒和尿布是顾客群完全不同的商品。但是沃尔玛一年内数据挖掘的结果显示，在居民区中，尿布卖得好的店面啤酒也卖得很好。原因其实很简单，一般太太让先生下楼买尿布的时候，先生们一般都会犒劳自己两听啤酒。因此，啤酒和尿布一起购买的机会是最多的。这是一个现代商场智能化信息分析系统发现的秘密。这个故事被公认是商业领域数据挖掘的诞生。另外，大家都知道在沃尔玛牙膏的旁边通常配备牙刷，在货价上这样放置，牙膏和牙刷才能都卖得很好。

（2）库存预测

过去零售商依靠供应链软件、内部分析软件甚至直觉来预测库存需求。随着竞争压力的一天天增大，很多零售商（从主要财务主管到库存管理员）都开始致力于找到一些更准确的方法来预测其连锁商店应保有的库存。预测分析是一种解决方案，它能够准确预测哪些商店位置应该保持哪些产品。

使用 Microsoft（R）SQL Server（TM）2005 中的 Analysis Services 以及 SQL Server 数据仓库，采用数据挖掘技术可以为产品存储决策提供准确及时的信息。SQL Server 2005 Analysis Services 获得的数据挖掘模型可以预测在未来一周内一本书是否将脱销，准确性为 98.52%。平均来说，预测该书是否将在未来两周内脱销的准确性为 86.45%。

（3）出了一个新成品，哪些老客户最可能购买？

蒙特利尔银行是加拿大历史最为悠久的银行，也是加拿大的第三大银行。在 20 世纪 90 年代中期，行业竞争的加剧导致该银行需要通过交叉销售来锁定 1800 万客户。银行智能化商业高级经理 Jan Mrazek 说，这反映了银行的一个新焦点——客户（而不是商品）。银行应该认识到客户需要什么产品以及如何推销这些产品，而不是等待人们来排队购买。然后，银行需要开发相应商品并进行营销活动，从而满足这些需求。

在应用数据挖掘之前，银行的销售代表必须于晚上 6 点至 9 点在特定地区通过电话向客户推销产品。但是，正如每个处于接收端的人所了解的那样，大多数人在工作结束后对于兜售并不感兴趣。因此，在晚餐时间进行电话推销的反馈率非常低。

几年前，该银行开始采用 IBM DB2 Intelligent Miner Scoring，基于银行账户余额、客户已拥有的银行产品以及所处地点和信贷风险等标准来评价记录档案，这些评价可用于确定客户购买某一具体产品的可能性。该系统能够通过浏览器窗口进行观察,使得管理人员不必分析基础数据,因此非常适合于非统计人员。

"我们对客户的财务行为习惯及其对银行收益率的影响有了更深入的了解。现在,当进行更具针对性的营销活动时,银行能够区别对待不同的客户群,以提升产品和服务质量,同时还能制订适当的价格和设计各种奖励方案,甚至确定利息费用。"蒙特利尔银行的数据挖掘工具为管理人员提供了大量信息,从而帮助他们对于从营销到产品设计的任何事情进行决策。

(4)电子商务网站公共页面该放哪些内容最可能产生购买行为?

圣地亚哥的 Proflowers. com 通过采用 HitBox,即 WebSideStory 的数据挖掘 ASP 服务,使企业的计划者在业务高峰日也能够对销售情况做出迅速反应。由于鲜花极易枯萎,Proflowers 不得不均匀地削减库存,否则可能导致一种商品过快地售罄或库存鲜花的凋谢。

由于日交易量较高,管理人员需要对零售情况进行分析,比如,转换率,也就是多少页面浏览量将导致销售产生。举例来说,如果 100 人中仅有 5 人看到玫瑰时就会购买,而盆景的转换率则为 100 比 20,那么不是页面设计有问题,就是玫瑰的价格有问题。公司能够迅速对网站进行调整,比如在每个页面上都展示玫瑰或降低玫瑰的价格。对于可能过快售罄的商品,公司通常不得不在网页中弱化该商品或取消优惠价格,从而设法减缓该商品的销售。

采用 HitBox 的优势在于,借助便于阅读的显示器来展现销售数据和转换率。Proflowers 营销副总裁 Chris d'Eon 说:"自己分析数据是浪费时间,我们需要一种浏览数据的方式,能够让我们即刻采取行动。"

**参考文献**

[1]吴婕. 浅析数据挖掘软件的发展[J]. 情报理论与实践,2004,(2):211-214.

[2]蒋晓静,周定康. 一种新的数据挖掘处理模型[J]. 计算机与现代化,2003,(2):18-20.

[3]黄解军,潘和平. 数据挖掘技术的应用研究[J]. 计算机工程与应用,2003,(2):45-47.

[4]王立伟. 数据挖掘研究现状综述[J]. 图书与情报,2008,(5):41-43.

[5]安淑芝. 数据仓库与数据挖掘[M]. 北京:清华大学出版社,2005:25-70.

# 第 11 章

# 社会网络分析法

## 11.1 社会网络分析概述

### 11.1.1 社会网络分析的历史

明确使用"社会网络"思想的社会结构方法的起源是难以辨别的。结构化思想深深扎根于传统的社会学中,但网络思想只是在 20 世纪 30 年代才真正成为社会结构的一个独特方法。德国社会理论家受 Georg Simmel 的影响,提出强调正式的社会互动的性质,构建一个"正式的社会学",社会学家们加入到调查由社会交往形成的社会关系配置中。Alfred Vierkandt 和 Leopold von Wiese 是这种想法的主要支持者,并明确通过一个点、线和连接的术语来描述社会关系。他们的想法影响了很多社会心理学和心理治疗方面的工作者,他们对于小团体结构方式对个人的看法和行动的选择的影响感兴趣。Lewin 和 Moreno 是"领域"或"空间"的社会关系和其网络的特点调查的主要贡献者。Moreno 给他的做法命名为"计量法",并推出作为社会结构描绘想法的网络图—社会关系网图—点和线。计量法成为教育和社会心理学调查的主要领域,它给人们带来了被称为"团体动力"的途径,并在 Michigan 大学和 Tavistock 研究所得到大力发展。

这项工作由于 Lundberg 的努力在美国主流社会学产生了一定的影响,但是,Lloyd Warner 和 Elton Mayo Hawthorne 在芝加哥关于电器产品的研究合作,并走上现状调查社区在美国城市和城镇的结构之后产生了一个更强有力的发展网络的思想。Radcliffe - Brown 借鉴 Durkheim 社会学的想法,他们把注意力集中在团体关系结构上,并开始制定网络图代表这种结构。他们可能已经受到新兴的社会经济的想法影响,但在这种思维方式特定的刺激下,可能已经表现在他们对工厂电线图的研究和一个群体关系的比喻。无论其起源是什么,在其研究开始十年后通过主要研究报告发表,将社会群体视为关系网的思想被坚定的确立起来。在 New-buryport 开展于 1930 年和 1935 年之间的一项研究中,Warner 发展了以大规模的技术矩阵形式来描绘他所谓的“集团结构”的城市社区关系。George Homans 通过对 Warner 关于南方女性小团体的再分析,开发了这些矩阵方法。

这两个传统的研究在 20 世纪 50 年代从英国 Manchester 大学的研究人员对人类学工作的开展开始走到一起,尝试打破美国主流社会的一致假设,并承认在社会结构中存在的冲突和分歧,他们将网络分析视为为防止这种情况出现的措施。这是 Barnes 在 1954 年提出的建议采取的网络关系严肃的想法,他的论点加强了 Elizabeth Bott 的伦敦实地考察亲属网络。在向 Manchester 市的研究人员提出他们的想法的同时,他们受到 Nadel 的一个系统论述和非洲社会研究方案的启发。Mitchell 对这项工作的评论被作为正式社会网络方法论的最早的系统性总结之一。

在 Mitchell 的论文发表的时候,大量的美国研究人员已开始发展一个正式社会网络分析方法。1963 年,Harrison White 已经开始探索用代数的用途代表亲属结构,1966 年,Edward Laumann 已开始使用多维缩放方法拓展 Lewin 的社会领域的途径。1973 年,White 搬到哈佛大学并汇集了大型动态组联营公司来探索网络方法。1972 年,Levine 探讨企业实力研究的多维尺度方法,后来,Lee 和 Granovet-ter 的研究用于扩展社会计量方法分别地进行调查流产和就业。1976 年,White 和他的同事们开发方法矩阵分析研究社会地位,它从本组产生了一个新一代社会网络研究使之遍布全球,并对许多国家从事该项研究产生了深远的影响。

在北美以外最显著的社会网络的发展是 1979 年 Barry Wellman 关于加拿大群落结构的研究、20 世纪七八十年代 Frans Stokman 和他的同事在荷兰和国际企业的控制模式和 Scott 提出的我自己对企业所有权和控制的工作。由于 20 世纪 70 年代后期,社会的方法论工作的数量大量增加,网络分析和范围应用排除了任何简单的总结。20 世纪八十至九十年代,在社会网络发展的分析关键方法论地标的主要研究者是 Burt、Freeman 等人、Wasserman 和 Faust、Wasserman 和 Galaskiewicz 将之编辑成卷,引导主题的是 Scott,Carrington 等人在 2005 年编辑成集。

国内通过社会网络分析研究论文数量来对社会网络分析的发展进行了概括分析。根据论文数量的几个明显时间断点,做如下阶段性划分:

(1)萌芽期(1990—1998 年),这一阶段论文占 2.3%,论文数量十分有限。但该时期出现了若干发表时间最早,研究起点较高的基础性研究成果。

(2)起步期(1999—2005年),发表论文占35.9%,国内学术界开始重视社会网络分析方法的介绍和应用,该时期的研究质量也有大幅度提升,出现了一批奠基性的理论与实证研究成果。

(3)高峰期(2006—2007年),处于该阶段的论文占34.2%。与前两个阶段相比,这一阶段持续时间较短,仅有2年。但是在这2年中,相关研究在数量上出现跨越式增长,出现了开展社会网络分析研究以来论文数量发表最高的年份(2007年),而且年均发表的论文数量已有125篇之多。同时,在研究主题方面,这一时期已逐渐分化出社会支持网与社会支持、社会网络与社会资本、社会网络与职业地位获得几个相对清晰的核心议题,并逐渐发展为国内社会网络分析领域的研究热点。

(4)回落期(2008—2010年),处于该阶段的论文占27.5%。2008年,国内发表的社会网络分析方面的研究论文出现了较为明显地减少,该年总共只有28篇论文发表。但是,在研究议题与研究深度上,这一时期跨越多个主题的研究开始逐渐增多,研究深度方面也有所加强。该阶段的综合特征显示,国内社会网络分析进入一个数量稳定但反思性与理性化思考增强的时期。

对可用数据源分析的数据挖掘技术的潜力一开始被认为跨越社会科学,该日志及社会网络分析和挖掘(ASONAM)的形成,是它在社会网络分析领域潜力的一个标志。网络分析的新技术最适合大规模数据集,使用传统的社会网络分析技术一般不能调查。数据挖掘技术允许这样的数据集被检查,以允诺进一步在方法论和实效性知识方面的进一步发展的方式。然而,重要的是,这些技术的使用不会导致一个回归是纯粹的描述性工作。在初期的社会网络分析中的电脑技术中,研究人员之间的趋势是很少或根本不考虑实质性理论问题的重要性而生成数据和"调查结果",这导致许多统计和社会关系图的观察家产生回应"那又怎样?",社会网络分析在这个点上成熟,分析问题成为调查的焦点,数据被用于测试和进一步解释目标。如果使用新的数据挖掘技术返回到先前的情况,研究人员对模式本身而不是这些模式的实质性解释更感兴趣,这将成为一场灾难。这不应该是方法学专家独自探索给定数据集的时候,这应是跨学科合作的机会,其中某一特定领域的实质性知识能够与技术专家有效地合作,以产生哪些强大的分析和解释研究,促进社会网络分析在社会科学的很多实质性领域的日程。

### 11.1.2　社会网络分析的现状

关于我国社会网络分析的现状主要是由至今为止社会网络分析的理论成果所构成的。我国的社会网络分析主要有如下一些较为突出的成果。边燕杰(1999年)通过对西方社会学家关于社会网络与求职过程的经典研究成果的系统评述,对于网络结构观、弱关系强度命题、强关系命题及其经验发现做出了精炼的概括,由此提出的"在再分配经济中,社会网络不再是信息桥,而是人情网",提出了著名的"强关系假设"以及制度安排假设、市场化假设和劳动力供给效应假设,为后来的"职业流动中社会网络的功效"的经验研究提供了具体的思路。边燕杰的成名作《找回强关系》开创了运用社会网络视角研究中国地位的先河。在分析计划体制下中国城市的工作分配制度时,作者区分了在求职过程中通过社会网络流动的是信息还是影响及求职者使用的是直接还是间接关系。"其主要发现是,个人网络习惯于影响那些主管工作分配的实权人物,他们将分配工作当作对关系人的一种人情回报,这种行为建立在以信任和义务为特征的强关系基础上。"

2003 年,李继宏回顾了从格兰诺维特以来社会网络经验研究的文献,认为应用研究中的视角和方法不断变化,但是"关系"概念和强弱关系维度却始终是分析的核心。强关系假设的缺陷在于简化了社会网络和预设在多元社会中并不存在的高同质群体,而弱关系的缺陷则是先验地断定存在着两个或多个没有任何交往的群体,因此,建议用共时性和历时性的统一、不对称性、互为主体性以及关系的向度和强度来对静止的、客体性的、对称的和强弱二元对立的关系概念进行"去世俗化"的建构。农民工的职业职位获得和社会网络重构是学者们关注的另一个课题。曹子玮(2002 年)的研究发现,农民工主要通过社会网中的强关系来找工作,农民工社会支持网主要是初级关系,其社会关系的作用大于社会组织。

这表明,在中国现代化的进程中,农民工的社会角色、空间位置、资源获取方式虽然发生了根本的变化,但是他们社会关系结构中的基础——以血缘和地缘关系为核心的初级关系仍然没有改变。另外一些学者运用质性研究方法对某个特定社区的外来人口群体中的社会网络进行了深入考察。王春光(2000 年)通过对聚居在巴黎和北京的温州人的长期观察发现,社会网络不仅是温州人传递流动信息的媒介,而且是其流动得以实现的重要机制。社会网络成为移居外地的温州人生存和发展的社会资本:他们依赖族人和同辈,建立起自己的社会网络,为进入移居地以及以后的生存和发展奠定了基础。族亲、朋友和乡邻成为温州人社会网络的重要来源,为他们流动和迁移、就业和融资以及情感沟通提供了支持。移居以后的温州人在建构和使用社会网络方面发生了适应当地社会和环境的变化,主要体现在亲属关系的范围有所扩展和社会网络的地域覆盖面极大地拓宽。从历年社会学者们的理论成果中不难发现,社会网络分析已被广泛地使用在社会学领域研究的各个方面。中国的社会学家们充分结合我国国情开创了具有中国特色的社会网络理论。

### 11.1.3　对我国社会网络分析研究成果的评价和展望

总的来说,随着改革开放的推进、社会学研究的日益进步,社会网络分析作为一种定量的研究手段正逐渐被学者们重视,逐渐成为社会学理论建构的重要的研究范式。同时,社会网络分析作为一种社会学研究目的也逐渐得到学界的重视,其研究角度不断开拓、研究内容不断丰富创新、高质量有价值的研究成果层出不穷、学界研究喜报频传。总的来说,中国的社会网络分析研究有以下四个方面的特点:

(1)研究领域有所扩展,分析层次呈多元化,提名法和定位法的测量技术开始结合起来。社会网络的概念、理论、测量方法和统计模型已经被广泛应用于社会学、政治学、管理学的实证研究中,社会网络理论与方法的发展正在呈现出跨学科的特点。同时,在社会学视角下的社会网络几乎涉及所有社会学研究的主流领域。分析层次不仅仅局限于传统的微观层次,以家庭、企业、社团等群体或组织作为分析单位的中观层次上的研究成果也开始出现。

目前还没有设计出类似美国讨论网那样获得公认的提名法,来综合地描述中国人社会网络或社会资本的特征。虽然学者们尝试着使用讨论网、拜年网、餐饮网、求职网等来测量中国人的社会网络与社会资本,并取得了较为丰硕的研究成果,但是无论是在提名法还是定位法的操作化测量中仍然没有形成一个获得高度认同的测量方式。

(2)中国的社会网络与社会资本的研究正在走向专业化、制度化和规范化,其标志是开设专业课程、培养专业硕士生和博士生、召开专业会议、拥有专业化的学术团体。一些重点大学的社会学系(如清华大学、南京大学、中山大学等)已经陆续开设社会网络分析和社会关系研究的本科生和研究生专业课程。2006年的中国社会学学术年会,首次设立了社会网络与社会资本研究的专业论坛。一些社会学核心期刊(如《社会学研究》等)几乎每期都刊发社会网络与社会资本研究的论文。甚至有期刊组织社会网络与社会资本研究的专题(如《学习与探索》2006年第2期)。作为专业化的另一个重要标志,中国社会学会社会网络专业委员会

2009 年 10 月正式宣告成立。

（3）社会网络与社会资本研究的专业教材、专著、论文集、译著陆续出版，引进吸收的任务基本完成。如《社会网分析讲义》（罗家德，2004 年）《社会网络分析导论》（刘军，2004 年）等。这些著作系统介绍了社会网络研究的相关理论、自我中心网络和个体中心网络资料的收集方法，重点评述了整体网络研究中的小团体、中心性、角色和网络动态性等分析模型，全面分析了社会网络分析的基本概念，结合专业软件 UCINET 的使用介绍了社会网络分析中核心概念的操作化测量方法。

但是有关社会网络的概念至今还没有达成共识，由此导致了测量的混乱和对于同一结果的迥异解释，这在某种程度上阻碍了这一研究领域的发展。将社会网络分析的概念界定和操作化测量宽泛化和随意化，在某种程度上降低了社会网络理论的解释力。

（4）量化研究和质性分析的成果交相辉映，相得益彰。国内学界的相关研究成果，除了定量研究成果外，以个案研究、田野调查和深入的访谈资料为基础的质性研究占了相当大的比重。

问题是在一种测量层次上得出的结论，却与在其他分析层次上的研究发现进行比较和讨论。将在个案研究、田野调查中得出的结论推广到普遍的意义上，以致陷入了区位谬误的泥潭。

总之，中国的社会网络分析研究由于起步较晚的先天不良因素，以及相关配套知识体系、社会环境不够完善等后天失调的因素，与国外相比还是相差了一定的距离，这也说明了我国的社会网络研究具有极大的发展空间。同时，我国的社会学家们立足中国国情，开创了一条有中国特色的社会网络分析研究之路。为此，本人提出几点未来发展的建议。

第一，关系社会学可能成为新的学科增长点。如何借用在西方发展已经相对成熟的社会网络的概念、测量方法，创建国内外社会学者都能认同的关系社会学学科体系，推动中国关系社会学的国际化，增强对中国社会及国际社会中关系现象的解释力，将是今后一段时期国内外同行共同努力的一个目标。

第二，在研究范式上，阶级阶层分析视角和社会网络分析视野渐趋融合。将阶级阶层分析的理论模型和测量方法与社会网络分析的概念和分析技术结合起来分析社会成员的社会资本状况，不论对于阶级阶层理论的发展，还是对于社会资本理论和研究方法的完善，都将做出预期的贡献。

最后，由于科技的进步使得互联网及其他现代通信工具日新月异。未来的研究将重点分析计算机网络是如何建立和分割社会资本、虚拟社会组织和团体形成的参与机制、虚拟社会成员的社会人口特征、网上互动和资源交换的模式、虚拟网络的规模、密度和异质性、网络社会资本与现实社会资本的同质性和差异性等问题。

## 11.2　社会网络分析流程

社会网络分析是一门极其注重操作流程规范化的子学科,这是因为社会网络分析这一计算机和社会学的交叉学科的发展,来源于社会计量学和图论这两门非常严谨的数学分支上。Jacob Moreno 创新性地利用社群图来构造社会的关系结构,社群图用点表示行动者,用线表示行动者与行动者之间的关系。他还提出了"明星"概念,"明星"是整个网络最核心的角色,与网络其他成员有非常密切的联系。

瑞士数学家 L. Eular 于 18 世纪提出了图论,图论对成对行动者之间的相互关系模式进行了分析。

社会网络分析可以概括为以下四个部分的流程:

(1) 确定研究对象

首先我们要选取一个合适的研究对象,哥伦比亚大学社会学家艾伦·巴顿曾经写过这样一段话来描述社会科学的主流研究情况。在过去的 30 年里,经验性的社会研究被抽样调查所主导。从一般的情况而言,通过对个人的随机抽样,调查变成了一个社会学的绞肉机——将个人从他的社会背景中撕裂出来并确保研究中没有任何人之间会产生互动。如果我们的目的是理解人类的行为,我们就需要了解群体、邻里、组织、社交圈、社区,以及互动、沟通、角色、地位、社会控制、信息利益等。

在本人的观念里,任何在社会科学里,任何一个非孤立、和其他类似的单位存在联系的事物,都可以用社会网络分析的方法进行研究。每个基本单元应当包括两个方面,一方面是个体,另一方面是该个体所拥有的各种社会、经济或文化纽带。

社会网络分析首先要做的是确定研究对象以及调查社会网的网络边界。对于我们不能全部包括的网络来说,我们应把观测到的网络视为从更大的网络中所提取的一个随机抽样。

我们需要利用界定凝聚子群的一些结构指标,如组元、k - 核、3 - 集圈和 m -

切片。当分析的是比较小的个体网络的时候,网络边界比较好界定;当对规模较大的群体网络进行分析的时候,成员之间的关系比较分散,网络边界难以界定。

下面举几个事例来说明如何选取合适的研究对象。

① 稀土贸易模型

稀土被誉为"工业黄金",根据美国联邦地质调查局(USGS)2013 年的报告。中国稀土储量达到 5500 万吨,居世界第一,其后依次是美国和印度。20 年来,中国一直是世界稀土最大出口国,在稀土国际贸易中占重要地位。但随着近些年来国际经济环境发生变化,很大程度影响国际稀土贸易格局,这些值得深入研究。稀土产品众多,由于稀土金属及稀土化合物占的比重较大,本文以商品编码 2846(即稀土金属及其混合的无机或有机化合物)和商品编码 280530(即稀土金属,不论是否互混合或熔合)为例,列出 2001 年至 2012 年的数据。文中描述贸易关系的贸易数据来自联合国商品贸易统计数据库(COM - TRADE)。由于稀土产品众多,考虑数据的可获得性,以商品编码 280530(即稀土金属,不论是否互混合或熔合)为研究对象,并采用贸易额 500 美元以上的稀土进出口数据,计算世界贸易加权网络各条边的权值。因为不是所有的国家都会进行稀土贸易,所以本文国际稀土贸易网络分析只包含了 COM - TRADE 数据库中的国家及地区,这与每年的贸易网络中包含的节点数目 N 稍有差别,但基本不影响对各国贸易地位及世界贸易格局的分析。考虑到国际稀土贸易网络短期内不会发生太大变化,本人选取了1990 年、1995 年、2000 年、2005 年、2010 年、2012 年 6 个年度的数据进行分析。

② 旅游管理模型

旅游目的地通常是由不同类型的互补而又竞争的组织、部门、基础设施等主体以及其间一系列的公共和私人关系组成,旅游目的地发展过程中相关主体通过不断地对话、合作并协调关系形成了不同的、高度分散化的供给结构。目的地各主体具有不同的利益追求,并且有的利益点是相互冲突的,如何协调和平衡旅游目的地各行为主体的利益、提高目的地旅游开发的综合效益、促进旅游目的地的可持续发展是旅游目的地管理工作的核心内容。目前,国内多采用利益主体理论来探讨目的地发展过程中不同利益主体如何参与到旅游发展中,张伟、吴必虎指出,利益主体的旅游意识对旅游发展至关重要,一个行动计划执行情况的好坏在很大程度上取决于旅游业各利益主体的准备情况如何;朱华的研究表明,不断协调乡村旅游各利益主体关系才能确保旅游的可持续发展;何彪,马勇则通过关系营销的分析指出了各利益主体不断沟通和协作的重要性。上述研究都强调了各利益主体间相互联系的重要性,但是关于这些联系对利益主体的影响,这些联系所形成的利益主体结构,这种结构的变化以及与旅游地发展间的关系缺乏分析。旅游地的各利益主体通过这样或那样的关系镶嵌在目的地的供给网络之中,对此,社会网络分析的适用之处在于:首先,运用社会网络分析可以从整个目的地的视角而不是某个利益要素,分析各种联系和结构的不同,确定目的地发展的政策和管理方法;其次,网络理论的理论贡献之处还在于它可以通过检验关系系统的结构模式对组织进行展示,并能通过社群图的方法可视化,管理者能很容易识别和进行信息传递;再次,还可以对目的地不同阶段的网络结构进行对比,可展示目的地各利益要素关系演化,Noel Scott 等通过对比研究表明,较大的、产业化更加完善的目的地在内在组织结构上更加紧密,信息和资源的传递更加通畅。总之,旅游目的地利益相关者管理作为一个热门的研究问题得到了社会的广泛关注,通过旅游目的地各行为主体网络结构的分析,可以提供理解旅游产业结构的许多信息引,为旅游目的地管理提供了一个新的思路和方法。

③ 知识传播与企业管理模型

企业管理包括很多内容,主要方面有企业管理的基础工作、经营决策、研究与开发、物资采购、服务质量控制、成本控制和市场营销、人力资源等,具体的理论和实践纷繁复杂。企业大多为服务性行业,具有自身的特殊性。人与人、面对面的服务是企业生产经营活动的一个主要特征,实际工作中员工没有更多的时间就客户提出的问题请示上级,并得到技术支持,往往需要凭借自己在工作中积累的经验和知识去独立解决各种问题,同时产生了很多难以记录的隐性知识(意会性知识)。这种隐性知识由个人的经验、技能和洞察力构成,无法用语言表达,要靠实践摸索和体验来获得。这种知识的产生、传递、管理对企业的生产经营活动至关重要,如果说知识的传播是一种社会过程的话,那么社会网络分析就是研究知识传播和知识传播管理的不二法门,本文在这里仅就企业的知识管理方面浅谈社会网络分析的可适用性。存在于员工头脑中的隐性知识,例如问题解决模式,需要人与人之间的直接沟通才能得以共享和应用,也就是说,人们依赖于自身的社会关系网络发现信息和解决问题知识、方法,这也是为何师徒传承制度一直是企业员工岗位培训的重要方式的原因。只有对这种知识传递的过程和途径进行描述和解构,才能有效地实现企业的知识管理。隐性知识传播的重要基础是人与人的关系,这正是社会网络分析的核心和专长所在,社会网络分析可以映像及量化员工、团队、部门之间的社会关系网络,使不可见的信息、知识传播转变为清晰的图景。为分析隐性知识在社会关系网络中的传播提供定量分析工具及方法,通过收集社会网络数据,绘制企业内人与人之间的信息沟通、知识传播的关系网络,使管理者可以较为全面地理解可能推动或阻滞知识传播的交互关系、隐性知识在一个组织内部如何流动、人们会向谁咨询求助等等。这种定量分析结果有助于理解人与人或部门之间的交互关系,提高对于信息沟通、知识传播网络的干预能力,从而促进企业的隐性知识管理。

④ 心理学研究模型

在心理学研究中,尤其是在早期的社会心理学界,许多心理学家都认为,个体所处的社会情境会对其心理与行为产生重要影响,例如,社会测量学的创始人莫雷诺、群体动力学理论的提出者勒温、平衡理论的提出者海德等。另外,许多心理学实验如霍桑实验、从众实验等也说明了社会情境对人的活动有很大的影响。对于人类而言,社会情境主要是由人与人之间的各种关系构成,如朋友关系、敌对关系等。这些关系或联系与人的心理和行为交互影响,因此,心理学研究应该在社会情境这一背景下考察个体的心理与行为。于是,社会网络分析就在心理学研究领域派上了很大的用场。

(2)对数据进行分析解读

贸易网络的中心性表示整个网络的集中或集权程度,是社会网络的研究重点指标之一。网络的中心性计算依赖网络中各个节点的中心性。其中,一级中心性指标反映网络中节点与其他节点关系的紧密程度,包括点度数、点强度等。二级中心性指标反映网络中与节点相连的其他节点之间的紧密程度,包括聚集系数、加权聚集系数等。

① 一级中心性

本文主要通过点度数和点强度指标体现,国际稀贸易网络中各个国家的点度数,即为与该国开展稀土贸易的国家数。其计算公式为:$degree_i = \sum_i a_{ij}$。用一个 $N \times N$ 邻接矩阵 $A$ 表示一个无权网络,矩阵的每个元素 $a_{ij}$ 表示节点 $i$ 与节点 $j$ 之间是否存在关系,如果节点 $i$ 与节点 $j$ 之间存在关系,则 $a_{ij} = l$,若不存在关系,则 $a_{ii} = 0$。当无向边的情况,$a_{ij} = a_{ji}$;用一个加权的 $N \times N$ 邻接矩阵,$W$ 表示一个加权网络,矩阵的每个元素 $W_{ij}$ 表示节点 $i$ 与节点 $j$ 之间边的权值大小,当无向边的情况,$W_{ij} = Wji$。国际稀土贸易无权网络中某一国家的节点度越大,说明与该国进行稀土进出口活动的国家越多由于这 6 年的国际稀土贸易网络规模不同,不同网络的绝对点度数不具可比性,故采用相对点度数指标,即绝对点度数数值除以网络中最大可能的度数($N - 1$)。

表 11 - 1　国际稀土贸易的点度数

| 年份 | 1990 | 1995 | 2000 | 2005 | 2010 | 2012 |
|---|---|---|---|---|---|---|
| 绝对度数<br>平均值 | 2.485 | 4.581 | 5.148 | 4.712 | 5.781 | 5.642 |
| 相对点度数<br>平均值 | 0.075 | 0.074 | 0.084 | 0.080 | 0.090 | 0.084 |

由表 11 - 1 的数值来看,稀土贸易的相对点度数变化并不大,在 0.09 左右,说明稀土的出口国相对比较集中,主要与稀土地理分布有关。中国、俄罗斯、美国由于丰富的稀土储量,而出口位居前列。虽然日本、德国、法国没有什么稀土储量,但掌握绝大多数稀土生产专利技术,也是稀土出口的重要国家。2010 年国际稀土的节点度最大为 0.090,1995 年最小为 0.074。

点强度主要反映网络中各节点的权重大小。世界稀土贸易网络中各国家的点强度描述该国与其他国家之间的贸易关系强弱。其计算方法为:$strenth_i = \sum_j W_{ij}$。点强度更多考虑该节点与近邻之间的权重,要通过加权贸易网络来进行计算

表 11 - 2　国际稀土贸易的点强度数

| 年份 | 1990 | 1995 | 2000 | 2005 | 2010 | 2012 |
|---|---|---|---|---|---|---|
| 点强度<br>平均值 | 0.084 | 0.039 | 0.041 | 0.042 | 0.042 | 0.039 |

表 11 - 2 列出了国际稀土贸易的点强度平均值。由数值来看,稀土贸易的点强度平均值在 1990 年之后呈现出下降的趋势,1990 年至 1995 年数值下降比较明显,之后近十年点强度平均值基本没什么变化。这说明稀土虽然是非常重要的战略性资源,但贸易额和贸易量不大,相比于石油等资源贸易规模还是比较小。

② 二级中心性

本文主要通过聚集系数指标体现,在国际稀土贸易网络中,聚集系数指标描述一国的贸易伙伴之间是否存在贸易关系及贸易关系紧密程度。具体表示为节点 i 所有相邻节点之间实际连接的数目($E_i$)除以可能的最大连接数目,如在无向网络中,$C_i = 2E_i[K_i(K_i - 1)]$;如在有向网络中,$C_i = E_i/[K_i(K_i - 1)]$。网络聚类系数衡量的是一个网络的集团化程度,其值越大说明节点间的联系就越密切。网络聚类系数是所有节点聚类系数之和的平均数,即在 N 个节点的网络中,网络聚

类系数为:$C=1/N\times\Sigma_i C_i,C\in(0,1)$。笔者采用 UCINET6 软件计算国际稀土贸易网络中各国的聚集系数,并通过矩阵计算其加权聚集系数。

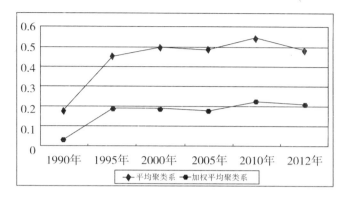

**图 11-1　国际稀土贸易的聚类系数变化趋势**

从图 11-1 可以看出,国际稀土贸易网络的聚类系数虽然有些波动,但整体呈现出上升的趋势。平均聚类系数由 1990 年的 0.181 上升至 2012 年的 0.483;加权平均聚类系数由 1990 年的 0.035 上升至 2012 年的 0.216。就数值来看,国际稀土贸易的聚类系数并不高,说明其节点间关系松散,网络的连通性不好,这表明一国的贸易伙伴之间并未存在紧密的贸易关系,这主要是因为稀土主要供给地与消费地呈现地理分布上的不均衡性,空间距离造成了国际稀土贸易关系不够紧密。

**表 11-3　国际稀土贸易节点度排名前 10 位的国家**

| 年份＼排名 | 1 | 2 | 3 | 4 | 5 | 6 | 7 | 8 | 9 | 10 |
|---|---|---|---|---|---|---|---|---|---|---|
| 1990年 | 巴西 | 日本 | 法国 | 美国 | 荷兰 | 德国 | 韩国 | 瑞士 | 非洲关税同盟 | 加拿大 |
| 1995年 | 中国 | 日本 | 美国 | 荷兰 | 德国 | 英国 | 法士 | 香港 | 奥地利 | 巴西 |
| 2000年 | 中国 | 日本 | 美国 | 德国 | 荷兰 | 英国 | 法士 | 加拿大 | 新加坡 | 马来西亚 |
| 2005年 | 中国 | 日本 | 美国 | 意大利 | 香港 | 英国 | 荷兰 | 德国 | 奥地利 | 其他亚洲国家 |
| 2010年 | 中国 | 日本 | 美国 | 香港 | 德国 | 荷兰 | 泰国 | 比利时 | 奥地利 | 英国 |
| 2012年 | 日本 | 中国 | 美国 | 奥地利 | 香港 | 菲律宾 | 法国 | 德国 | 荷兰 | 英国 |

由表 11-3 可以看出,1990 年巴西、日本、法国、美国是国际稀土贸易网络的核心节点国家,中国在国际稀土贸易并没占有重要地位。但从 1995 年至 2012 年

国际稀土贸易网络中,核心节点国家发生了变化。由于 1995 年后中国大量出口稀土原料,因而中国与日本、美国成为国际稀土贸易的核心国家。从表 11-3 可知,日本一直在国际稀土贸易处于重要地位。一方面由于国内没有稀土储量,所以日本非常重视对稀土资源的战略储备,一直积极进口稀土原料;另一方面由于掌握大部分稀土生产技术,日本出口大量相关稀土产品,因而成为国际稀土贸易的核心国家。1995 年之后,法国的排名所有所下降,但仍然是国际稀土贸易的核心国家。此外,荷兰、德国、英国、奥地利也是国际稀土贸易网络中的核心节点。

INET 软件绘制网络图,根据需求计算出各部分指标,利用这些内容对所要分析的对象进行分析。UCINET 进行社会网络分析的指标很多,常见的有网络密度、中心性、凝聚子群等指标。

社会网络分析的主要目的是探测和分析行动者之间的社会关系模式。如果社会纽带能够反映社会行动者的选择,或者能反映社会系统对行动者的行为和态度的影响,那么这种社会关系模式就是有意义的。观测到的网络中至少有一部分结构是源于随机因素的,因此,就不能认为从这种网络中找到的任何关系模式都是有意义的。

(3)对数据进行收集整理并进行处理

把得到的数据整理形成一个矩阵,可以使用 UCINET 软件,它能方便地根据数据收集的结果绘制出矩阵。

在研究对象确定之后,需要对研究对象相互关系的数据进行收集和整理。对于数据的选取,如不能囊括所有,则应该选择具有代表性的一些属性和特征来绘图,并且对于经济学问题来说,应该选取代表年份的数据,且剔除一些无效数据。

(4)对结论进行解释

对社会网络进行探索性分析,基于统计建模的假设检验,探索性网络从直观上理解网络的基本概念,假设检验涉及抽象的参数估计和概率计算。不追求对已有社会假设进行检验,而是探寻网络中富有意义的模式。对计算出的定量结果做出定性的解释,从而得出研究结论。如统计网络模型,这些模型可以提示,如果连线按照随机过程分配给一对对顶点的话,网络会预期具有哪些特征。

如在稀土贸易中,本人以国际稀土贸易作为研究对象,通过构建国际稀土贸易社会网络,计算该网络的密度、中心性、点强度、聚类系数等指标,得出以下结论:第一,国际稀土贸易的网络密度数值较小,表明该网络比较稀疏,联系并不紧密。第二,稀土的出口国相对比较集中,主要与稀土地理分布有关,如中国、俄罗斯因稀土禀赋优势位居前列,美国凭着稀土资源和技术双重优势成为重要的出口国、日本、荷兰、德国、英国、奥地利因拥有技术优势,也是国际稀土贸易网络中的核心节点。随着我国稀土储量不断减少,稀土资源禀赋优势下降,为了提升我国在国际稀土贸易中的地位,可采取全方位、多层次的战略措施,如完善国内稀土价格形成机制、优化稀土产业结构、完善贸易政策、建立稀土储备制度、建立信息中心、鼓励稀土生产企业走出去和加强技术研发。

### 附录:社会网络分析工具简介

#### UCINET 简介

UCINET 是一款功能非常强大的社会网络分析工具,它最早是由加州大学欧文分校的一群网络分析者编写的,目前由斯蒂芬・博加提、马丁・埃弗里特和林顿・弗里曼组成的团队对 UCINET 软件进行维护与更新。

UCINET 是菜单驱动的 Windows 程序,是当前最知名和最经常被使用的处理社会网络数据以及其他类似数据的综合性分析软件。

在 UCINET 的 Visualize 菜单中包含 Pajek、Mage 和 Net Draw 三个软件,将数据输入到这三个软件中能够输出可视化的图形,更加丰富了 UCINET 的运用。

UCINET 能够处理的原始数据为矩阵格式,UCINET 的 Transform 菜单中能够管理和转化数据,能够方便地将其他格式的数据转化为适用于 UCINET 的数据。

UCINET 的 Network 菜单中包含大量的网络分析工具,主要有密度分析、中心性分析、成分分析、凝聚子群分析等多种网络分析程序。

UCINET 为菜单驱动的 Windows 程序,可能是最知名和最经常被使用的处理社会网络数据和其他相似性数据的综合性分析程序。与 UCINET 捆绑在一起的还有 Pajek、Mage 和 NetDraw 等三个软件。UCINET 能够处理的原始数据为矩阵格式,提供了大量数据管理和转化工具。该程序本身不包含网络可视化的图形程序,但可将数据和处理结果输出至 NetDraw、Pajek、Mage 和 KrackPlot 等软件做图。UCINET 包含大量包括探测凝聚子群和区域、中心性分析、个人网络分析和结构洞分析在内的网络分析程序。UCINET 还包含为数众多的基于过程的分析程序,如聚类分析、多维标度、二模标度(奇异值分解、因子分析和对应分析)、角色和地位分析(结构、角色和正则对等性)和拟合中心边缘模型。此外,UCINET 提供了从简单统计到拟合 $p_1$ 模型在内的多种统计程序。

#### Pajek 简介

Pajek 是一个特别为处理大数据集而设计的网络分析和可视化程序。Pajek

可以同时处理多个网络,也可以处理二模网络和时间事件网络(时间事件网络包括了某一网络随时间的流逝而发生的网络的发展或进化)。Pajek 提供了纵向网络分析的工具。数据文件中可以包含指示行动者在某一观察时刻的网络位置的时间标志,因而可以生成一系列交叉网络,可以对这些网络进行分析并考察网络的演化。不过这些分析是非统计性的,如果要对网络演化进行统计分析,需要使用 StOCNET 软件的 SIENA 模块。Pajek 可以分析多于一百万个节点的超大型网络。Pajek 提供了多种数据输入方式,例如,可以从网络文件(扩展名 NET)中引入ASCII 格式的网络数据。网络文件中包含节点列表和弧/边列表,只需指定存在的联系即可,从而高效率地输入大型网络数据。图形功能是 Pajek 的强项,可以方便地调整图形以及指定图形所代表的含义。由于大型网络难于在一个视图中显示,因此,Pajek 会区分不同的网络亚结构分别予以可视化。每种数据类型在 Pajek 中都有自己的描述方法。Pajek 提供的基于过程的分析方法包括探测结构平衡和聚集性、分层分解和团块模型(结构、正则对等性)等。Pajek 只包含少数基本的统计程序。

### NetMiner 简介

NetMiner 是一个把社会网络分析和可视化探索技术结合在一起的软件工具。它允许使用者以可视化和交互的方式探查网络数据,以找出网络潜在的模式和结构。NetMiner 采用了一种为把分析和可视化结合在一起而优化了的网络数据类型,包括三种类型的变量:邻接矩阵(称作层)、联系变量和行动者属性数据。与Pajek 和 NetDraw 相似,NetMiner 也具有高级的图形特性,尤其是几乎所有的结果都是以文本和图形两种方式呈递的。NetMiner 提供的网络描述方法和基于过程的分析方法也较为丰富,统计方面则支持一些标准的统计过程,如描述性统计、ANOVA、相关和回归。

### STRUCTURE 简介

STRUCTURE 是一个命令驱动的 DOS 程序,需要在输入文件中包含数据管理和网络分析的命令。STRUCTURE 支持五种网络分析类型中的网络模型:自主性(结构洞分析)、凝聚性(识别派系)、扩散性、对等性(结构或角色对等性分析和团块模型分析)和权力(网络中心与均质分析)。STRUCTURE 提供的大多数分析功能是独具的,在其他分析软件中找不到。

**MultiNet 简介**

MultiNet 是一个适用于分析大型和稀疏网络数据的程序。由于 MultiNet 是为大型网络的分析而专门设计的,因而像 Pajek 那样,数据输入也使用节点和联系列表,而非邻接矩阵。对于分析程序产生的几乎所有输出结果都可以以图形化方式展现。MultiNet 可以计算 degree、betweenness、closeness 和 components statistic,以及这些统计量的频数分布。通过 MultiNet 可以使用几种本征空间(Eigenspace)的方法来分析网络的结构。MultiNet 包含四种统计技术:交叉表、卡方检验、ANOVA,相关和 $p^*$ 指数随机图模型。

**StOCNET 简介**

StOCNET 是个 WINDOWS 环境下的开放软件系统,适用于社会网络的高级统计分析。它提供了一个应用多种统计方法的平台,每种统计方法可以以单独模块的形式方便地嵌入其中。StOCNET 包含六个统计模块:BLOCKS,随机块模型;UL-TRAS,使用超度量估计潜在的传递性结构;P2,拟合指数随机图 P2 模型;SIENA,纵向网络数据的分析;ZO,确定随机图统计量的分布概率;PACNET,构造和拟合基于偏代数结构的结构模型。

(5)小结

社会网络是社会行动者及其间的关系的集合,社会网络的研究缘于社会学、人类学、传染病学等学科的发展,逐渐地被社会学家发展为强大的工具。

社会网络分析法通过映射和分析团体、组织、社区等内部人与人之间的关系,强调行为者之间相互影响、依赖,从而产生整体涌现行为,提供了丰富的、系统的描述和分析社会关系网络的方法、工具和技术。

# 11.3  社会网络分析实例

## 11.3.1  霍桑实验和"扬基城"研究

20 世纪二三十年代,哈佛大学的 W. 劳埃德·沃纳(W. Lloyd Warner,1898—1970 年)和乔治·伊尔顿·梅奥(G. E. Mayo,1880—1949 年)在著名的"霍桑实验"(Hawthorne Experiment)中具体运用了社群图来反映群体结构,或者说是用社会关系图来表示社会中的非正式关系。他们的主要目的是说明非正式群体的作用。

梅奥原籍澳大利亚,后移居美国,1926 年到哈佛大学从事工业管理研究。1927 年冬,他应邀参加霍桑实验研究。他是人际关系论和社会工业学的创始人。

在芝加哥霍桑电器工厂开展的霍桑实验前后历时五年,共分三个阶段。第一阶段,是对六个装配电脑的女工延长时间的观察实验。结果发现,工人的工作条件,如照明、休息时间、疲劳以及其他物质条件并不能构成影响产量的主要因素,而社会因素和心理因素是决定工人满意感与生产率的主要因素。第二阶段,用了三年的时间对 21 000 多人进行了面谈。进一步证实了整个工作环境中人的因素和社会因素的重要性。第三阶段,对十四名男性操作者组成的工作小组进行了六个月的深入观察研究。研究表明了以感情、地位作用和互相间的社会作用为基础的非正式社会组织的作用。

通过此项研究,梅奥等人总结出了关于组织中人际关系的新观点,可归纳为如下几点:第一,不应把工人单纯地看成是"经济人",而应看作是"社会人"。第二,工效高低主要取决于"士气",而士气来自于人与人之间的关系。第三,不能只注重"正式组织",还要重视"非正式组织"的作用。第四,企业领导不仅要善于了解人们合乎逻辑的行为,而且还要善于了解人们不合乎逻辑的行为。其中,最重要的一点是对非正式组织或人际关系的强调。

为了说明组织中的人际关系或非正式关系的特点,他们使用了图示形式,如图 11 - 2 所示。图中圆圈代表个人,箭头代表关系,他们以此来反映所研究小组中的人际关系形式。因此,霍桑实验被认为是第一个在调查中使用社群图来描述群体关系的重要研究。

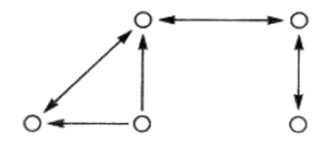

图 11 - 2 霍桑试验的一个社群图

1930—1935 年,沃纳又做了著名的"扬基城"(Yankee City)研究,进一步发展了对群体关系研究的方法。他主要受拉德克利夫 - 布朗和芝加哥学派的影响,重视人类学研究方法,认为社区的社会组织是人们在互动过程中所形成的社会关系网。他使用"社会构型"概念提出,社区是由各种子群体构成的,他把其中的一类子群体称为"团伙",它是一种非正式的联合体,其成员之间具有一定程度的群体感和亲密性,内部也确立了某些群体行为规范。故沃纳"团伙"概念与非正式群体概念接近,也类似于"社会圈子"概念。其研究发现了大量团伙的存在,许多成员属于不同的团伙。

### 11.3.2　小世界效应

小世界效应"六度分离"在学术上称为"小世界现象"或"小世界效应"。小世界效应的精确定义还在讨论中,目前一个较合理的解释是:若网络中两点间的平均距离 L 随网络大小(网络中结点数 N)呈对数增长,即 LlnN,当网络中结点数增加很快时,L 变化相对缓慢,则称该网络具有小世界效应。这里的平均距离具有广泛的含义,例如在前面提到的信件传递实验中,平均距离就是平均传递次数 6。当然还有一些网络呈现出不同的 L 值。

美国的科学家们把好莱坞所有老的电影演员拿来做实验,比如说一个演员是一个节点,两个演员合作在同一部电影中演出,那么,通过所有演员分析表明,两个演员之间的平均距离介乎于 3～4 之间。

以 Internet 上的信息链接为例,Internet 的信息量在 1999 年统计大概是 10 亿的数量级。美国一些物理学家就设计了一种软件,通过这个软件对 Internet 做数据采集分析发现,Internet 中的平均距离是 19 个链接。也就是说,你在 Internet 上随机任意取两点,不断地点这上面的超级链接,按 19 次鼠标就能到达另一点,这就是 Internet 小世界特征。再从 Internet 的路由连接来看,Internet 路由器的数量已经是数以几千万计,但是平均两个路由器之间的距离也就是 10 左右。

### 11.3.3　Krackhardt 的高科技管理人员

这是一个单模式网络,对一组人的三种关系进行了测量。这些数据是 1987 年由 Krackhardt 在美国西海岸的一个小型制造业组织中收集的。该组织已经成立 10 年,并为其他的公司生产高科技机器。这个公司雇用了大约 100 个人,有 21 名管理者。这 21 名管理者就是该数据集的行动者集合。

Krackhardt 给每个管理者一张问卷,上面有两个问题,"在工作中你会向谁寻求建议?""谁又是你的朋友?"每个管理者都有一份写有其他管理者姓名的花名册,并被要求(以自由选择的方式)勾选出在其他的管理者中他们常常向谁寻求建议,以及谁又是他们的朋友,Krackhardt 还收集了基于正式组织结构图的第三种关系。

因而,这是一个多重关系的数据集,有三种关系,即"建议""友谊""报告"。这三个关系都是二值的和有向的。前两个通过问卷收集,第三个则通过组织档案收集。这些数据都是在某一时点上测量的。友谊关系显然是关于个人的评价,而建立关系则是关于行动者间互动情况的口头报告。第三种关系是对组织内部正式的官僚结构的测量。因此,这个数据集有三种不同类型的关系。

该网络是单模式的,因为我们仅有一个包括 21 个行动者的集合。这些行动者是人,该数据集也包括了 4 个行动者属性:年龄、被该组织雇佣的时间(任期)、在这个公司的等级关系中所处的级别以及部门。头两个属性是以年为单位测量的。公司中有 4 个部门,除了公司负责人以外,每个人都具有部门属性,并被编码为 1 到 4 的整数。级别属性也是用从 1 到 3 的整数来测量的,1 = CEO,2 = 副总裁,3 = 经理。

### 11.3.4　Freeman 的电子信息交换系统网络

这是一个单模网络,测量了一组人的两种关系。这些数据来自一个由 Freeman 组织,由美国国家科学基金会赞助的计算机会议,该会议的参加者都是社会网络研究领域从事新兴科学专业研究的研究者。Freeman 收集这些数据作为新泽西理工大学电子信息交换系统影响研究的一部分。50 名对社会网络研究感兴趣的研究者参与其中。我们这里主要关注完成该研究的 32 个人。这些研究者包括社会学家、人类学家以及统计学家和数学家。作为会议的一部分,架设了一个计算机网络,行动者可以通过电脑终端访问网络,给其他的行动者发送电子邮件。我们注意到,该研究时在 BITNET(BITNET 是一种连接世界教育单位的计算机网络,类似于 Internet 互联网,但是与 Internet 是相互独立的)、INTERNET 以及其他如今普及的并且学术界广泛利用的计算机网络普遍使用之前进行的,所以该研究为研究者们引入了一种全新的通信方式。

我们特别感兴趣的是从该研究中产生的网络数据。信息发送以及相识关系这两种关系都被记录下来。作为这个项目的一部分,计算机系统记录了所有的信息交换,尤其是信息的来源和目的地、日期和时间以及信息中线路的数量。这样的记录持续好几个月,因此获得了每一个行动者发送给其他行动者的信息数量的记录。我们将注意力限制在彼此间传递的信息的总数上,然而,这种信息发送关系可以在任何时间间隔中定义,例如,在某个给定的月份中信息的数量。第二种关系是相识关系,它是通过问卷收集的。在项目的开始和末尾,Freeman 要求行动者填写一张附有一道网络问题的问卷。每个行动者都需要就每一个其他参与者指出他/她是否(1)不认识这个人,(2)曾经听说过但没有见过他/她,(3)曾经见过这个人,(4)是这个人的朋友,(5)是这个人的好朋友。这种相识关系是纵向的,因为在这两个时点上进行了测量:研究的开始(1978 年 1 月)和末尾(1978 年 9 月)。

在这个数据集中有两个属性变量:某人的主要学科背景,以及在 1978 年(该研究开始的那年)的社会科学引文索引中,该研究者的论著被引用的次数。学科背景变量有四种分类:社会学、人类学、数学或统计学以及其他。引用变量就用引用次数表示。

### 11.3.5　国家贸易数据

这是一个单模网络,测量了国家间的五种关系。行动者是国家,它们是由 Smith 和 White 提供的 63 个国家的列表中选择出来的。我们选择的国家能代表几种发展分类方法中不同类型的国家:Snyder 和 Kick 的核心/边缘状态、Nermeth 和 Smith 的选择性世界体系分类和工业化水平以及来自 Lenski 的历史经济基础。最后选定了 24 个国家作为该网络中的行动者,它们在地理上、经济上以及政治上都是各不相同的,代表了一系列有趣的特征,并且横跨了现存的世界体系和发展类型中的各个种类。我们将这些数据称为国家贸易网络。考虑到选择的方法,我们假定这个行动者集合对于所有可能的国家都是具有代表性的。

我们共测量了五种关系,其中四种是经济方面的,一种是政治方面的。这些关系是:

- ·食物和活体动物的进口
- ·原材料(不包括燃料)的进口
- ·矿物燃料的进口
- ·基本制成品的进口
- ·外交方面的交流

这五种关系都是二值的和有向的,四种经济关系均以连续的美元值测量。所列数值表示了某个国家从另一个国家进口的(指定类型的)货物的数量(以 10 万美元为单位,联合国没有列出 10 万美元以下的贸易额)。为了使进口与国家间经济规模的巨大差异可比,我们首先需要将每个数值标准化,方法是将每个值除以该国商品的总进口额。如果得到的比例低于 0.01%,我们就把关系编码成不存在。否则,编码为存在。这种标准化方法实际上不会产生什么影响。

如果一个国家在另一个国家里派驻了大使馆或特派使节团,这两个国家间的外交关系就存在。

数据集中包括了四个反映国家经济和社会特征的属性变量。前两个属性变量测量了 1970 至 1981 年间每年的变化率,它们分别为:1970 至 1981 年间每年的人口增长率,以及 1970 至 1981 年间国民生产总值的年增长率。另外两个属性变量测量了教育和能源消费的变动率,这些变量是:1980 年中学的入学率和人均能源消费(以千煤当量为单位)。研究者认为,这些变量要么跟国家的发展水平(工业化水平)有关,要么跟世界体系状况有关。

为了更好地理解中心度和声望指标的应用,本题用以上数据说明和的计算。

如果国家 $i$ 出口基本制成品到国家 $j$,则贸易关系的社会关系矩阵的第 $(i,j)$ 输入项是 1。因而,如果它们出口到其他的国家,则该国家是主要的(中心),如果它们从其他国家进口,则国家是有声望的。换句话说,有声望的行动者是那些进口多的国家(或者从有声望的行动者进口的国家)。

第一步:我们首先计算网络数据集合中 24 个国家的行动者度数和接近度中心度,见表 11 - 4。

表 11 - 4　24 个国家的行动者度数和接近度中心度

国家间贸易网络的中心度指标( * 计算行动者和中心度指标时去除了行动者集合中) $n_{14}$ = 利比里亚 = $n_{28}$ 叙利亚

| | $g = 24$ | $g = 22$ | |
|---|---|---|---|
| | $C'_D(n_i)$ | $C_D'(n_i)^*$ | $C_C'(n_i)^*$ |
| 阿尔及利亚 | 0.174 | 0.190 | 0.553 |
| 阿根廷 | 0.565 | 0.519 | 0.724 |
| 巴西 | 0.933 | 0.905 | 0.913 |
| 中国 | 0.913 | 0.905 | 0.913 |
| 捷克斯洛伐克 | 0.913 | 0.905 | 0.913 |
| 厄瓜多尔 | 0.087 | 0.095 | 0.525 |
| 埃及 | 0.391 | 0.429 | 0.636 |
| 埃塞俄比亚 | 0.087 | 0.095 | 0.525 |
| 芬兰 | 0.913 | 0.952 | 0.955 |
| 洪都拉斯 | 0.043 | 0.048 | 0.512 |

| | | | |
|---|---|---|---|
| 印度尼西亚 | 0.609 | 0.667 | 0.750 |
| 以色列 | 0.478 | 0.524 | 0.667 |
| 日本 | 1.000 | 1.000 | 1.000 |
| 利比里亚 | 0.000 | – | – |
| 马达加斯加 | 0.043 | 0.048 | 0.500 |
| 新西兰 | 0.478 | 0.524 | 0.667 |
| 巴基斯坦 | 0.565 | 0.524 | 0.667 |
| 西班牙 | 0.957 | 0.952 | 0.955 |
| 瑞士 | 1.000 | 1.000 | 1.000 |
| 叙利亚 | 0.000 | – | – |
| 泰国 | 0.609 | 0.619 | 0.724 |
| 英国 | 0.957 | 0.952 | 0.955 |
| 美国 | 1.000 | 1.000 | 1.000 |
| 南斯拉夫 | 0.783 | 0.810 | 0.840 |

第二步:关于行动者地位或等级声望指标。把社会关系矩阵标准化,使得列和为1(除以入度),进行转置,计算它的特征值。

相关矩阵的最大特征值是1,见表11-4的第3列。根据声望指标从大到小排列的国家依次是巴西、捷克斯洛伐克、阿根廷、瑞士、芬兰、中国、以色列、南斯拉夫、西班牙、美国和英国。阿根廷和以色列增加到这个"有声望的子集"中在一定程度上令人意外,因为这两个国家有小的入度。但在本题中,重要的不是一个国家有多少个国家与它相邻,而是与之相邻的国家本身的声望值。有声望的国家从那些进口货物的国家进口货物。显然,巴西、捷克斯洛伐克和阿根廷都直接与其他有声望的国家连接。

第三步:声望指标的计算。

这些国家和关系的声望与从其他国家进口的基本制成品的高连接性是同义的。第1列包含所有24个国家的度数声望指标,第2列含有接近声望指标。注意到,即使利比里亚和叙利亚没有出口到国家群的任何国家(出度为0),我们仍能够计算邻近声望指标。

从公式 $C_D{}'(n_i) = \dfrac{d(n_i)}{g-1}$ 能看出,标准化的度声望指标就是相对入度,通过除以它们的最大可能值 $g-1$ 的方式进行标准化。大多数网络计算机程序包都可计算这些。邻近声望指标先确定 $\{I_i\}$ 的值，$\{I_i\}$ 是能够到达行动者 $i$ 的行动者的数目，再除以 $g-1$，接着，将这个比率再除以行动者 $i$ 到所有行动者的平均距离。

注意到，这些平均距离用了社会关系矩阵的列，而不是行（行动者接近度指标也是）。事实上，如果对社会关系矩阵进行转置，行动者的平均距离可变为与行有关的平均距离。因而，基于社会关系矩阵的转 1 矩阵计算出的一个行动者到所有其他行动者的平均距离是其接近中心度，正是计算邻近声望指所指的平均距离。

下表为国家间贸易网络的声望指标：

表 11 - 5 国家间贸易网络的声望指标

| 国家间贸易网络的声望指标 | | | |
|---|---|---|---|
| | $P'_D(n_i)$ | $P'_P(n_i)$ | $P'_r(n_i)$ |
| 阿尔及利亚 | 0.565 | 0.661 | 0.222 |
| 阿根廷 | 0.435 | 0.599 | 0.805 |
| 巴西 | 0.478 | 0.619 | 1.000 |
| 中国 | 0.652 | 0.710 | 0.711 |
| 捷克斯洛伐克 | 0.565 | 0.661 | 0.818 |
| 厄瓜多尔 | 0.391 | 0.599 | 0.183 |
| 埃及 | 0.522 | 0.599 | 0.482 |
| 埃塞俄比亚 | 0.435 | 0.710 | 0.131 |
| 芬兰 | 0.652 | 0.590 | 0.758 |
| 洪都拉斯 | 0.391 | 0.581 | 0.072 |
| 印度尼西亚 | 0.609 | 0.599 | 0.617 |
| 以色列 | 0.435 | 0.599 | 0.682 |
| 日本 | 0.739 | 0.767 | 0.680 |
| 利比里亚 | 0.391 | 0.564 | 0.000 |
| 马达加斯加 | 0.261 | 0.532 | 0.106 |
| 新西兰 | 0.609 | 0.684 | 0.461 |
| 巴基斯坦 | 0.609 | 0.684 | 0.525 |
| 西班牙 | 0.739 | 0.767 | 0.673 |
| 瑞士 | 0.652 | 0.710 | 0.765 |
| 叙利亚 | 0.522 | 0.619 | 0.000 |

国家间贸易网络的声望指标

|  | $P'_D(n_i)$ | $P'_P(n_i)$ | $P'_r(n_i)$ |
|---|---|---|---|
| 泰国 | 0.652 | 0.710 | 0.589 |
| 英国 | 0.695 | 0.767 | 0.633 |
| 美国 | 0.826 | 0.799 | 0.644 |
| 南斯拉夫 | 0.652 | 0.710 | 0.680 |

### 11.3.6 Galaskiewicz 的 CEO 和俱乐部网络

这个数据集是双模的从属网络。第一个模式由 26 个首席执行官(及他们的配偶)组成。这些 CEO 来自圣保罗地区明尼阿波利斯市的大型企业、银行和保险公司。Galaskiewicz 通过访谈 CEO 以及查阅俱乐部和委员会的档案记录收集了这些数据。因而,第一个模式将一组公司的 CEO 作为行动者,第二个模式则是 CEO 们加入的 15 个俱乐部、文化委员会和公司董事会的集合。有两个乡间俱乐部,三个大城市俱乐部,五个声望很高的文化机构,以及将总部设在该地区的六个财富 500 强企业和财富 50 强银行的董事会。这些数据记录了哪个 CEO 隶属于哪个俱乐部和委员会。这些都是 1978 至 1981 年间的成员情况。

所有的数据都是二值的,表明了成员资格的存在或不存在。第一个模式是一组人,第二个模式是一组机构。数据是从属的,表明了成员资格。还可以测量这两个模式的许多属性。对第一个模式来说,我们可以通过行动者领导的公司的特征来进行分类。对第二个模式来说,则可以通过俱乐部或公司董事会的特征来分类。

作为从属网络的例子,我们将使用 Galaskiewicz。CEO Clubs Date 是收集到的首席执行官(CEO)以及他们在市民俱乐部和公司董事会中的成员资格的数据。这个数据集是由 Galaskiewicz 数据中的 26 个 CEO 和 15 个俱乐部的子集组成的。共有 15 个最大的俱乐部和董事会,还有最"活跃的"26 个 CEO。

第一步:考虑行动者共同成员资格矩阵。

图 11 - 3 是 26 个 CEO 的共同成员资格矩阵 $X^N$,这个 $26 \times 26$ 的矩阵记录了每队 CEO 同在的乐部或董事会的数目。

第二步:关注对角线,发现这个样本的成员资格数目在 2~7 的范围内变化。

编号为 14 的 CEO 属于这 15 个俱乐部和董事会当中的 7 个,这比其他任何 CEO 都要多。再观察对角线以外的数字,我们发现每对 CEO 的成员资格数在 0~

5 范围内变化。

第三步：考虑行动成员资格矩阵和事件重叠矩阵。

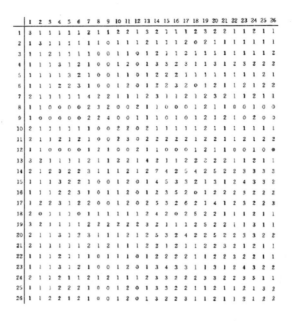

**图 11-3　26 个 CEO 的共同成员资格矩阵 $\mathbf{X}^N$**

第四步：研究俱乐部之间的重叠情况。图 11-4 是事件重叠矩阵 $X^M$。

|    | 1 | 2 | 3 | 4 | 5 | 6 | 7 | 8 | 9 | 10 | 11 | 12 | 13 | 14 | 15 |
|----|---|---|---|---|---|---|---|---|---|----|----|----|----|----|----|
| 1  | 3 | 0 | 2 | 3 | 0 | 1 | 1 | 1 | 1 | 1  | 0  | 0  | 0  | 0  | 1  |
| 2  | 0 | 11| 11| 2 | 1 | 3 | 0 | 1 | 1 | 0  | 3  | 3  | 3  | 2  | 6  |
| 3  | 2 | 11| 22| 8 | 3 | 4 | 2 | 3 | 5 | 11 | 4  | 4  | 4  | 3  | 8  |
| 4  | 3 | 2 | 8 | 12| 1 | 1 | 3 | 2 | 4 | 3  | 3  | 2  | 2  | 0  | 4  |
| 5  | 0 | 1 | 3 | 1 | 3 | 0 | 1 | 0 | 1 | 0  | 1  | 1  | 0  | 0  | 1  |
| 6  | 1 | 3 | 4 | 1 | 0 | 4 | 0 | 1 | 0 | 0  | 0  | 0  | 1  | 1  | 1  |
| 7  | 1 | 0 | 2 | 3 | 1 | 0 | 4 | 0 | 1 | 1  | 0  | 0  | 0  | 0  | 0  |
| 8  | 1 | 1 | 3 | 2 | 0 | 1 | 0 | 4 | 0 | 1  | 0  | 0  | 0  | 1  | 1  |
| 9  | 1 | 1 | 5 | 4 | 1 | 0 | 1 | 0 | 6 | 0  | 0  | 1  | 1  | 0  | 1  |
| 10 | 1 | 0 | 1 | 3 | 0 | 0 | 1 | 1 | 0 | 3  | 1  | 0  | 0  | 0  | 0  |
| 11 | 0 | 3 | 4 | 3 | 1 | 0 | 0 | 0 | 0 | 1  | 4  | 2  | 1  | 0  | 3  |
| 12 | 0 | 3 | 4 | 2 | 1 | 0 | 0 | 0 | 1 | 0  | 2  | 5  | 2  | 0  | 3  |
| 13 | 0 | 3 | 4 | 2 | 0 | 1 | 0 | 0 | 1 | 0  | 1  | 2  | 5  | 1  | 3  |
| 14 | 0 | 2 | 3 | 0 | 0 | 1 | 0 | 1 | 0 | 0  | 0  | 0  | 1  | 3  | 0  |
| 15 | 1 | 6 | 8 | 4 | 1 | 3 | 0 | 1 | 1 | 0  | 3  | 3  | 3  | 0  | 9  |

**图 11-4　事件重叠矩阵 $\mathbf{X}^M$**

这个 $15 \times 15$ 的矩阵中记录了在这 26 个人的样本中,同时属于两个俱乐部的 CEO 的数目。事件重叠矩阵的对角线记录的是属于每个俱乐部或者董事会的 CEO 的数目。我们可以看到编号为 3 的俱乐部拥有最多的 22 个 CEO,并且也可以看到有 3 个只拥有 3 个 CEO 的俱乐部或董事会。再看对角线之外,俱乐部成员资格重叠的范围从最小的 0 到最大的 11(俱乐部 2 和俱乐部 3),俱乐部 2 拥有 11 个成员,有趣的是这些成员同时也是俱乐部 3 的成员。因此,对于这个 0170 的样本来说,俱乐部 2 的成员完全包含在了俱乐部 3 的成员之中。在这个例子中,俱乐部之间也存在其他的包含关系。

**参考文献**

[1]刘法建,章锦河,陈冬冬. 社会网络分析在旅游研究中的应用[J]. 旅游论坛,2009(04).

[2]马绍奇,焦璨,张敏强. 社会网络分析在心理研究中的应用[J]. 心理科学进展,2011(05).

[3]邬佩琳. 国际稀土贸易格局的社会网络分析[J]. 价格月刊,2014(05).

[4]斯坦利·沃瑟曼,凯瑟琳·福斯特. 社会网络分析:方法与应用[M]. 北京:中国人民大学出版社,2011.

# 第 12 章

# 竞争情报分析方法

## 12.1  竞争情报分析概述

### 12.1.1  竞争情报

竞争情报,英文名称为 Competitive Intelligence,简称 CI,也有部分学者将其称为 Business Intelligence,简称 BI。根据 SCIP(美国竞争情报专业人员协会)的定义,竞争情报是一种过程,在此过程中人们用合乎职业伦理的方式收集、分析、传播有关经营环境、竞争者和组织本身的准确、相关、具体、及时、有前瞻性以及可操作的情报。

竞争情报并不是一个新鲜的事物,早在 2000 多年前中国古代的孙子,用简朴的语言合理地解释了情报的基本原理,"知己知彼者,百战不殆;不知彼而知己,一胜一负;不知彼,不知己,每战必殆""故明君贤将,所以动而胜人,成功出于众者,先知者"。现代竞争情报出现于 20 世纪 50 年代,发迹于 80 年代,以 1986 年 SCIP 的成立为标志,近 30 年的时间里,在经济发达国家的领先企业、产业中得到了广泛的普及和成功的应用。2008 年,SCIP 更名为战略与竞争情报从业者协会,鲜明地突出了竞争情报是通过对公开信息进行深入的跟踪、分析和研究,为高层管理者提供决策支撑和预警。

竞争情报研究的意义在于研究有关竞争环境、竞争对手和竞争策略的理论和方法。它既是一个过程(主要是指对竞争环境、竞争对手和竞争策略信息的收集、整理和分析),也是一种产品(主要是指由此而形成的情报和支持决策的价值)。因此,竞争情报的特点可概括为:

（1）关于组织外部及内部环境的。

（2）专门采集而来，经过加工而增值的。

（3）为决策所需的。

（4）为赢得和保持竞争优势而采取行动所用的。

竞争情报的功能概括起来有三大部分，即预警系统、决策支持系统及学习系统。其中，预警系统是指监测、跟踪、预期、发现等；决策支持系统是指竞争方式、生产决策、市场调查及新技术研发等；学习系统则指借鉴、比较、管理方法和工具等。竞争情报工作就是建立一个情报系统，帮助管理者评估竞争对手和供应商，以提高竞争的效率和效益。情报是经过分析的信息。决策情报是对组织具有深远意义的情报。

就目前来讲，竞争情报的主要作用表现在以下几方面：一是帮助管理者分析对手、供应商和环境，了解政策对竞争产生的影响，洞悉对公司产生影响的技术动向；二是预测竞争对手的策略，并挖掘新的或潜在的竞争对手；三是借鉴他人的成功经验，规划自己成功的营销计划；四是预测商业关系的变化，把握好市场机会，抵御来自各个方面的威胁。

### 12.1.2　竞争情报分析

竞争情报分析（Competitive Intelligence Analysis，CIA）是企业管理的重要内容之一，是针对竞争环境、主要竞争对手、竞争策略和反竞争活动进行的定性或定量分析。竞争情报分析在企业制定正确的战略、战术决策以获得竞争优势的过程中，发挥了至关重要的作用。

J. P. Herring 认为，竞争情报分析是竞争情报流程中的一个关键步骤。Miller 认为，竞争情报分析是指对企业自身、所在行业以及竞争对手等方面的情况进行分析，并获得情报焦点进而应用于战略决策的过程。缪其浩认为，竞争情报分析是对企业外部竞争环境以及内部竞争条件的分析过程。包昌火等人认为，竞争情报分析是利用合理的方法对竞争环境、竞争对手和竞争策略等进行分析的过程。综合上面的观点，本研究认为，竞争情报分析是指企业基于外部环境的变化和自身长远发展的需求，通过 CIA 主体成员之间协同工作，并利用合理、有效的 CIA 方法和技术，对企业面临的外部环境（也包括内部环境），为组织的战略决策服务，以持续保持组织的竞争优势而进行的系统的、全面的动态过程。

近些年来，随着数据挖掘技术、数据仓储技术、神经网络技术和辅助分析法这些新技术、新方法的运用，为竞争情报方法提供了新的发展机遇，提高了分析的效率和能力。在下文中,我们将介绍几种经典的竞争情报分析方法以及讲述一些情报竞争分析的实例。

## 12.2　SWOT 分析

### 12.2.1　SWOT 简介

　　SWOT 分析法也叫微观分析法,最早由美国的安德鲁斯在 1971 年出版的《公司战略概念》中提出的。S(Strengths)是优势、W(Weaknesses)是劣势、O(Opportunities)是机会、T(Threats)是威胁。按照企业竞争战略的完整概念,战略应是一个企业"能够做的"(即组织的强项和弱项)和"可能做的"(即环境的机会和威胁)之间的有机组合。所谓 SWOT 分析法,是通过将己方、主要竞争对手及竞争环境的相关数据进行分析、比较,并识别和评估与己方密切关联的各种主要的内部优势、内部劣势和外部潜在机会、外部潜在威胁四要素,依据"矩阵"的形态进行科学的排列组合,然后运用系统分析的方法将各种主要因素相互匹配进行研究,最后选择最佳经营战略的方法。这一方法形成以来,由于使用简单、直观,广泛应用于战略研究和竞争分析,成为竞争情报的重要分析工具。图 12 – 1 为 SWOT 分析方法的模型。

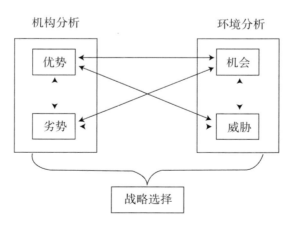

**图 12 – 1　SWOT 方法的基本模型**

　　SWOT 分析法是企业竞争情报工作中最基本、有效而简明的分析方法,是竞争情报工作人员必须掌握的方法。不管是对企业本身或是对竞争对手的分析，SWOT 分析法都能较客观地展现一种现实的竞争态势，在此基础上，指导企业竞争战略的制定、执行和检验，且对总的态势有所了解后，才有利于运用各种其他分析方法对竞争对手和企业本身进行更好的分析与规划。

### 12.2.2　SWOT 分析方法的特点

SWOT 分析方法从某种意义上来说隶属于企业内部分析方法，即根据企业自身的既定内在条件进行分析。SWOT 分析有其形成的基础。著名的竞争战略专家迈克尔·波特提出的竞争理论从产业结构入手，对一个企业"可能做的"方面进行了透彻的分析和说明，而能力学派管理学家则运用价值链解构企业的价值创造过程，注重对公司的资源和能力的分析。

SWOT 分析就是在综合了前面两者的基础上，以资源学派学者为代表，将公司的内部分析（即 20 世纪 80 年代中期管理学界权威们所关注的研究取向，以能力学派为代表）与产业竞争环境的外部分析（即更早期战略研究所关注的中心主题，以安德鲁斯与迈克尔·波特为代表）结合起来，形成了自己结构化的平衡系统分析体系。与其他的分析方法相比较，SWOT 分析从一开始就具有显著的结构化和系统性的特征。就结构化而言，首先是在形式上，SWOT 分析法表现为构造 SWOT 结构矩阵，并对矩阵的不同区域赋予了不同分析意义。其次是在内容上，SWOT 分析法的主要理论基础也强调从结构分析入手，对企业的外部环境和内部资源进行分析。

### 12.2.3　SWOT 分析方法的步骤

（1）全面分析

调查分析行业环境因素，收集大量信息，经过去粗取精，去伪存真的过程，分析出企业所处的环境，企业环境包括内外两部分：

① 外部环境，即机会因素（O）和威胁因素（T），它们是外部环境中对企业的发展有直接影响的有利和不利因素，一般归类为经济社会、地理环境、外部市场、竞争对手等方面的因素。

② 内部能力，即优势因素（S）和弱势因素（W），它们是企业在自身发展过程中存在的积极和消极因素，一般归类为生产、组织、经营、销售、产品和服务、技术和研发、人力资源等方面的因素。

值得注意的是，在对上述因素进行分析时，不仅要考虑这些因素的以往影响情况,而且还要预测这些因素的未来变化对本企业发展的影响。

（2）具体分析

除了全面分析外,还应对本企业的特殊情况进行具体分析,这样才能做到有的放矢。具体分析则是针对企业的具体情况所做的分析。具体分析需要分析自己的资源与能力。分析企业内部资源与能力的一个常用的工具是价值链分析法,对产品进行设计、生产、营销、交货等基本活动以及相关辅助活动的集合。

（3）构建 SWOT 矩阵

根据影响范围或影响程度,将影响企业的内外因素排列于 SWOT 矩阵中,在此过程中,要把那些对企业的发展有重要影响的因素优先排列出来,而把那些次要的影响因素排在后面或省略。

运用全面分析和具体分析方法,将矩阵中的各种因素相互匹配,加以分析,得出一系列可选择对策,这些对策应包括:

① SO 对策。着重考虑优势因素和机会因素,力求使优势和机会这两个因素的有利影响趋于最大,所以又叫"最大与最小对策"。

② ST 对策。着重考虑优势因素和威胁因素,力求使前者的有利影响趋于最大而后者的不利影响趋于最小,所以又叫"最大与最小对策"。

③ WO 对策。着重考虑劣势因素和机会因素,力求使前者的不利影响趋于最小而后者的有利影响趋于最大,所以又叫"最小与最大对策"。

④ WT 对策。着重考虑劣势因素和威胁因素,力求使两者的不利影响都趋于最小,所以又叫"最小与最小对策"。

以上几种对策不应割裂开,而应综合运用,但在不同时期,可根据各种因素重要性的不同,着重应用某一种或某几种对策。

## 12.2.4 SWOT 分析模型

（1）优势与劣势分析（SW）

由于企业是一个整体,并且由于竞争优势来源的广泛性,所以,在做优劣势分析时必须从整个价值链的每个环节上,将企业与竞争对手做详细的对比。如产品是否新颖、制造工艺是否复杂、销售渠道是否畅通以及价格是否具有竞争性等。如果一个企业在某一方面或几个方面的优势正是该行业企业应具备的关键成功要素,那么,该企业的综合竞争优势也许就强一些。需要指出的是,衡量一个企业及其产品是否具有竞争优势,只能站在现有潜在用户角度上,而不是站在企业的角度上。

（2）机会与威胁分析（OT）

比如当前社会上流行的盗版威胁，盗版替代品限定了公司产品的最高价，替代品对公司不仅有威胁，可能也带来机会。企业必须分析，替代品给公司的产品或服务带来的是"灭顶之灾"，还是提供了更高的利润或价值；购买者转而购买替代品的转移成本；公司可以采取什么措施来降低成本或增加附加值来降低消费者购买盗版替代品的风险。

（3）整体分析

从整体上看，SWOT 可以分为两部分：第一部分为 SW，主要用来分析内部条件；第二部分为 OT，主要用来分析外部条件。利用这种方法可以从中找出对自己有利的、值得发扬的因素，以及对自己不利的、要避开的东西，发现存在的问题，找出解决办法，并明确以后的发展方向。根据这个分析，可以将问题按轻重缓急分类，明确哪些是急需解决的问题，哪些是可以稍微拖后一点儿的事情，哪些属于战略目标上的障碍，哪些属于战术上的问题，并将这些研究对象列举出来，依照矩阵形式排列，然后用系统分析的设想，把各种因素相互匹配起来加以分析，从中得出一系列相应的结论，而结论通常带有一定的决策性，有利于领导者和管理者做出较正确的决策和规划。

### 12.2.5  分析举例

（1）利用 SWOT 方法对企业的内外因素进行分析

企业内部的因素分为优势和劣势。优势和劣势是相对于其他同类竞争对手而言的，一般反映在企业的资金、技术、管理及研发等方面。判断企业内部的优势和劣势可分为绝对优势和绝对劣势。如浙江民营企业，往往企业资金雄厚，则在资金上占优势；但浙江省能源、电力紧张，"七山二水一分田"的格局造成了浙江省土地开发的成本很高，这就是企业的劣势所在。但我们判断企业内部的优势和劣势绝不能仅看单项的绝对优势和绝对劣势，而是应该看企业综合优势和劣势。为了评估企业的综合优势和劣势，应选定一些重要因素加以评价打分，然后根据其重要程度通过加权确定。企业外部环境的因素分为机会、威胁。机会是指外部环境中对企业有利的因素，如容易得到银行贷款，政府对企业的发展大力支持；企业有良好的信誉，有固定的客户和供应商等。社会企业外部的威胁是指外部环境中对企业不利的因素，如强劲的竞争对手的存在、购买者和供应者讨价还价的能力增强等。这是影响企业当前竞争地位或未来竞争地位的主要障碍。

SWOT 分析的指导思想就是在全面把握企业内部优劣势与外部环境的机会

和威胁的基础上,制定符合企业未来发展的战略,扬长避短,擅用机会化解威胁。

SWOT 分析是中小企业竞争情报分析的重要手段。企业高层管理人员根据企业的规划和目标,通过 SWOT 法分析企业的内外环境,分清企业存在的机会和威胁,评估企业内部自身条件,认清企业的优势和劣势。在此基础上,通过分步实施,实现企业战略目标。

## 12.3　定标比超

### 12.3.1　定标比超简介

定标比超由英文 Benchmarking 翻译而来,也称为基准调查、基准管理、标高超越、立杆比超等。自从 1979 年施乐公司"诞生"以来,定标比超的概念已为许多的企业所接受,并逐渐风靡全世界。在日益激烈的市场竞争环境中,越来越多的企业意识到定标比超之于企业生存和发展的重大意义———提高产品质量和生产效率、提高企业管理水平和客户的满意度,从而赢得和保持企业竞争优势。

事实上,定标比超分析已经成为竞争情报领域的重要工具,是目前使用最多的竞争情报分析方法之一。定标比超是不断发现企业内外、行业内外的最佳理念或实践,将本企业的产品、服务或其他业务活动过程与本企业的最佳部门、竞争对手或者行业内外的一流企业进行对照分析的过程,是一种评价自身企业和研究其他组织的手段,是将企业内部或者外部企业的最佳做法作为自身企业的内部发展目标,并应用于自身企业的一种做法。

而作为一种重要的竞争情报分析方法,我们又可以从这个角度对定标比超做进一步的理解:定标比超是运用情报手段,将本企业的产品、服务或其他业务活动过程与本企业的杰出部门、确定的竞争对手或者行业内外的一流企业进行对照分析,提炼出有用的情报或具体的方法,从而改进本企业的产品、服务或者管理等环节,达到取而代之、战而胜之的目的,最终赢得并保持竞争优势的一种竞争情报分析方法。

### 12.3.2　定标比超的由来

说到定标比超,我们就必须首先,提及施乐公司,实际上,视其为定标比超的"鼻祖"一点都不过分。

早在 1979 年,施乐公司最先提出了"Benchmarking"的概念,一开始只在公司内的几个部门做定标比超工作,到 1980 年扩展到整个公司范围。当时,以高技术产品复印机主宰市场的施乐公司发现,有些日本厂家以施乐公司制造成本的价格出售类似的复印设备。由于这样的大举进攻,其市场占有率几年内从 49% 锐减到 22%。为应付挑战,公司最高领导层决定制定一系列改进产品质量和提高劳动生产率的计划,其中的方法之一就是定标比超。

公司的做法是,首先,广泛调查客户公司对公司的满意度,并比较客户对产品的反应,将本公司的产品质量、售后服务等与本行业领先企业做对比。其次,公司派雇员到日本的合作伙伴———富士施乐以及其他日本公司考察,详细了解竞争对手的情况,并对竞争对手的产品做反求工程。最后,公司便要确定竞争对手是否领先,为什么领先,存在的差距怎样才能消除。对比分析的结果使公司确信从产品设计到销售、服务和雇员参与等一系列方面都需要加以改变,公司为这些环节确定了改进目标,并制定了达到这些目标的计划。

实施定标比超后的效果是明显的。通过定标比超,施乐公司使其制造成本降低了 50%,产品开发周期缩短了 25%,人均创收增加了 20%,并使公司的产品开箱合格率从 92% 上升到 99.5%,公司重新赢得了原先的市场占有率。行业内有关机构连续数年评定,就复印机 6 大类产品中,施乐公司有 4 类在可靠性和质量方面名列第一。

此后,施乐公司的定标比超对象,不光着眼于同行的竞争对手,而且扩大到非同行的竞争对象,或将其他行业的产品进行比较研究。研究项目既可以某种产品为目标,也可以管理过程中的某个环节为目标,一切以改进管理水平、提高产品质量为目的。

目前,施乐公司的最高层领导都把定标比超看作全公司的一项经常性活动,并指导其所属机构和成本中心具体实施定标比超。而施乐公司本身也因为在定标比超方面取得的引人注目的成就,于 1989 年获得了 Malcolm Baldridge 国家管理奖。该奖项设于 1987 年,近年来其评判打分越来越看重定标比超。

施乐公司深信对竞争对手的定标比超是赢得质量竞争的关键之一。现在施乐公司做战略性和战术性规划都要进行定标比超分析。

### 12.3.3  定标比超的类型

外延是概念所指的对象的总和,也就是概念的范围。分类则是概念划分的重要方法。因此,根据不同的分类原则,也可以把定标比超分成不同的类型。以下我们主要从定标比超的重点以及定标比超的对象两个方面对定标比超进行类型划分。定标比超的类型可以用图 12 - 2 来表示。

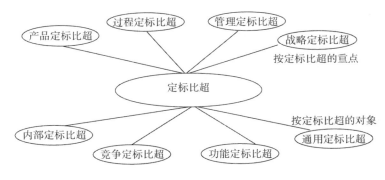

**图 12 - 2　定标比超的类型**

（1）按定标比超的重点划分

根据定标比超的重点,定标比超可以分为产品定标比超、过程定标比超、管理定标比超、战略定标比超四种。其实,这种划分也是从开展定标比超的不同层次出发的。

① 产品定标比超。这种定标比超的重点是产品,它首先确定以竞争对手或相关企业的某种产品作为基准,然后进行分解、测绘、研究,找出自己所不具备的优点。通过这种对产品的反求工程,不仅可以对原产品进行仿制或在原有的基础上加以改进,还可以估算出竞争对手的成本。与自己的产品进行比较,可以估计出不同设计方案在现在和将来的优点和不足。产品定标比超是一种采用最早、应用最广泛的定标比超。

② 过程定标比超。通过对某一过程的比较,发现领先企业赖以取得优秀绩效的关键因素,诸如在某个领域内独特的运行过程、管理方法和诀窍等,通过学习模仿、改进融合使企业在该领域赶上或超过竞争对手的定标比超。营销的定标比超、生产管理的定标比超、人力资源的定标比超、仓储与运输的定标比超等均属此类。过程定标比超比产品定标比超更深入、更复杂。

③ 管理定标比超。通过对领先企业的管理系统、管理绩效进行对比衡量,发现它们成功的关键因素,进而学习赶超它们的定标比超。这种定标比超超越了过程或职能,扩展到了整个的管理工作,比如对全公司的奖酬制度进行定标比超,它涉及如何成功地对不同层次、各个部门的员工进行奖酬的问题。

④ 战略定标比超。这种定标比超比较的是本企业与基准企业的战略意图,分析确定成功的关键战略要素以及战略管理的成功经验,为企业高层管理者正确制

定和实施战略提供服务。这种定标比超的优点在于开始就注意到要达到的"目的",而过程定标比超和管理定标比超是先比较各种"手段",然后再确定哪个能更好地达到某种目的。

以上四种定标比超各自具有不同的侧重点,能提供不同类型的情报。产品定标比超所提供的情报一般最为准确和具体,但情报的寿命也最短。战略定标比超却是另一个极端,它提供的情报属于战略性的,准确程度不是很高。

(2)按照定标比超的对象划分

按照定标比超的对象不同,定标比超又可以分为以下四种:

① 内部定标比超。它基于组织内部的绩效评估活动,其目的是找出组织内部的最佳作业典范。换句话说,定标比超的流程是从组织内部开始的。内部定标比超被广泛应用于大型多部门的企业集团或跨国公司之中。在这类企业中,下属各经营单位的运作具有较强的可比性。

② 竞争定标比超。它是指直接竞争组织之间的绩效评估和比较活动。竞争定标比超包括认定直接竞争对手的产品、服务、工作流程、管理模式、战略计划等。其目的是找出竞争对手的优势和特长,发现自己与竞争对手之间的差距并努力缩短这种差距。

③ 功能定标比超。它又称为跨行业定标比超,指不同行业,但具有相同或类似运作环节的企业间的定标比超。功能定标比超通常涉及某个功能领域的特定企业活动。虽然来自不同行业的企业在某些方面会有很大的不同,但是作为企业往往具有一些共性,如原材料的采购、库存、发放、订单处理、客户服务等。某生产企业为了提高物流管理水平,可将一家物流管理超群的邮购公司作为定标比超的对象。

④ 通用定标比超。它是指对来自不同行业、执行不同功能的业务流程进行评估和比较的过程。通用定标比超的最大好处是有望发现创新实践的潜力,并将这种在本行业迄今尚未发挥的创新潜力移植到本企业内,从而使企业绩效实现跳跃性的增长,大大提高企业的竞争力。通用定标比超的重点在于认定最佳工作流程,而不是某个特定组织或特定行业的最佳运作典范。

### 12.3.4　定标比超的方法和步骤

选择正确的方法是定标比超能否成功的关键因素。关于定标比超的方法,很多组织都有自己的成功经验,如施乐、国际定标比超交流中心、柯达、AT&T、美国快递、IBM 等。施乐的定标比超分为 10 个步骤,而 AT&T 的定标比超有 12 个步骤,IBM 则是 16 个步骤。

事实上,尽管不同的公司在实施定标比超时,所采用的步骤不同,但是他们的关键步骤是一样的,基本思路也是一样的,只是对步骤的划分以及所用的描述语言有所不同而已。大多数的方法都是建立在施乐的方法之上的,而施乐的方法则被认为是进行定标比超工作的有效而通用的方法。国际定标比超交流中心的定标比超方法也不错,因为它执行过程清晰,目标明确,合乎逻辑而且很完整。

本书就详细叙述施乐的方法,其他方法可自行查阅。

**施乐公司的定标比超方法**

施乐公司一直把定标比超作为产品改进、企业发展、赢得竞争对手、保持竞争优势的重要工具。公司的最高层领导把定标比超看为公司的一项经常性活动,并指导其所属所有机构和成本中心具体实施定标比超。现在施乐公司做战略性和战术性规划都要进行定标比超分析。而施乐公司本身也在长期的定标比超实践中探索出了很多经验,它的"5 阶段、10 步骤"定标比超方法被其他公司认可和使用,如图 12 - 3 所示。

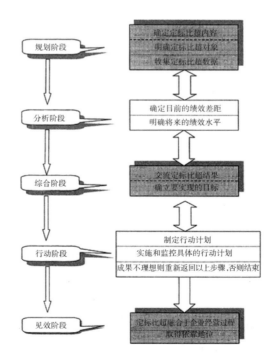

图 12 - 3 施乐公司定标比超方法

（1）规划阶段

① 确定定标比超的内容。此系定标比超的第一步。施乐实施的第一个定标比超的内容是关于复印机制造的。施乐震惊地发现,其日本的竞争对手竟然以其成本的价格出售高质量的复印机,因此,针对这个问题公司开展了定标比超研究,并取得了很好的成果。

② 确定定标比超的对象。施乐首先研究它的一个日本子公司———富士施乐,然后是佳能等公司,以确定它的日本对手的相关成本是否和他们的价格一样低。

③ 搜集定标比超的数据。研究证实,美国的价格确实比日本的价格要高。日本的成本成了施乐的目标。来自公司主要领域的管理人员纷纷前往施乐的日本子公司考察他们的活动。然后,施乐开始搜集各种信息。

（2）分析阶段

① 确定目前的绩效差距。之所以日本对手的复印机能够以施乐公司的成本价销售,它们之间在执行上必然存在着差距。将搜集到的信息用来发现差距。

② 确定将来的绩效水平。根据差距分析,计划未来的执行水平,并确定这些目标应该如何获得及保持。

（3）综合阶段

① 交流定标比超的成果。所有的施乐员工都在质量培训中至少获得过 28 小时的培训,而且有很多员工则进行了高级质量技术的培训。在近四年中,施乐在其培训项目中投资了 400 000 000 人/小时,投入了 12500 万美元。一旦一个新的定标比超项目确定,它都将被公司的员工进行讨论,这样使得其他人可以在其日常操作中使用。

② 确立要实现的目标。施乐公司发现,购得的原料占其制造成本的 70%,细微的下降都可以带来大量的利益。公司将其供应商基数从 20 世纪 80 年代初的 5000 多个削减到目前的 420 个。不合格零件的比率从 1980 年的 10‰下降到目前 0.225‰,6/7 的质量检查人员重新安排了工作,95% 的供应零件根本不需要检查。零件的领先时间从 1980 年的 39 个星期下降到去年的 8 个星期。购买零件的成本下降了 45%。这些目标并不是必须同时确立,但是随着定标比超过程的进行,它们都顺利实现了。

（4）行动阶段

① 形成行动计划。必须制定具体的行动计划。施乐公司制定了一系列的计划,使得领先时间减少了,复印机的质量提高了。

② 实施和监控行动计划。定标比超必须是一个调整的过程,必须制定特定的行动计划以及进行结果监控以保证达到预定目标。

③ 重新定标比超。如果定标比超没有取得理想的效果,就应该重新检查以上步骤,找出具体的原因,再重新进行定标比超工作。

(5)见效阶段

在对日本行业进行了定标比超之后,施乐并没有停止不前。它开始了对其他竞争对手、一流企业的定标比超。1996 年,施乐公司是世界上唯一一个获得所有的三个重要奖励的公司:日本 Deming 奖、美国 Malcolm Baldrige 国家质量奖以及欧洲质量奖。显然,采用了定标比超使施乐公司受益匪浅。

### 12.3.5 定标比超方法的评价

我们所处的时代是全球经济迅猛发展的时代,各种新知识、新技术的涌现日新月异、一日千里。优胜劣汰、适者生存的市场竞争愈演愈烈,情报对企业的前途和命运越来越起着举足轻重的作用。各类企业无一例外地被推向了市场,企业的生存和发展全凭自身的战略决策、产品质量、管理水平、成本价格、营销手段是否优于竞争对手。这就迫使企业必须关注周围的竞争环境,全面掌握市场和竞争对手的各种情报。努力发现自身的不足和缺点,不断地向竞争对手或者行业内外的一流企业学习,以摆脱自己的弱势、迎头赶上。从而确保自己在市场竞争中的有利地位,争取赢得并保持自己的竞争优势。而定标比超正是这样一种帮助企业驰骋商场的重要且有效的竞争情报分析方法。

(1)定标比超分析方法的优势

调查显示,定标比超是最受欢迎的五大商业工具之一,它为其实施者带来了极大的收益。这些优势主要体现在以下几个方面:

① 适用面广。在企业层面上,定标比超是公司企业参与市场竞争的常规工具之一,它可以帮助企业分析自身的弱点,了解竞争对手的情况以及行业内外的先进经验,并最终帮助企业改进自身弱势,赢得竞争。同时,定标比超也同样适合于一些非营利目的的组织,如政府部门或者学校等教育单位。事实上,目前很多政府部门、医疗机构和教育单位也正在开展定标比超活动,从而发现自己与他人的差距,并努力克服,最终为广大纳税人、消费者提供更加完善的服务。另外,定标比超也可以作为个人奋进的工具。它主要在"个人竞争情报"的意义上,帮助个人获取竞争对手或者杰出人物的经验和教训,学习他们的特长,从而为个人的发展提供支持。

② 针对性强。开展定标比超的首要前提之一是确定定标比超的内容。应该选取最需要改进并且最能出效果的环节进行。一项定标比超通常针对企业的某个薄弱环节,如产品质量、管理效率、战略制定等,甚至具体到更加细致的环节,比如产品包装、订单处理等具体的操作。因此,定标比超分析的内容是具体的,极具针对性的。也正是因为这种极强的针对性,使得定标比超往往可以取得良好的改进效果。

③ 作用多样。不断地根据具体问题开展各种类型的定标比超可以帮助组织了解自身情况,并对此有一个清晰的定位,也可以帮助组织在掌握竞争对手情况的基础上,明确自身与竞争对手的差距,从而确定自己的改进目标并迎头赶上。跨行业的技术性定标比超有助于技术的跨行业渗透。一流企业的定标比超可以将从任何行业中最佳企业那里得到的情报用于改进本企业的内部经营,获得突破性改进。

（2）定标比超分析方法的不足

任何事物都不可能尽善尽美。定标比超作为一种有效的竞争情报分析方法,也有其两面性:一方面,它以自己的独特方法和功能赢得了众多使用者,另一方面,它又存在无法与其他竞争情报分析方法匹敌的不足。

① 片面性。在开展定标比超分析之前,十分强调选择正确的定标比超内容,即确定要“比”的是什么。而在选择的时候,由于受到人力、物力、财力和各种其他因素的影响,只能有重点地选择最迫切需要改变,也是最有改善的可能性的内容,这就决定了定标比超的内容不可能涉及一个组织的所有方面。因此,从某种程度上来说,它就不可能像 SWOT 分析方法那样对企业进行整体分析和展望。

② 静态性。定标比超的过程就是了解自身情况,确定定标比超对象,然后收集数据,寻找差距并制定改进方案进行实施的过程。因此,定标比超分析是一个静态分析的过程,一旦确定了定标比超对象和收集数据的来源和方法,就将这些作为分析的基础。而事实上,在这样一个市场风云变幻的背景中,定标比超对象本身也是不断运动变化发展的。也许某一定标比超项目在收集其定标比超对象的某些数据,学习他们的方法的同时,已经采取了更加先进、更加合理的其他方法或者手段。

③ 局部性。定标比超的对象是根据具体的定标比超内容确定的,有的时候是企业内部的某个部门,有的时候是具有最直接利害关系的竞争对手,有的时候是行业外部的没有竞争关系的一流企业。因此,虽然通过定标比超,可以针对具体的问题进行细致的分析、详尽地对比并最终实现赶超,但是,它就无法像竞争对手

跟踪分析那样,时刻把关注的焦点放在竞争对手上,从而对竞争对手有一个动态、全面的了解和把握。因此,企业或组织在采用定标比超分析方法的同时,应该辅以其他的诸如 SWOT 分析、竞争对手跟踪分析、价值链分析等竞争情报分析方法,不断地从这些方法中吸收有价值的情报,来指导定标比超分析的过程。当然,定标比超分析过程中发现的有用的情报、可行的结果,也应该反过来为其他竞争情报分析方法所利用。将各种竞争情报分析方法有机地结合起来,尽量各取其长,规避缺陷和不足,并互相借鉴经验和成果,只有这样,才可能更好地开展企业的竞争情报工作。

## 12.4　价值链分析法

### 12.4.1　价值链分析法的提出

价值链分析法(VCA,Value Chain Analysis)——公司之间关系的协调机制。

为了提升企业战略,美国战略管理学家 Porter(1985 年)第一次提出价值链分析的方法。价值链是一种高层次的物流模式,由原材料作为投入资产开始,直至原料通过不同过程售给顾客为止,其中做出的所有价值增值活动都可作为价值链的组成部分。价值链的范畴从核心企业内部向前延伸到了供应商,向后延伸到了分销商、服务商和客户。这也形成了价值链中的作业之间、公司内部各部门之间、公司和客户以及公司和供应商之间的各种关联,使价值链中作业之间、核心企业内部部门之间、核心企业与节点企业之间以及节点企业之间存在着相互依赖关系,进而影响价值链的业绩。因此,协调、管理和控制价值链中节点企业之间的相互依赖关系,提高价值链中各节点企业的作业效率和绩效非常重要。

Porter 还认为,价值链中作业之间的依赖程度越高(即它们的联系越强),就越需要协调和管理价值链中节点企业之间的关系。协调价值链中各节点企业之间的关系,就是要在各方相互信任的基础上,利用共享的有关信息,对整个价值链中相互依赖的作业进行定位、协调和优化,把生产资源的分工协作和物流过程组织成为总成本最低、效率最高的供应链,使处在价值链上的各节点企业具有共同的价值取向,取得最大的价值增值,从而实现"多赢"的目的。

### 12. 4. 2 价值链分析的基本原理

公司的完整价值链是一个跨越公司边界的供应链中各节点企业所有相关作业的一系列组合。完整价值链分析就是,核心企业将其自身的作业成本和成本动因信息与供应链中节点企业的作业成本和成本动因信息联系起来,共同进行价值链分析。具体来说,完整价值链分析的步骤如下:

(1)把整个价值链分解为与战略相关的作业、成本、收入和资产,并把它们分配到"有价值的作业"中。

(2)确定引起价值变动的各项作业,并根据这些作业,分析形成作业成本及其差异的原因。

(3)分析整个价值链中各节点企业之间的关系,确定核心企业与顾客和供应商之间作业的相关性。

(4)利用分析结果,重新组合或改进价值链,以更好地控制成本动因,产生可持续的竞争优势,使价值链中各节点企业在激烈的市场竞争中获得优势。

Porter 认为,分析作业成本和成本动因的会计信息,可以优化、协调整个供应链的作业绩效。事实上,价值链中的节点企业一旦参与核心企业的完整价值链分析项目,便与核心企业及其伙伴公司一起形成战略联盟,共享与价值链有关的作业成本和业绩信息。与单个公司从外部角度对这些企业的作业和成本进行假设而进行分析相比,合作的精确性要高,范围更广。另外,参与完整价值链分析的节点企业具有共同的价值取向,在实现信息共享以后,核心企业不仅能够增加伙伴企业之间的相互信任,提高购货方的收货效率,减少存货滞留,降低供应链成本,还可以提高价值链各节点企业中相同类型的作业的效率,从而有效地协调和管理价值链上节点企业之间的关系,最终提高公司整个价值链的运营效率,并在未来吸引价值链中更多的企业加入合作联盟,使核心企业在更大范围内进行完整价值链分析,在更大程度上提高价值链中所有企业的绩效。

公司完整价值链分析对核心企业和节点企业之间关系的影响可以从以下方面表现出来:

(1)核心企业与节点企业之间的广泛联系。如核心企业对联盟供应商个体提供价值链中其他联盟企业的有关数据,与供应商就其成本结果与网络平均数的差异进行分析,并对供应商可能的作业过程及其改善,以及改善后的预期结果进行讨论,会增加供应商对相互之间意图、需要和过程的了解,加强价值链中各企业之间的相互影响和凝聚力。

（2）价值链中联盟企业间成本信息的客观透明。当供应链运营成本的变化结果变得透明时,联盟企业就可以自己判断实现价值链增值的可能性,以及因提高利润而得到的正常利润分成,有利于核心企业和节点企业之间,以及节点企业相互间进行广泛联系、协商和决策,也有利于保证价值链中联盟企业的诚信。

### 12.4.3　利用价值链分析法开展竞争情报研究的一般步骤

（1）识别企业价值活动及其相互联系

根据迈克尔·波特的价值链结构模型（如图12-4所示）,企业的经营活动可分为基本活动和辅助活动两大类。

**图12-4　迈克尔·波特的价值链结构模型**

基本活动是在物质形态上制造产品、销售和发送至客户手中,以及在售后服务中所包含的各种活动,它直接创造价值并将价值传递给客户。包括:① 内部后勤。指与接收、存储、分配及原材料相关联的各种活动。② 生产经营。将各种投入转化为最终产品的各种活动。③ 外部后勤。将产品发送给购买者的相关联的各种活动。④ 市场营销。吸引客户购买其产品或服务并为其提供方便的各种活动。⑤ 服务。向客户提供的提高或维持产品价值的活动。

辅助活动是为基本活动提供条件,提高基本活动绩效水平并相互支持的活动,它不直接创造价值。包括:① 采购。购买企业价值链所需的各种投入的活动。② 技术开发。由致力于改进产品或改进工艺的一系列活动组成,目的是提高产品价值及生产效率。③ 人力资源管理。与员工招聘、培训、考核以及工资福利待遇有关的活动。④ 基础设施。指一般管理、计划、财务、法律事务、质量管理、公共事务等活动,支援整个价值链。

虽然企业的价值活动有基本和辅助之分,但它们并不是相互独立的,而是相互影响、相互联系的有机统一体。同时,它们之间的联系也体现和决定了来自各环节的竞争情报之间的联系。产品的半成品或成品在各环节的流动过程,不仅牵涉到物质形式流动,还引起信息的流动和生成,竞争情报研究就是从信息流中提取与企业有关的各种情报。而价值链则为竞争情报研究的开展提供了一个清晰的脉络。在识别各价值活动时,应对各活动之间的相互联系进行分析,考察每种活动对其他活动的影响,对本活动产生影响的活动有哪些,会产生什么样的影响。

价值活动的识别是以这些活动在企业创造价值过程中的作用为依据进行的。企业本身的职能部门、子公司、科室等对价值活动的识别没有太大帮助,也不应受到它们的影响,否则会使分析结果产生偏差。此外,当价值活动可同时归入若干类时,要根据这一活动在创造价值和竞争优势中的作用进行归类。此步完成后,企业的基本价值链就被构建出来了。

（2）确定战略环节

企业作为一个整体,其竞争优势可能来源于采购、设计、生产、人力资源管理、营销、服务等活动过程,也可能来自于价值链活动中某两个或几个活动之间的联系,或者某个活动的细分活动。但在企业的众多价值活动中,并不是每一个环节都会使产品价值增值而具有竞争优势。只有某些特定的活动或活动之间的联系是创造企业价值的关键环节,具有竞争优势,是企业的战略环节。

企业在市场竞争中的优势,特别是能够保持长期优势的,主要是因为企业在战略环节上的优势。对于战略环节的确定,需要估算每一项活动创造的价值及成本增量,求得每一环节的附加价值,进而确定企业价值链上的战略环节。企业开展的竞争情报活动,在对整条价值链的各环节及其联系进行监测的基础上,应该对战略环节进行特别"照顾"。根据 80/20 原则,对企业竞争策略有重要意义的情报大部分集中在战略环节上,因此,也应该将为开展竞争情报研究配置的大部分资源放在战略环节上,搜集相关情报,分析优势来源,为制定决策提供依据。

（3）明确竞争情报研究的一般环节和重点环节

由于人、财、物的限制,竞争情报研究不可能对整条企业价值链各个活动环节都进行细致深入的情报研究,而应该针对企业价值链上的一般活动环节和联系以及战略环节,也就是竞争情报研究的一般环节和重点环节分别进行一般分析和重点分析。不论是一般环节还是重点环节,都应定期进行情报的系统搜集整理并录入企业的数据库,以供企业员工查询利用和情报人员进行分析。对于竞争情报的记录分析结果,还可以用来编制新闻月报、竞争对手背景、形势分析以及专门情报总结,以利于有关部门的查询参考和企业决策的制定。

对于一般环节可编制新闻月报、活动背景、形势分析,而战略环节则应编制形势分析和专门情报总结。新闻月报包括该环节的活动动态（如改组、引进新技术或新工艺等)、流程情况、人员分配调动等情况;活动背景包括该环节所有方面的信息,从活动的边界和与其他环节的联系,到活动中的人、财、物、技术、管理情况等;形势分析包括该活动的战略问题、支持性信息、优势劣势,提出建设性意见;特别情况简报要找出该环节的问题,并对关键问题做出支持性分析,提出行动方向建议。

企业战略的实施使得企业的价值链具有动态性,在不同的时期,价值链会得到不同程度、不同形式的调整,从而企业的战略环节也会发生迁移。曾经是一般环节的可能成为战略环节,而曾经的战略环节也会转化为一般环节。竞争情报研究也应根据企业战略的实施情况调整工作重点,改变工作方式。

(4)系统开展整条价值链上的竞争情报研究

上述工作完成后,就可以对整条价值链开展竞争情报研究。基于价值链的竞争情报研究可以条理清晰地搜集和整理各活动环节上的信息,将信息按照其逻辑流程的因果关系存储,使人们很容易看到它们的来龙去脉,及时发现企业内外部环境的变化及其渊源,为企业及时制定相应策略提供情报支持。

随着企业战略的实施和内外部环境的变化,企业的经营活动也会有所变化,价值链也会随着发生某些改变。因此,应适时动态地对价值链进行调整,重新识别价值活动及相互联系,这也就回到了第一个步骤,并继续后续步骤。因此,基于价值链分析法的竞争情报研究是一个循环过程,如图 12 - 5 所示。

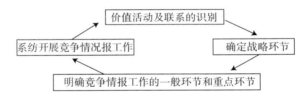

**图 12 - 5　基于价值链分析法的竞争情报研究**

在整个循环过程中,竞争情报部门积累了大量的情报信息,具有很重要的指引借鉴作用。竞争情报是识别价值活动和联系的依据,是确定战略环节的证据,是开展下一阶段竞争情报研究的基础,在整个价值链上开展的系统工作不断地积累着情报。

## 12.5 波士顿矩阵

### 12.5.1 波士顿矩阵简介

波士顿矩阵是一种规划企业产品组合的方法,它由美国著名的管理学家、波士顿咨询公司创始人布鲁斯·亨德森于1970年首创。该矩阵又称市场增长率 – 相对市场份额矩阵、四象限分析法、产品系列结构管理法等,因其评估的有效性逐渐被引入情报分析领域,扩大了评估对象的范围。波士顿矩阵可以帮助企业使其产品品种及其结构适合市场需求的变化,以指导企业的生产,使其利润最大化。波士顿矩阵法模型如图12 –6所示。

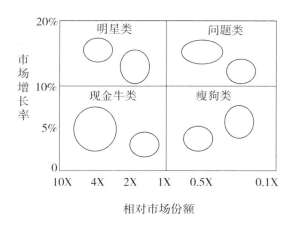

**图12 –6 波士顿矩阵法模型**

在图中,横坐标相对市场份额表示该业务相对于最大竞争对手的市场份额,可以此来衡量企业在相关市场上的实力,用数字0.1至10表示,并以相对市场份额1.0为分界线,其中0.1表示该企业销售量是其最大竞争对手销售量的10%,10表示该企业销售量是最大竞争对手销售量的10倍。纵坐标市场成长率表示该业务的销售量或销售额的年增长率,用0%～20%表示,并认为市场成长率超过10%就是高速增长。横纵坐标的数字范围可以根据实际情况修改。

图中8个圆圈分别代表该公司的8个业务部门,它们的位置表示该业务的市场成长和相对市场份额的高低,它们的面积大小表示各业务的销售额大小。

　　在波士顿矩阵中,一个公司的业务被分成明星、问题、现金牛和瘦狗4种类型,其目的在于通过产品所处不同类型的划分,使企业采取适当的决策,以保证其不断地淘汰无发展前景的产品,实现产品及资源分配结构的良性循环。

　　问题业务是指高市场成长率、低相对市场份额的业务。这通常是一个公司开展的新业务,为了发展问题型业务,公司需要建立新的工厂,增加相关设备与人员,以便满足市场发展的需要,形成竞争力,这就意味着公司需要大量的资金投入。这种类型的业务是公司面临的"问题",公司要慎重回答"是否要投资发展该业务"的问题。在问题业务中,只有企业具有资源优势、符合公司长远发展目标、能够增加公司核心竞争力的业务才能受到公司的青睐,得到肯定的回答。

　　明星业务是指高市场成长率、高相对市场份额的业务。明星业务是由问题业务继续投资发展而来,可以看作高速成长市场中的领导者,如果可以继续发展下去,将有望发展成为公司未来的现金牛业务。但是这并不意味着明星业务一定可以为公司创造高收益,因为市场始终在高速增长,公司必须继续投资,保持与市场同步增长,以在与其他公司的竞争中击败对手。明星业务是公司未来发展的希望,但如果明星业务过多也会干扰公司决策层的判断,可能导致错误的决策。因此,对于公司高层管理者来说,必须具备识别明星业务的能力,要将公司有限的资源投入到能够发展成为现金牛的明星业务上。

　　现金牛业务指低市场成长率、高相对市场份额的业务。这种业务是成熟市场中的领导者,也是企业现金的来源。由于市场已经成熟,企业不必大量投资来扩大市场规模,同时作为市场中的领导者,现金牛业务具有规模经济和高边际利润的优势,因而给企业带来了大量的财源。企业往往用现金牛业务来支付账款,并支持其他三种需要大量现金的业务。如果一个公司的现金牛业务过少,就意味着该公司的财务状况比较脆弱。如果市场环境发生变化,导致仅有的现金牛业务的市场份额下降,公司就不得不从其他业务单位中抽回现金以维持现金牛的领导地位,否则现金牛业务就有可能变弱,甚至成为瘦狗业务。

　　瘦狗业务是指低市场成长率、低相对市场份额的业务。一般情况下,瘦狗业务常常是微利甚至是亏损的。瘦狗业务的存在很多时候是由于感情因素,虽然是微利甚至亏损经营,但像公司养了多年的狗一样让人不忍放弃。但是实际上,瘦狗业务通常要占用很多资源,如资金、管理时间等,多数时候是得不偿失的。如果公司的瘦狗业务过多,就会大大加重公司的负担。

　　明确各项业务在公司中的不同地位后,就需要根据业务的地位来制定合适的战略目标。通常有以下四种战略目标分别适用于不同的业务:

发展:继续大量投资以扩大业务单位的市场份额,主要针对具有发展前途的问题业务和明星业务中的恒星业务。

维持:维持投资现状,保持业务单位现有的市场份额,主要针对强大稳定的现金牛业务。

收获:实质上是对业务进行榨取,为了在短期内尽可能地得到最大限度的现金收入,主要针对没有发展前途的问题业务、处境不佳的现金牛业务和瘦狗业务。

放弃:目的在于出售和清理某些业务,将资源转移到更有利的领域,这种目标适用于无利可图的瘦狗业务和问题业务。

### 12.5.2　波士顿矩阵的特点

利用波士顿矩阵可以对企业的业务进行组合分析,主要用于分析企业的业务类型,并据此制定企业业务的发展战略。波士顿矩阵用于竞争情报分析时具有以下四个特点:

(1)合理分配企业资源。波士顿矩阵按照市场增长率和相对市场份额的高低来划分企业的业务类型,并根据不同的业务类型,制定不同的业务发展战略,从而集中企业资源,提高企业在优势业务上的竞争力。波士顿矩阵能让企业的管理人员从战略角度来分析企业各类业务以及它们之间的关系。对于企业不同的业务类型,根据其内外优势与劣势的不同,来决定是否继续投入更多的资源,以实现将企业有限的资源进行合理地分配,将它们尽可能地投入到能为企业带来最大收益的业务上,并及时放弃无利可图的业务。

(2)忽略各类产品之间的联系。波士顿矩阵将企业的所有业务分为四类,并将这四类业务单独看待,但实际上,企业各类业务之间是存在紧密联系的。比如,企业对瘦狗业务通常采取放弃的战略,但有时瘦狗业务也可能与其他业务存在联系,这时如果放弃瘦狗业务,就可能影响其他业务的发展。

(3)各类产品难以准确划分。波士顿矩阵按照相对市场份额和市场增长率将企业的业务划分为四类,但在实际操作中,很难准确地计算各个产品的相对市场份额和市场增长率。由于市场是动态变化的,产品的相对市场份额和市场增长率也会随之不断变化,所以也就没办法对企业的各类产品做出准确的划分。因此,在企业实践中,应该不断对企业各类业务进行分析,确定各个业务在当前时间所处的类型划分,从而对其采取相应的发展战略。

(4)波士顿矩阵不适合小企业。矩阵更加适合大企业,不太适合小企业。小企业由于自身实力的原因,长远来看往往只有问题业务和瘦狗业务,而没有明星业务和现金牛业务。但是这也并不意味着小企业完全没有利润可图。小企业可以找到业务特定的细分市场,而大企业一般不会对这种小市场产生兴趣。因此,在这个竞争压力较小的环境下,小企业可以比较容易获益。此外,虽然从整体上看小企业的业务是问题业务和瘦狗业务,但对其自身来说,这些业务可能就是明星业务或现金牛业务。所以,许多小企业也可以在竞争中获得较大的利润。

# 12.6　竞争情报分析实例

竞争情报活动自古以来就与市场竞争息息相关,企业要想在激烈的市场竞争中求得生存并发展,必须加强对企业竞争规律和竞争机制的研究,重视企业竞争情报的开发和利用。广泛拓展情报源,搜集完整的情报并加以分析,实时地提供给决策者制定竞争战略并付诸实施是企业把握商机、逐鹿市场、获取成功的前提条件。

下面将运用竞争情报分析法中的 SWOT 分析法对京东商城进行实例分析。

## 12.6.1　京东商城简介

在分析之前,首先要对京东商城本身有一个全面的认识和了解,从实践的角度加深对企业竞争情报的认识。

京东公司于 1988 年由刘强东在北京中关村创建,2004 年初,京东商城网站正式上线。随着互联网技术与电子商务的发展,到目前为止,京东商城已经成为中国 B2C 市场最大的 3C 网购专业平台,是消费者选购 3C 产品的重要途径,也是中国电子商务领域最受消费者欢迎和最有影响力的电子商务网站之一。2010 年,京东商城成为中国首家规模超过百亿的网络零售企业。高速发展的京东商城获得了"中国企业未来之星"等殊荣,这既是对其业绩的肯定,也是对其未来前景的认可。

## 12.6.2　京东商城竞争情报分析

(1)优势(Strength)分析

通过分析可以发现京东商城具有以下优势:

① 客户群定位明确。京东商城的客户定位在公司白领、公务人员、在校大学生及其他具有稳定收入,但缺少空闲时间上街购物的消费人群,客户群体固定。

② 市场定位清晰。京东商城利用成本领先和差异化战略提高自身的竞争力,不断丰富自身产品,满足客户需求。

③ 战略目标合理。京东目标成为中国最大、全球五强的电子商务公司,成为中国最大的电器网上购物商城。

④ 资金保障充足。京东商城的飞速发展和广阔的发展前景让它赢得了国际著名风险投资基金的青睐。

⑤ 物流体系完善。京东商城在华北、华东、华南、西南建立了四大物流中心,2009 年又成立了自己的物流公司,物流配送速度和服务质量全面提升。

⑥ 技术研发能力强。京东商城拥有自己的研发团队,技术产品实现了自行开发。

(2)劣势(Weakness)分析

劣势是指对企业发展不利的因素,企业缺少或者做得不好的方面,会使企业处于劣势地位。

① 起步相对较晚。目前京东商城的主要竞争对手易趣网成立于 1995 年,当当网成立于 1999 年,卓越网成立于 2000 年,淘宝网成立于 2003 年,均早于京东商城成立的 2004 年。京东商城成立时,这些电子商务网站已经初具规模,有了一定的人气和声誉,给京东商城的发展造成了压力。

② 顾客投诉频繁。京东商城在发展的过程中也出现了一系列诸如欺骗消费者、服务质量差、售后服务不及时等问题,影响了京东商城的声誉。

③ 销售额巨大但利润低。京东商城以低价立足于市场,但其过低的利润也让人怀疑京东商城的发展前景。

④ 配送压力大。京东商城的产品种类大约为 80 万种,产品种类齐全,销售量大,给京东物流带来了巨大压力,而配送环节直接影响用户体验与满意度。

(3)机会(Opportunity)分析

通过分析可以发现,京东商城主要具有以下机会:

① 京东商城的业务不断扩展。京东商城提供的商品种类越来越齐全,除了家电等电子产品外,京东商城也销售食品、服装、图书等其他种类的商品。商品种类的扩充,让京东商城的用户量不断增加。

② 企业宣传初见成效,企业价值深入人心。京东商城凭借其低价格、高品质的商品,已经在电商领域具有了自己的地位。通过在电视、网络等媒体上的宣传,京东商城扩大了其在新老客户中的影响力,"效率、价格和品质"这一口号深入人心。

③ 供应链环节不断改善。京东商城的快速发展得益于它自身良好的物流体系,京东商城建立了集商务办公、商品存储、订单处理、配送功能于一体的电子商务运营中心,这大大促进了京东商城供应链环节的发展。

(4)威胁(Threat)分析

分析京东商城可以发现,其具有的威胁因素主要包括以下几点:

① 电子商务行业竞争激烈。我国电子商务领域具有代表性的企业有淘宝网、当当网、拍拍网等。这些电子商务网站的起步较早,且其背后具有更大企业的支撑。这些企业对京东商城来说具有一定的威胁。

② 潜在竞争升级。近几年来,随着传统家电巨头苏宁、国美进军电子商务领域,京东商城独占电子商务电子产品领域的情况将会改变。在电子商务电子产品领域,京东商城已不再是一家独尊。

### 12.6.3 构建京东商城 SWOT 矩阵

通过分析,我们大致可以了解京东商城目前具有的优势(S)、劣势(W)、机会(O)、和威胁(T),构建京东商城 SWOT 矩阵,如表 12 - 1 所示。

表 12 - 1　京东商城 SWOT 矩阵

| | 优势因素(Strength)<br>1. 客户群定位明确<br>2. 市场定位清晰<br>3. 战略目标合理<br>4. 资金保障充足<br>5. 物流体系完善<br>6. 技术研发能力强 | 劣势因素(Weakness)<br>1. 起步相对较晚。<br>2. 顾客投诉频繁<br>3. 销售额巨大但利润低<br>4. 配送压力大 |
|---|---|---|
| 内部环境因素<br><br>外部环境因素 | | |
| 机会因素(Opportunity)<br>1. 京东商城的业务不断扩展<br>2. 企业宣传初见成效,企业价值深入人心<br>3. 供应链环节不断改善 | SO 对策:<br>1. 利用强大的客户群,建立属于京东的社交网络,加强与用户之间的交流,提升用户体验<br>2. 关注市场动向,不断扩大新兴产品的种类,吸引更多新老客户<br>3. 加强新技术研发,官网设计更友好和人性化,给用户更好的视觉体验 | WO 对策:<br>1. 完善物流体系,减轻物流压力<br>2. 不断扩充供货源,保障商品质量,减少投诉<br>3. 利用网络计量方法分析竞争对手的网站,找出差别,减小差距,加速发展 |

| 威胁因素(Threat)<br>1. 电子商务行业竞争激烈<br>2. 潜在竞争升级 | ST 对策:<br>1. 考虑与竞争对手合作,避免与对手正面冲突<br>2. 提供更个性化的服务<br>3. 提升品牌潜力,吸引更多投资 | WT 对策:<br>1. 除电子商品外,业务少涉及或不涉及竞争对手强劲且发展成熟的陌生领域<br>2. 放弃物流难以到达的偏僻地区,减少物流压力 |
|---|---|---|

　　根据此矩阵我们便可以清楚地分析出京东商城所面临的问题与建议其采取的应对策略。

### 参考文献

　　[1]P. Jan. Key intelligence topics:A process to identify and define intelligence needs[J]. Competitive Intelligence Review,1999,10(2):4-14.

　　[2]Jerry P. Miller. Millennium Intelligence:Understanding and Conducting Competitive Intelligence in the Digital Age[M]. New York:Information Today,Inc. ,2000:69-97.

　　[3]缪其浩. 市场竞争与竞争情报[M]. 北京:军事医学科学出版社,1996:44.

　　[4]包昌火,谢新洲. 企业竞争情报系统[M]. 北京:华夏出版社,2002:2.

　　[5]白茹莉,沈雪龙,扬莉卿.SWOT 分析方法在企业情报战略中的应用[J]. 农业图书情报学刊,2006,(5):85-87.

# 第13章

# 大数据分析法

## 13.1　大数据技术简介

### 13.1.1　大数据

说起大数据,我们脑子里也许会浮现出一系列的二进制数字流,或者奇奇怪怪的字符串,或是一堆稀疏的散点因为某些联系而被编织成一片网络。总之,印象中的"大数据"应该是一个很庞大的信息集合,当然这个"大"也只是一个相对的概念。如果需要给大数据下一个定义的话,这里引用 Gartner Group 公司的结论:"大数据"是需要新处理模式才能具有更强的决策力、洞察发现力和流程优化能力来适应海量、高增长率和多样化的信息资产。"大数据"也并非什么新词,早在 20 世纪 90 年代,被誉为数据仓库之父的 Bill Inmon 就经常将 Big Data 挂在嘴边了。

现在的社会是一个高速发展的社会,科技发达,信息流通,人们之间的交流越来越密切,生活也越来越方便,大数据就是这个高科技时代的产物。阿里巴巴创办人马云赴台演讲中就提到,未来的时代将不是 IT 时代,而是 DT 的时代,DT 就是 Data Technology 数据科技,显示大数据对于阿里巴巴集团来说举足轻重。

有人把数据比喻为蕴藏能量的煤矿。煤炭按照性质有焦煤、无烟煤、肥煤、贫煤等分类,而露天煤矿、深山煤矿的挖掘成本又不一样。与此类似,大数据并不在"大",而在于"有用"。价值含量、挖掘成本比数量更为重要。对于很多行业而言,如何利用这些大规模数据是赢得竞争的关键。

大数据的价值体现在以下几个方面:① 对大量消费者提供产品或服务的企业可以利用大数据进行精准营销;② 做小而美模式的中长尾企业可以利用大数据做服务转型;③ 面临互联网压力之下必须转型的传统企业需要与时俱进充分利用大

数据的价值。

不过,"大数据"在经济发展中的巨大意义并不代表其能取代一切对于社会问题的理性思考,科学发展的逻辑不能被湮没在海量数据中。著名经济学家路德维希·冯·米塞斯曾提醒过:"就今日而言,有很多人忙碌于资料之无益累积,以致对问题之说明与解决,丧失了其对特殊的经济意义的了解。"这确实是需要警惕的。

在这个快速发展的智能硬件时代,困扰应用开发者的一个重要问题就是如何在功率、覆盖范围、传输速率和成本之间找到那个微妙的平衡点。企业组织利用相关数据和分析可以帮助它们降低成本、提高效率、开发新产品、做出更明智的业务决策等等。例如,通过结合大数据和高性能的分析,下面这些对企业有益的情况都可能会发生:

(1)及时解析故障、问题和缺陷的根源,每年可能为企业节省数十亿美元。

(2)为成千上万的快递车辆规划实时交通路线,躲避拥堵。

(3)分析所有SKU,以利润最大化为目标来定价和清理库存。

(4)根据客户的购买习惯,为其推送他可能感兴趣的优惠信息。

(5)从大量客户中快速识别出金牌客户。

(6)使用点击流分析和数据挖掘来规避欺诈行为。

大数据概念应用到IT操作工具产生的数据中,大数据可以使IT管理软件供应商解决大且广泛的业务决策。IT系统、应用和技术基础设施每分每秒都在产生数据。大数据非结构化或者结构数据都代表了所有用户的行为、服务级别、安全、风险、欺诈行为等更多操作的绝对记录。

大数据分析的产生旨在IT管理,企业可以将实时数据流分析和历史相关数据相结合,然后大数据分析并发现它们所需的模型。反过来,帮助预测和预防未来运行中断和性能问题。进一步来讲,他们可以利用大数据了解使用模型以及地理趋势,进而加深大数据对重要用户的洞察力。他们也可以追踪和记录网络行为大数据,轻松地识别业务影响,随着对服务利用的深刻理解加快利润增长,同时跨多系统收集数据发展IT服务目录。

大数据分析的想法,尤其在IT操作方面,大数据对于我们发明并没有什么作用,但是我们一直在其中。Gartner已经关注这个话题很多年了,基本上他们已经强调,如果IT正在引进新鲜灵感,他们将会扔掉大数据老式方法开发一个新的IT操作分析平台。

### 13.1.2 大数据技术

Big Data作为一个专有名词成为热点,主要应归功于近年来互联网、云计算、移动和物联网的迅猛发展。无所不在的移动设备、RFID、无线传感器每分每秒都在产生数据,数以亿计的用户的互联网服务时时刻刻在产生巨量的交互……也就是这样随着数据指数级的增长,要处理的数据量实在是太大、增长太快了,而业务需求和竞争压力对数据处理的实时性、有效性又提出了更高要求,传统的常规技术手段根本无法应付。所以在这种情况下,技术人员纷纷研发和采用了一批新技术,以有效地处理大量的容忍经过时间内的数据。简单解释为:不同数据对一致性的要求不一样,比如支付宝对交易和账务数据非常敏感,通常不能容忍超过秒级的不一致。而且尤其是互联网商业化和传感器移动化之后,从大数据中挖掘出某个事件现在和未来的趋势才真正意义上被大众所接受。

这些适用于大数据的特殊技术主要包括分布式缓存、基于 MPP 的分布式数据库、分布式文件系统、各种 NoSQL 分布式存储方案等。简而言之,大数据技术就是从大数据中提取大价值的挖掘技术。专业地说,就是根据特定目标,从数据收集与存储,数据筛选,算法分析与预测,数据分析结果展示,以辅助做出最正确的抉择,其数据级别通常在 PB 以上,复杂程度前所未有。其关键作用则是挖掘出各个行业的关键路径,帮助决策,提升社会(或企业)运作效率。

大数据技术所包含的内容主要有非结构化数据收集架构、数据分布式存储集群、数据清洗筛选架构、数据并行分析模拟架构、高级统计预测算法以及数据可视化工具。该技术的具体内容可以详细罗列为如下几点:

(1)分布式存储计算架构(强烈推荐 Hadoop)。

(2)分布式程序设计(包含 Apache Pig 或者 Hive)。

(3)分布式文件系统(比如 Google GFS)。

(4)多种存储模型,主要包含文档、图、键值、时间序列这几种存储模型(比如 BigTable、Apollo、DynamoDB 等)。

(5)数据收集架构(比如 Kinesis、Kafla)。

(6)集成开发环境(比如 R – Studio)。

(6)程序开发辅助工具(比如大量的第三方开发辅助工具)。

(7)调度协调架构工具(比如 Apache Aurora)。

(8)机器学习(常用的有 Apache Mahout 或 H2O)。

(9)托管管理(比如:Apache Hadoop Benchmarking)。

(10)安全管理(常用的有 Gateway)。

(11)大数据系统部署(可以看下 Apache Ambari)。

(12)搜索引擎架构(学习或者企业都建议使用 Lucene 搜索引擎)。

（13）多种数据库的演变（MySQL/Memcached）。

（14）商业智能（大力推荐 Jaspersoft）。

（15）数据可视化（这个工具就很多了，可以根据实际需要来选择）。

（16）大数据处理算法（10 大经典算法）。

大数据核心技术总的来说大数据有 5 个部分，即数据采集、数据存储、数据清洗、数据挖掘、数据可视化。数据采集有硬件采集，如 OBD，有软件采集，如滴滴、淘宝。数据存储就包括 NOSQL、Hadoop 等等。数据清洗包括语议分析、流媒体格式化等等。数据挖掘包括关联分析、相似度分析、距离分析、聚类分析等等。数据可视化就是 WEB 的了。

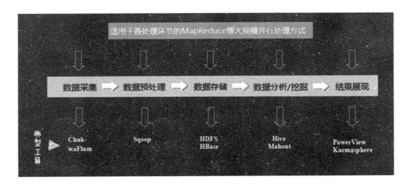

**图 13 - 1　大数据核心技术流程图**

大数据技术在数据采集方面采用了一些新的方法，下面分别展开介绍。

（1）系统日志采集方法

很多互联网企业都有自己的海量数据采集工具，多用于系统日志采集，如 Hadoop 的 Chukwa、Cloudera 的 Flume、Facebook 的 Scribe 等，这些工具均采用分布式架构，能满足每秒数百 MB 的日志数据采集和传输需求。

（2）网络数据采集方法

网络数据采集是指通过网络爬虫或网站公开 API 等方式从网站上获取数据信息。该方法可以将非结构化数据从网页中抽取出来，将其存储为统一的本地数据文件，并以结构化的方式存储。它支持图片、音频、视频等文件或附件的采集，附件与正文可以自动关联。

除了网络中包含的内容之外，对于网络流量的采集可以使用 DPI 或 DFI 等带宽管理技术进行处理。

（3）其他数据采集方法

对于企业生产经营数据或学科研究数据等保密性要求较高的数据,可以通过与企业或研究机构合作,使用特定系统接口等相关方式采集数据。

那么相应地,大数据环境下的数据处理技术也要做出更新。大数据环境下的数据来源非常丰富且数据类型多样,存储和分析挖掘的数据量庞大,对数据展现的要求较高,并且很看重数据处理的高效性和可用性。而传统的数据处理相比较而言会有许多不足,比如传统的数据采集来源单一,且存储、管理和分析数据量也相对较小,大多采用关系型数据库和并行数据仓库即可处理。对依靠并行计算提升数据处理速度方面而言,传统的并行数据库技术追求高度一致性和容错性,根据 CAP 理论,难以保证其可用性和扩展性。传统的数据处理方法是以处理器为中心,而大数据环境下,需要采取以数据为中心的模式,减少数据移动带来的开销。因此,传统的数据处理方法已经不能适应大数据的需求。

### 13.1.3　大数据发展趋势

概括来说,大数据未来应用趋势有三个方向:人类健康和生活都需要的个性化建议;企业管理中的选择和开拓新市场的可靠信息来源;社会治理中大众利益的发现与政策满足。

从技术上看,大数据与云计算的关系就像一枚硬币的正反面一样密不可分。大数据必然无法用单台的计算机进行处理,必须采用分布式架构。它的特色在于对海量数据进行分布式数据挖掘。但它必须依托云计算的分布式处理、分布式数据库和云存储、虚拟化技术。

随着云时代的来临,大数据也吸引了越来越多的关注。《著云台》的分析师团队认为,大数据通常用来形容一个公司创造的大量非结构化数据和半结构化数据,这些数据在下载到关系型数据库用于分析时会花费过多时间和金钱。大数据分析常和云计算联系到一起,因为实时的大型数据集分析需要像 MapReduce 一样的框架来向数十、数百或甚至数千的电脑分配工作。

大数据领域已经涌现出了大量新的技术,它们成为大数据采集、存储、处理和呈现的有力武器。企业越来越希望能将自己的各类应用程序及基础设施转移到云平台上。就像其他 IT 系统那样,大数据的分析工具和数据库也将走向云计算。那么云计算能为大数据带来哪些变化呢?

首先,云计算为大数据提供了可以弹性扩展、相对便宜的存储空间和计算资源,使得中小企业也可以像亚马逊一样通过云计算来完成大数据分析。

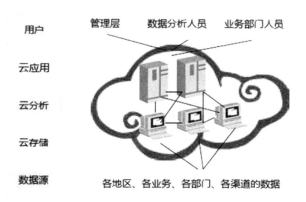

用户　　管理层　数据分析人员　业务部门人员

云应用

云分析

云存储

数据源　　各地区、各业务、各部门、各渠道的数据

**图13－2　基于云的数据分析平台框架示意图**

其次,云计算IT资源庞大、分布较为广泛,是异构系统较多的企业及时准确处理数据的有力方式,甚至是唯一的方式。

当然,大数据要走向云计算,还有赖于数据通信带宽的提高和云资源池的建设,需要确保原始数据能迁移到云环境以及资源池可以随需弹性扩展。

数据分析集逐步扩大,企业级数据仓库将成为主流,未来还将逐步纳入行业数据、政府公开数据等多来源数据。此外,以前部门层级的数据集市将不能满足大数据分析的需求,它们将成为企业级数据库(EDW)的一个子集。根据TDWI的调查,如今大概有2/3的用户已经在使用企业级数据仓库,未来这一占比将会更高。传统分析数据库可以正常持续,但是会有一些变化,一方面,数据集市和操作性数据存储的数量会减少,另一方面,传统的数据库厂商会提升产品的数据容量,细目数据和数据类型,以满足大数据分析的需要。

因此,企业内的数据分析将从部门级过渡到企业级,从面向部门需求转向面向企业需求,从而也必将获得比部门视角更大的益处。

需要指出的是,随着政府和行业数据的开放,更多的外部数据将进入企业级数据仓库,使得数据仓库规模更大,数据的价值也越大。

## 13.2　大数据分析流程

为了更加直观地介绍大数据分析的流程,一般按数据层、分析层、支撑层和结果展示层的顺序进行介绍。其中,数据层是整个框架的基石,分析层和支撑层是整个框架的核心,结果展示层则是技术与应用的桥梁,能友好、简洁、形象地展示分析结果。

### 13.2.1 数据层

数据层有三个组成部分:数据获取、数据预处理和数据存储。一般地,数据获取有网络流量方式、应用程序接口(API)方式、非 API 方式。数据预处理包括数据清洗、数据打标和数据关联,能够对为后续存储和分析提供规范化保障。数据存储通过关系型数据库或者非关系型数据库进行多类型数据存储。

(1)数据获取

数据获取是社会网络大数据分析最基础的部分,选用哪种方式可以快速有效地获取数据,这对今后的分析至关重要。下面介绍一下网络流量方式和 API/非 API 方式。

① 网络流量方式

对于非加密的社会网络流量而言,可以通过流量的识别和解析快速获取社会网络数据。首先,需要对目标社会网络流量进行分析,抽取目标社会网络流量的强特征,再从背景流量中识别出目标流量;其次,对目标社会网络流量进行解析,提取用户 Profile 数据、用户关系数据、发布信息数据、信息转发数据等等。

② API/非 API 方式

目前,大多数社会网络都提供相关 API,可以进行数据获取,比较常见的是 OAuth 1.0 和 OAuth 2.0 两种用户身份验证和授权方式。但通过 API 方式获取数据时,需要进行超限判断,保证数据获取的正常进行。此外,为了规避 API 方式的限制,也可以采用网页解析方式,依靠网络爬虫技术模拟用户登录进行数据获取,网页解析方式的数据获取虽然在一定程度上不受限制,但数据类型是有限,和 API 方式相比缺乏数据完整性,因此需要两者配合使用。

(2)数据预处理

经过以上方式可以获得所需的数据,但是,此时获得的数据通常情况下会有噪音的影响,而且较为杂乱没有结构,不能直接用作分析,需要对数据进行预处理。

① 数据清洗

数据清洗主要从数据的准确性、完整性、一致性、唯一性、适时性、有效性等几个方面来处理数据。对于遗漏数据需要进行默认值填充;对于异常数据需要消除,以防止干扰后续分析工作;对于噪声数据需要对其进行平滑处理;最后所有数据都需要进行归一化处理。社会网络中存在很多重复数据,可以采用布隆过滤方法对其去重。大部分数据是文本数据,为了节约存储空间,可使用压缩技术对其进行压缩。

② 数据打标

社会网络数据往往十分繁杂,面对实时分析处理的苛刻需求,数据打标的工作势在必行。根据社会网络大数据分析的经验,我们将社会网络数据打标分为人物打标、群体打标、事件打标、关系权重打标、推文/微博打标。

③ 数据关联

由于目前存在很多类型的社会网络,当对它们进行多源数据获取后,如何对数据进行关联也十分重要。首先,是多源账号关联技术。现实社会中的用户往往会存在于多个社会网络中,多个社会网络的账号会关联到同一实体用户上,而且这些账号往往具有相同或相似的特征,利用多源账号关联技术可以将多个虚拟账号关联到某一实体用户上,从而为跨平台社会网络的分析奠定基础。其次,是多源数据整合技术。多平台数据的特征会存在趋同现象。多源数据整合技术可以将多个平台的数据进行拟合或合并,既可减少存储空间,也能以全局角度统筹分析多平台数据。

(3)数据存储

数据的不断增长造成单机系统性能不断下降,即使不断提升硬件配置也难以应对数据的增长速度。因此,需要根据业务不同将社会网络数据存储分为数据存储、特征存储、日志存储和历史库存储。其中,数据存储是为了存储当前需要分析的元数据;特征存储是为了将数据预处理的打标结果与其他数据分离,达到更优的分析速度;日志存储是为了存储系统运行所产生的大量日志;历史库存储是将历史数据分离存储,以减少实时分析的压力。此外,用户 Profile、用户关系、信息转发关系等结构化数据,多采用关系型数据库进行存储,用户发布和转发的信息等非结构化数据多采用非关系型数据进行存储。

### 13.2.2 分析层

分析层包括了个体分析、群体分析、事件分析和整体分析,从四个维度对社会网络进行分析。

分析层是整个框架的核心,分为个体分析、团体分析、事件分析、整体分析。

(1)个体分析

个体分析的目标是了解和洞察人物的身份、关系、社交圈、资本、位置、地位、行为、情感等社会属性,这些属性往往比较抽象,需要对其进行量化及测算。个体圈子分析主要是对人物所在的实体关系(即具有直接联系的节点)和虚拟关系(即人物节点的兴趣团体)进行分析,总结出圈子对人物各项属性的影响与关联,还可以对个体圈子演化过程和趋势进行分析;行为特征分析是对人物的基本属性和行为进行刻画,利用人物的时间序列、行为规律等信息来描述人物个体的行为状况;紧密度分析是指通过用户相似度计算用户紧密度好友;情感分析是指分析用户情感倾向性,主要分为正面情感、负面情感和中性情感;兴趣分析通过对人物的背景标签和用户发表的推文进行分析,抽取人物所关注用户的兴趣点,由于用户关注代表了用户的真实兴趣,因此可以根据关系属性推导人物个体兴趣。

(2)群体分析

群体分析的目标是分析群体边界、身份、群内关系、群际关系、群体凝聚力、群体兴趣、群体行为、群体心理、社会地位、群体变化等,从而更深层次洞察群体特性。特定群体发现主要是通过特征匹配技术对特定群体进行发现,主要匹配的目标有发布信息、关注主题、圈子兴趣等数据,由于群内个体与个体之间存在强关系,群与群之间存在弱关系,因此可以通过群内人物个体的链路分析其关联状态;群体关系分析可以将用户群作为一个整体,将视角放大,通过群之间的微量用户关联性分析群与群之间的弱关系;潜在群体成员推荐是指分析个体与目标群体的相似度情况,将相似度高的个体进行推荐;群体意见领袖分析是指通过群体的关系网络以及网络中心密度进行测算,度量每个节点在群内的影响力,因为每个群体都是由于共同的兴趣而存在,因此如何测算群体兴趣至关重要;群体兴趣发现是指通过群内关系相关迭代分析算法对其进行界定,通过群内的话题流传播对群体兴趣进行分析。

(3)事件分析

事件分析的目标是分析事件在传播过程中的结构、内容、演化、意图、涌现性、行为、心理、受众、广度、深度、态势等。事件发现是以发布内容为中心,对事件的主题进行文本聚类,从而发现热门事件及参与的用户与群体;路径还原是通过事件传播方向进行刻画,通过获取到的传播信息,以正向的方式对传播路径进行还原;源头追溯是路径还原的逆过程,是通过传播的反向方式对节点进行回溯,最终寻找事件发生的源头节点;事件传播规律分析是指分析事件的热度、趋势、传播层数等,以掌握事件的发展状况;事件意见领袖分析是指通过事件传播过程中的爆发点特征计算节点的影响力,从而分析挖掘传播过程中的意见领袖。

(4)整体分析

整体分析主要分为热门人物和事件排序、整体统计分析、全局拓扑结构分析和按区域热点事件分析,其技术手段多用于基础统计分析和数据挖掘技术,主要目的是了解和掌握社会网络当前的全局情况,同时预测全局网络的未来状况。

### 13.2.3　支撑层

该分析框架中的很多模块都需要一些关键技术给予支撑,因此,我们将这些共性技术抽取成支撑层,主要包括机器学习、分布式并行处理、数据挖掘、流量识别、自然语言处理、可视化等多种关键技术,这些技术为整个框架提供技术保障,共性支撑技术之间既各司其职,又相互配合,既相对独立,又相辅相成。

### 13.2.4　结果展示层

结果展示层与分析层互相映射,包括个体展示、群体展示、事件展示和整体展示。结果展示层是直接面对用户的一种展现方式,其作为技术与应用之间的桥梁,具有交互性、多维性和可视性等特点。结果展示的目标是将分析结果进行直观地、友好地、简洁地展示。结果展示可以有个体分析结果、群体分析结果、事件分析结果、整体分析结果等分类。下面主要从个体分析结果、群体分析结果、事件分析结果和整体分析结果四个方面简要介绍系统的分析结果。

（1）个体分析结果

个体分析主要包括个体 Profile 分析、个体圈子分析、个体情感分析、个体关键词抽取、个体行为分析和个体紧密度分析。其中,个体 Profile 分析是对某个用户的基本概况(包括用户姓名、头像、用户 ID、最近发布信息等)进行展示;个体圈子分析是对与用户频繁交互的团体关系网络进行构建,此关系网络不仅包括用户与圈子的关系,也包括圈子内部成员之间的关系;个体情感分析是对用户的情感波动及情感倾向性情况进行分析,此处情感包括正面、负面、中性 3 种;个体关键词抽取是对用户最近发布的信息及转发信息进行关键词抽取,以词云的方式对近期用户兴趣及关注点进行展示;个体行为分析是对用户近期的发帖行为和转发行为进行规律分析;个体紧密度分析是对目标用户的相似用户进行推荐。

（2）群体分析结果

群体分析主要包括群体划分和群体意见领袖排行。其中,群体划分是通过CNM(以 Clauset、Newman 和 Moore 命名的社团发现算法)、GN(以 Girvan 和 Newman 命名的社团发现算法)和 LPA(基于标签传播的社团发现算法)基于用户关系进行群体边界测算,可以对群内成员的细粒度分布进行直观展现;群体意见领袖排行是对整个群体以及划分后的小团体进行影响力计算,并且对群体内部的意见领袖进行排行显示。

（3）事件分析结果

事件分析主要包括事件 Profile 分析、事件意见领袖分析、真实路径还原、事件涨势热度分析、事件关键词抽取和受众情感分析。其中，事件 Profile 分析是对事件的基本概况（包括发起用户、事件内容、发布时间、传播层数及每层节点数等）进行展示；事件意见领袖分析是对事件传播过程中的态势推手进行分析，同时与情感分析进行结合，选取正向观点的意见领袖与负向观点的意见领袖；真实路径还原是将事件的转发过程进行刻画，同时将关键节点和关键路径进行高亮度显示；事件涨势热度分析是从事件的生命周期角度，对事件形成过程中的参与用户数量进行分析；事件关键词抽取是对原创信息和所有转发信息进行拟合，同时抽取具有重要作用的关键词；受众情感分析是对事件影响受众的情感波动情况进行量化及分析。

（4）整体分析结果

整体分析主要包括关注比例分析、粉丝比例分析、用户增长量分析、用户地理分布分析、主题抽取分析和终端分布分析等。其中，关注比例分析是统计全网用户的关注数分布，粉丝比例分析是统计全网用户的粉丝数分布，用户增长量分析是对整体网络用户增减情况进行统计，用户地理分布是对用户所在地理位置进行统计，主题抽取分析是通过 Tweets 分析事件段内主题，终端使用分析是分析一个时间段内的终端使用分布。

## 13.3　自然语言处理

多媒体是我们看大数据的形式和实质的一个重要工具，其中包括图片、视频、语音、文本等等，而文本则占了核心地位，所有的东西其实根本上是依靠文本来体现的。

根据数据统计，2012 年 12 月，新浪微博每日发布的微博数就超过 1 亿条。如果采用人工阅读，是很难对所有信息有一个整体认识的，这个时候，采用机器来阅读、理解网络空间的信息就成为了实现网络洞察力的关键，而自然语言处理则是机器能够实现阅读并理解我们的文字用到的最主要的技术。

### 13.3.1　定义

自然语言处理是计算机科学领域与人工智能领域中的一个重要方向，它是一门融语言学、计算机科学、数学于一体的科学。它主要研究实现人与计算机之间用自然语言进行有效通信的各种理论和方法。

实现人机间自然语言通信意味着要使计算机既能理解自然语言文本的意义，也能以自然语言文本来表达给定的意图、思想等。前者称为自然语言理解，后者称为自然语言生成。因此，自然语言处理大体包括了自然语言理解和自然语言生成两个部分。

由于自然语言是人类区别于其他动物的根本标志。没有语言，人类的思维也就无从谈起，所以自然语言处理体现了人工智能的最高任务与境界，也就是说，只有当计算机具备了处理自然语言的能力时，机器才算实现了真正的智能。

### 13.3.2　发展历史

自然语言处理的兴起与机器翻译这一具体任务有着密切联系。由于人工进行翻译需要训练有素的双语专家，翻译工作非常耗时耗力。更不用说需要翻译一些专业领域文献时，还需要翻译者了解该领域的基本知识。世界上有超过几千种语言，而仅联合国的工作语言就有六种之多。如果能够通过机器翻译准确地进行语言间的翻译，将大大提高人类沟通和了解的效率。

自然语言处理萌芽于美国。第二次世界大战之后，20 世纪 50 年代，当电子计算机还在襁褓之中时，利用计算机处理人类语言的想法就已经出现。当时，美国希望能够利用计算机将大量俄语材料自动翻译成英语，以窥探苏联科技的最新发展。研究者从破译军事密码中得到启示，认为不同的语言只不过是对"同一语义"的不同编码而已，从而想当然地认为可以采用译码技术像破译密码一样"破译"这些语言。

1954 年 1 月 7 日，美国乔治敦大学和 IBM 公司合作实验，成功地将超过 60 句俄语自动翻译成英语。虽然当时的这个机器翻译系统非常简单，仅仅包含 6 个语法规则和 250 个词。但由于媒体的广泛报道，纷纷认为这是一个巨大的进步，导致美国政府备受鼓舞，加大了对自然语言处理研究的投资。

但是当时的人们低估了自然语言的复杂性，他们认为只要制定好各种翻译规则，通过大量规则的堆砌就能够完美地实现语言间的自动翻译。语言处理的理论和技术均不成熟，所以进展不大。主要的做法是存储两种语言的单词、短语对应译法的大辞典，翻译时一一对应，技术上只是调整语言的同条顺序。但日常生活中语言的翻译远不是如此简单，很多时候还要参考某句话前后的意思。

1966 年的一份研究报告总结发现，经过十年之久的研究，结果远远未能达到预期,因此支持资金急剧下降,使自然语言处理(特别是机器翻译)的研究陷入长达二十年的低潮。

直到20世纪80年代,随着电子计算机的计算能力飞速提高和制造成本的大幅下降,研究者才又开始重新关注自然语言处理这个极富挑战的研究领域。

大约90年代开始,自然语言处理领域发生了巨大的变化。这种变化的两个明显的特征是:

(1)对系统的输入,要求研制的自然语言处理系统能处理大规模的真实文本,而不是像以前的研究性系统那样,只能处理很少的词条和典型句子,提高了系统的实用价值。

(2)对系统的输出,鉴于真实地理解自然语言是十分困难的,对系统并不要求能对自然语言文本进行深层的理解,但要能从中抽取有用的信息。例如,对自然语言文本进行自动地提取索引词、过滤、检索、自动提取重要信息、进行自动摘要等等。

同时,由于强调了"大规模",强调了"真实文本",下面两方面的基础性工作也得到了重视和加强:一是大规模的经过不同深度加工的真实文本的语料库;二是大规模、信息丰富的词典的编制工作,规模为几万、十几万,甚至几十万词,含有丰富的信息(如词的搭配信息等)。

### 13.3.3 研究中遇到的困难

"人工智能"被作为一个研究问题正式提出来时,创始人把计算机国际象棋和机器翻译作为两个标志性的任务,认为只要国际象棋系统能够打败人类世界冠军,机器翻译系统达到人类翻译水平,就可以宣告人工智能的胜利。四十年后的1997年,IBM公司的深蓝超级计算机已经能够打败国际象棋世界冠军卡斯帕罗夫。而机器翻译到现在仍无法与人类翻译水平相比,由此可以看出,自然语言处理的发展是多么困难。

从前文中对自然语言处理历史的介绍中,我们不难看出,困难的根本原因在于人类的语言有大量的意义,有非常丰富的内涵。人类之间的交流是没有问题的,但是对于计算机来说,这种歧异性或者多义性是难以理解的。中文文本组织就是从汉字到词到句子到段落再到篇章,每个层次都会存在歧义现象,而这种人类在特定的情境下都知道的东西,机器是不懂的。在消歧这件事上目前存在的问题主要有三个方面。

(1)单词的边界界定。在口语中,词与词之间通常是连贯说出来的。在书面语中,中文等语言也没有明确规定词与词之间的边界。由于单词是承载语义的最小单元,要解决自然语言处理,单词的边界界定问题是首先需要考虑的。在这一点上,中文文本表现得更加特殊,它通常由连续的字序列组成,词与词之间缺少天然的分隔符,因此,中文信息处理比英文等西方语言多一步工序,即确定词的边界,我们称为"中文自动分词"任务。

(2)语法分析。迄今为止的语法都限于分析一个孤立的句子,上下文关系和谈话环境对本句的约束和影响还缺乏系统的研究,因此,分析歧义、词语省略、代词所指、同一句话在不同场合或由不同的人说出来所具有的含义不同等问题,尚无明确规律可循,需要加强语言应用学的研究才能逐步解决。

(3)知识存储:人理解一个句子不是单凭语法,还运用了大量的有关知识,包括生活知识和专门知识,这些知识无法全部贮存在计算机里。因此,一个书面理解系统只能建立在有限的词汇、句型和特定的主题范围内,计算机的贮存量和运转速度大大提高之后,才有可能适当扩大范围。

而除了消除歧义这一最大的问题,其实,还有很多问题是等待我们解决的,比如有瑕疵或不规范的输入,例如语音处理时遇到地方口音或外国口音,或者在文本的处理中拼写、语法或者光学字符识别的错误。

### 13.3.4　深度学习带来的新曙光

以前,人们主要通过两种思路来进行自然语言处理,一种是基于规则的理性主义,另外一种是基于统计的经验主义。理性主义方法认为,人类语言主要是由语言规则来产生和描述的,因此,只要能够用适当的形式将人类语言规则表示出来,就能够理解人类语言,并实现语言之间的翻译等各种自然语言处理任务。而经验主义方法则认为,从语言数据中获取语言统计知识,有效建立语言的统计模型,只要能够有足够多的用于统计的语言数据,就能够理解人类语言。然而,当面对现实世界语言的模糊与不确定性时,这两种方法都面临着各自无法解决的问题。

在这个瓶颈时期,深度学习技术突飞猛进地发展,为自然语言处理提供了强大的工具,为它今后的快速发展提供了新的契机。

深度学习为自然语言处理带来的本质突破是语句的语义表示学习,也是基于深度学习的对话技术的基础。

在自然语言处理领域,一个普遍使用的技术是用实数值向量来表示单词的语义,其基本假设是单词的语义可以由跟它出现在同一个句子里的其他单词来决定。比如,统计每一个单词与其他单词在一个数据集(可能是一本书或是量更加大的语料库)的共同出现频率,并将其表示为向量,这些向量能够很好地表示单词的语义相似性,两个单词向量的余弦相似度越大,两个单词的语义就越相近。

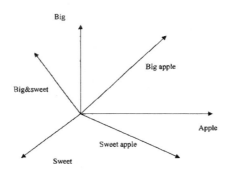

图 13 – 3　单词的语义可以由向量空间中的实数值向量表示

最近自然语言处理与深度学习的一个新发现是,我们可以通过深度学习用实数值向量来表示语句的语义,从单个单词或简短的短语到语句可谓是对于机器理解自然语言一个巨大的贡献。研究结果如图 13 – 4 所示,两句话"John loves Mary"和"Mary is loved by John"的语义向量就较近,而这两句话的语义向量就与"Mary loves John"的语义向量较远。

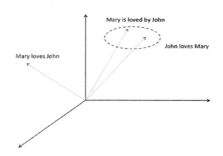

图 13 – 4　语句的语义可以由向量空间中的实数值向量表示

其中用到的四个深度学习方法分别为单词嵌入(Word Embedding)、循环神经网络(Recurrent Neural Network)、卷积神经网络(Convolutional Neural Network)和递归神经网络(Recursive Neural Network)。它们是语句语义学习的强有力工具。

(1)单词嵌入

单词嵌入 W:words→Rn 是一个参数化函数,它把某个语言里的单词映射成高维向量(大概 200 到 500 维),例如这样:

$$W(``cat") = (0.2, -0.4, 0.7, \cdots)$$
$$W(``mat") = (0.0, 0.6, -0.1, \cdots)$$

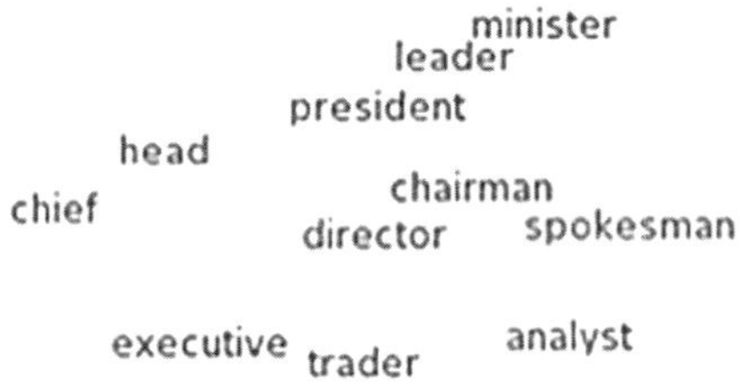

**图 13 - 5　嵌入空间的单词**

从图 13 - 5 中可看出,靠近的单词都很相似。

一般这个函数就是一个查询表,用一个矩阵 $\theta$ 来参数化,每行是一个单词:$W\theta$(wn) = $\theta n$。

初始化时,W 中每个词对应一个随机的向量,接下来它会通过任务学习出有意义的向量以便执行任务。

举一个可能的任务的例子:训练一个网络让其预测一个 5 元组(5 - gram,即连续的 5 个词)是否"成立",我们可以随便选一堆 5 元组(比如 cat sat on the mat),然后把其中一个词随便换成另外一个词(比如 cat sat song the mat),显然经过替换的第二句话是不成立的。

我们训练的模型会通过 W 这个函数把 5 元组中每个词的表征向量取出来,输入给另外一个叫 R 的模块,模块 R 会试图预测这个 5 元组是'成立的'或者是'破碎的',然后我们希望看见:

$$R[W(``cat"), W(``sat"), W(``on"), W(``the"), W(``mat")] = 1$$
$$R[W(``cat"), W(``sat"), W(``song"), W(``the"), W(``mat")] = 0$$

为了准确地预测这些值,这个网络需要从 W 以及 R 中学习到好的参数。

如果仅仅基于一个单词和其他单词的共同出现信息构建该单词的语义表示向量,那么就会得到一个高维稀疏的向量。图 13 - 5 展现的仅仅是 11 个单词嵌入空间后的图像,如果是几千个甚至几万个单词呢? 不难发现,这种高维的向量不适合用于语句语义表示的学习,因为它有过多的参数。如何将高维的单词向量压缩成为低维的单词向量呢?

有一种方法是将在一个数据集上获得的单词在不同上下文出现的信息由一个矩阵来表示,每一行对应着一个单词,每一列对应着一个上下文,每一个元素表示相应的单词与上下文的信息,表示该单词与上下文共同出现的可能性大小。每一行对应着一个单词,每一列对应着一个话题。按这样把单个单词按照它们在文中出现的类别维度进行区分,便能得到如图 13 - 6 一样的一种嵌入关系对。通过下表来查询几个词连接在一起是否可以成为一句有意义的话,这样比从图 13 - 3 这样的超分散平面图来找是会省很多力气的。

| Relationship | Example 1 | Example 2 | Example 3 |
|---|---|---|---|
| France-Paris | Italy:Rome | Japan:Tokyo | Florida:Tallahassee |
| big-bigger | small:larger | cold:colder | quick:quicker |
| Miami-Floarida | Baltimore:Maryland | Dallas:Texas | Kona:Hawaii |
| Einstein-scientist | Messi:midfielder | Mozart:violinist | Picasso:painter |
| Sarkozy-France | Berlusconi:Italy | Merkel:Germany | Koizumi:Japan |
| copper-Cu | zinic:Zn | gold:Au | uranium:plutonium |
| Berlusconi-Silvio | Sarkozy:Nicolas | Puttin:Medvedev | Obama:Barack |
| Microsoft-Windows | Google:Android | IBM:Linux | Apple:iPhone |
| Microsoft-Ballmer | Google:Yahoo | IBM:McNealy | Apple:Jobs |
| Japan-sushi | Germany:brawurst | France:tapas | USA:pizza |

**图 13 - 6　单词嵌入中的关系对**

(2)循环神经网络(RNN)

RNN 把一句话看成单词的序列,每个单词由一个向量表示,每一个位置上有一个中间表示,由向量组成,表示从句首到这个位置的语义。这里假设每一个位置的中间表示由当前位置的单词向量以及前一个位置的中间表示决定,通过一个神经网络模型化,RNN 把句末的中间表示当作整个句子的语义表示。参照图13 - 7,能很好地表示整句的语义。

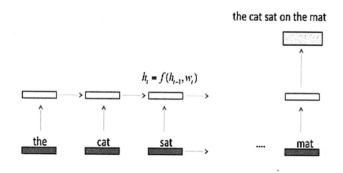

$$h_t = f(h_{t-1}, w_t)$$

the cat sat on the mat

the　cat　sat　….　mat

**图 13 - 7　循环神经网络**

（3）卷积神经网络（CNN）

CNN对句子进行扫描，抽取特征，选择特征，最后组合成句子的语义表示。首先，从左到右用一个滑动窗口对句子进行扫描，每个滑动窗口内有多个单词，每个单词由一个向量表示。在滑动窗口内，通过卷积操作（两个变量在某范围内相乘后求和）进行特征抽取，这样，在各个位置上得到一系列特征。之后再通过最大池化操作（输出经过卷机操作得到的一系列特征值中的最大值），对特征进行选择。重复以上操作多次，得到多个向量表示，将这些向量连接起来得到整个句子的语义表示，参照图13-8（卷积操作对应 convolution，最大池化操作对应 max pooling）。同一卷积层内参数是共享的，也就是同一层的卷积操作是相同的，这也就保证了在局部领域进行相同的特征抽取。

卷积网络在本质上是一种输入到输出的映射，它能够学习大量的输入与输出之间的映射关系，而不需要任何输入和输出之间的精确的数学表达式，只要用已知的模式对卷积网络加以训练，网络就具有输入输出对之间的映射能力。

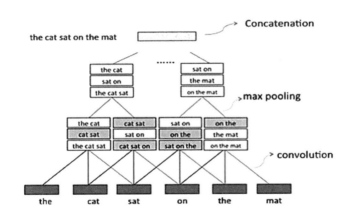

图13-8 卷积神经网络

（4）递归神经网络（ReNN）

ReNN假设对语句进行句法分析，得到句法树。句法树的每个节点上有一个向量中间表示。父节点的表示由其子节点的表示决定，通过神经网络模型化，而根节点的表示就是整个句子的语义表示，参照图13-9。句法树上的中间表示可以在句法分析的过程中得到。

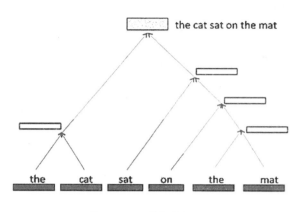

图 13 - 9　递归神经网络

## 13.4　大数据分析实例

大数据具有巨量、增长速度快、变化大、价值大的特点。对于一个具体行业或者具体应用来说,数据的完整和细致或者它的稠密性和局部性就非常有用。例如,社区里非常详细的数据,如果你用心地去分析,就可能会发现很多有价值的东西。当然,关键是要有大数据的思维,你要意识到数据本身所存在的价值,只有认识到了才能挖掘它。另外,现在移动互联网的实时性也是非常重要的,有很多这样的例子,简单举一例来具体说明——谷歌与甲型 H1N1 流感。

2009 年出现的甲型 H1N1 流感结合了导致禽流感和猪流感的病毒的特点,在短短几周之内迅速传播开来。当时没有研发出对抗这种新型流感病毒的疫苗,公共卫生专家能做的只是减慢它传播的速度。但要做到这一点,他们必须先知道这种流感出现在哪里。

美国和所有其他国家一样,都要求医生在发现新型流感病例时告知疾病控制与预防中心(CDC)。但由于人们可能患病多日实在受不了了才会去医院,同时这个信息传达回疾控中心也需要时间,因此,通告新流感病例时往往会有一两周的延迟。而且,疾控中心每周只进行一次数据汇总。然而,对于一种飞速传播的疾病,信息滞后两周的后果将是致命的。这种滞后导致公共卫生机构在疫情暴发的关键时期难以发挥有效作用。

在甲型 H1N1 流感爆发的几周前,互联网巨头谷歌公司的工程师们在《自然》

杂志上发表了一篇引人注目的论文,它令公共卫生官员们和计算机科学家们感到震惊。谷歌通过观察人们在网上的搜索记录来预测冬季流感的传播:不仅是全美范围的传播,而且可以具体到特定的地区和州。而这种方法以前一直是被忽略的。谷歌保存了多年来所有的搜索记录,而且每天都会收到来自全球超过 30 亿条的搜索指令,如此庞大的数据资源足以支撑和帮助它完成这项工作。

这个预测模型的原理非常简单,现在大家都有上网搜索信息的习惯,连头痛感冒也会上网搜索,谷歌流感趋势预测项目通过记录搜索有关“流感”等词条的地区和频率,并分析其与流感在时间和空间上的传播之间的联系,追踪到流感广泛传播的地区,进而预测流感可能爆发的高危地区。即当某地区在网上搜索与流感有关信息的人越来越多时,很可能意味着该地区有许多人患上流感类疾病。

谷歌公司的员工猜测,特定的检索词条是为了在网络上得到关于流感的信息,如“哪些是治疗咳嗽和发热的药物”,但是找出这些词条并不是重点,他们也不知道哪些词条更重要,更关键的是,他们建立的系统并不依赖于这样的语义理解。他们设立的系统唯一关注的就是特定检索词条的频繁使用与流感在时间和空间上的传播之间的联系。谷歌公司把 5000 万条美国人最频繁检索的词条和美国疾控中心在 2003 年至 2008 年间季节性流感传播时期的数据进行了比较,总共处理了 4.5 亿个不同的数字模型来测试这些检索词条,再将得出的预测与 2007 年、2008 年美国疾控中心记录的实际流感病例进行对比后,谷歌公司发现,他们的软件发现了 45 条检索词条的组合,将它们用于一个特定的数学模型后,他们的预测与官方数据的相关性高达 97%。和疾控中心一样,他们也能判断出流感是从哪里传播出来的,而且他们的判断非常及时,不会像疾控中心一样要在流感爆发一两周之后才可以做到。

所以,2009 年甲型 H1N1 流感爆发的时候,与习惯性滞后的官方数据相比,谷歌成了一个更有效、更及时的指示标。他们的这一方法不需要分发口腔试纸和联系医生,而是建立在大数据基础之上的。这是现今社会所独有的一种新型能力:通过对海量数据的分析,获得有巨大价值的产品和服务,或深刻的洞见。

2014 年,百度大数据预测团队通过对海量赛事信息的挖掘和分析,对 2014 年巴西世界杯全部 64 场比赛的胜负结果以及冠军和黑马进行预测。无论是四分之一决赛还是 16 强淘汰赛,百度预测结果准确率都达到 100%！世界杯预测彻底火了百度。

不难看出,大数据不仅会变革公共卫生,也会变革商业、变革思维……开启重大的时代转型。我们有理由相信,大数据的未来价值会和这时代潮流一样“Bigger than Bigger”。

**参考文献**

[1]张钹. 自然语言处理的计算模型[J]. 中文信息学报,2007,21(3):3-7.

[2]冯志伟. 统计自然语言处理[M]. 北京:清华大学出版社,2008.

[3]孙茂松. 语言计算:信息科学技术中长期发展的战略制高点[J]. 语言文字应用,2005,3:38-40.

[4]Tomas Mikolov,Martin Karafiát,Lukas Burget,Jan Cernocky,Sanjeev Khudanpur. Recurrent Neural Network based Language Model[J]. Interspeach,2010:1045-1048.

[5]Omer Levy,Yoav Goldberg,Ido Dagan. Improving Distributional Similarity with Lessons Learned from Word Embeddings[J]. TACL,2015:211-225.

[6]Tomas Mikolov,Ilya Sutskever,Kai Chen,Greg S. Corrado,Jeff Dean. Distributed Representations of Words and Phrases and Their Compositionality[J]. NIPS,2013:3111-3119.

[7]B Hu,Z Lu,H Li. Q Chen. Convolutional Neural Network Architectures for Matching Natural Language Sentences[J]. NIPS,2015,3:2042-2050.

[8]P. Blunsom,E. Grefenstette,N. kalchbrenner. A Convolutional Neural Network for Modelling Sentences[J]. ACT,2014,1.

[9]Socher,Richard,John Bauer,Christopher D. Manning,Andrew Y. Ng. Parsing with Compositional Vector Grammars[J]. ACL,2013.